就活メディアは何を伝えてきたのか

山口浩
Hiroshi Yamaguchi

青弓社

就活メディアは何を伝えてきたのか　目次

装丁——斉藤よしのぶ

凡例

［1］引用文中の旧漢字は新漢字に改め、旧仮名遣いは原文どおりに表記した。ルビは適宜省略した。

［2］引用文中の（略）は省略を、／は改行を表す。

［3］引用に際しては、書名は『 』に、新聞・雑誌名、記事のタイトルは「 」で統一した。

［4］前後を一行を空けて明示した引用は、引用箇所のあとに（ ）で原典のページ数を記した。なお、原典の小見出しや目次を引用する場合はページ数を省いた。

［5］各新聞の地方版はそれがわかるように明記し、東京版は省いた。

はじめに

本書は、駒澤大学グローバル・メディア・スタディーズ学部（略称・GMS学部）山口浩ゼミの二〇二〇年度のテーマ活動「就活メディアは何を伝えてきたか」から生まれました。このゼミでは、毎年メディアに関連するテーマを決めてそのテーマをめぐる書籍を作り、冬のコミックマーケットで売るという活動をしています。本書のもとになったコミケ本『就活メディアは何を伝えてきたか』は、二一年十二月のコミックマーケット99で少数部を販売しました。

ゼミ生たちは、三年生になると就活（就職活動）を意識し始めます（なかには入学当初から関心をもっている学生もいるでしょう）。学生の卒業後の進路の選択はむろん個人個人の自由ですが、日本には新卒一括採用の慣行がありますから、大学生の多くがどこに、そしてどのような過程を経て就職していくのかは、本人だけでなく日本の経済や社会にとって大きな意味をもっています。就活は社会の一大事なのです。

就活に際して、学生たちはさまざまなメディアから情報を受け取り、そして自ら情報を発信します。なかでも就活に直接関連する情報をやりとりするメディアを本書では「就活メディア」と名付けました。メディアについて学ぶ私たちの学部で、社会の一大事である就活にまつわるメディアに関心をもつのはむしろ当然です。逆に、なぜこれまでテーマにしていなかったのだろう、と思いました。

就活メディアにはその時点での就活事情が色濃く反映します。それは企業の採用活動が、景気の変化を先取りするものだからです（実際、新規求人数は景気動向指数の算出に用いられる先行系列の指標の一つであり、有効求人倍率は一致系列の指標の一つです）。したがって就活メディアをたどれば、社会の動きを間接的にみることができます。また、就活メディアはメディア技術とビジネスの発展に伴ってその様態が移り変わってきています。

本文でもふれますが、就活メディアは「本音のメディア」です。就活という、実はかなり生々しいプロセスでは、就活生も採用側の企業も、建前だけではすまない現実に直面します。きれいごとだけではない、ウソも上等の厳しい世界が広がっているのです。そうしたなかで就活メディアは、「実力に自信はないがいい企業に就職したい」と願う就活生と「高い給料は払えないが優秀な学生を採用したい」と願う企業とを、互いを相手として選ぶ合意へと導く役割を果たします。また、人生で初めての就活に臨む学生たちを、就職後の充実した生活への夢を抱かせながら、そのために乗り越えなければならない修羅の道に駆り立てなければなりません。これほど面白いメディアがほかにあるでしょうか。

本書の多くの部分はゼミでの活動を通じ学生たちが調べ、考え、議論していった結果を再構成し、さらに今回の書籍化にあたって私が全面的に手を入れたものです。誤りや不適切な記述などがあればそれは私の責任です。また、本書の出版には二〇二二年度駒澤大学特別研究出版助成を受けています。

参加してくれたゼミ生たち（五十音順）：市来伶太／大井嘉／小澤優太／車拓哉／篠﨑壮太／田中里奈／丹内佑哉／西村南美

二〇二二年十月

第1章　就活と就活メディア

1　就活というイベント

就活の季節

春は就職の季節である。[1] 正確な数は不明だが、日本の多くの企業では毎年四月の初めに入社式をおこない、式典の模様やトップの挨拶、新入社員の声などが報道で伝えられる。国税庁統計情報「決算期別の普通法人数」（国税庁、二〇一九年）によると、二〇一九年度、日本にある普通法人約二百七十七万社のうち四月に事業年度が始まる企業は全体の一八％程度にすぎないが、それでも四月が就職の季節になっているのは、日本の学校制度が基本的に三月を卒業の時期としているからだろう。[2] 大学もまた、多くは四月入学・三月卒業になっている。三月に卒業して四月に就職するのであればブランクがなく、学生にも企業にも都合がいい。政府や地方自治体などでもおおむね同様のスケジュールになっている。

しかし、四月に就職するためには、それに先立ってそのための準備をしなければならない。大学生にとってそれは決して片手間に終わらせられるものではなく、しばしば一年以上をかけて取り組む一大事業になっている。当然それは学生が学業に割く時間を減らすことを意味するため、大学側からは「教育活動を阻害する」という不満の声が上がる。政府は二〇二〇年十月、「学生が学業に専念し、安心して就職活動に取り組める環境をつくることが重要」という観点から、二三年度卒業・修了者までの就職・採用活動について、日本経済団体連合会ほかの経済団体に対して以下のように要請した。

広報活動開始：卒業・修了年度に入る直前の三月一日以降
採用選考活動開始：卒業・修了年度の六月一日以降
正式な内定日：卒業・修了年度の十月一日以降(3)

ここで「広報活動」とは求人情報やエントリーの解禁、「採用選考活動」とは採用試験（企業が日時を指定しておこなうテストや面接）、「正式な内定」とは企業が採用通知を、学生が入社承諾書を出して両者が労働契約を結ぶ(4)ことを意味する。

すなわち、学部生では遅くとも四年次に入る前から本格的な就活が始まり、少なからぬ学生が四年次の授業実施期間を通じて就活を続けることになる。さらに近年では、それより前にインターンシップなどに参加することも多くなっていて、[5]実質的な就活は三年次、場合によってはそれ以前から事実上開始していることもありうる。「リクナビ」がウェブサイトで紹介する「一般的な就活スケジュール」では、三年次の六月から業界・企業・仕事研究や自己分析といった作業を開始するとともにインターンシップの申し込みなどが始まるものとしている[6]（図1―1）。エントリーシートの提出や企業説明会への参加は四年次が始まる直前の三月であり、採用決定である正式の内定は十月だが、選考が開始される六月には事実上の内定、すなわち内々定が出始める。もちろんこのルールを守らず「抜け駆け」する企業も珍しくない。

ディスコが二〇二三年三月卒業予定の大学四年生（理系は大学院修士課程二年生を含む）を対象におこなった六月一日時点での就職活動に関する調査によると、この時点で就活生は平均十四・四社にエントリーシートを送り、十・三社の筆記試験を受け、八・七社の面接を受けている。[7]これらの活動の多くが大学の授業実施期間中におこなわれたことは想像にかたくない。

コロナ下の就活

日本では二〇二〇年一月に初めて発生した新型コロナウイルス感染症（Covid-19）は、社会の多くを変えた。二二年十月三十日時点で、全世界で少なくとも六億三千八万人の感染を確認し、死者数は約六百五十九万人に達している。[8]日本でも同日時点で感染者数二千二百三十万人、死者は約四万七千人に及んでいる。比較的重症化リスクが低いとされる変異株が主流になってはきているもの

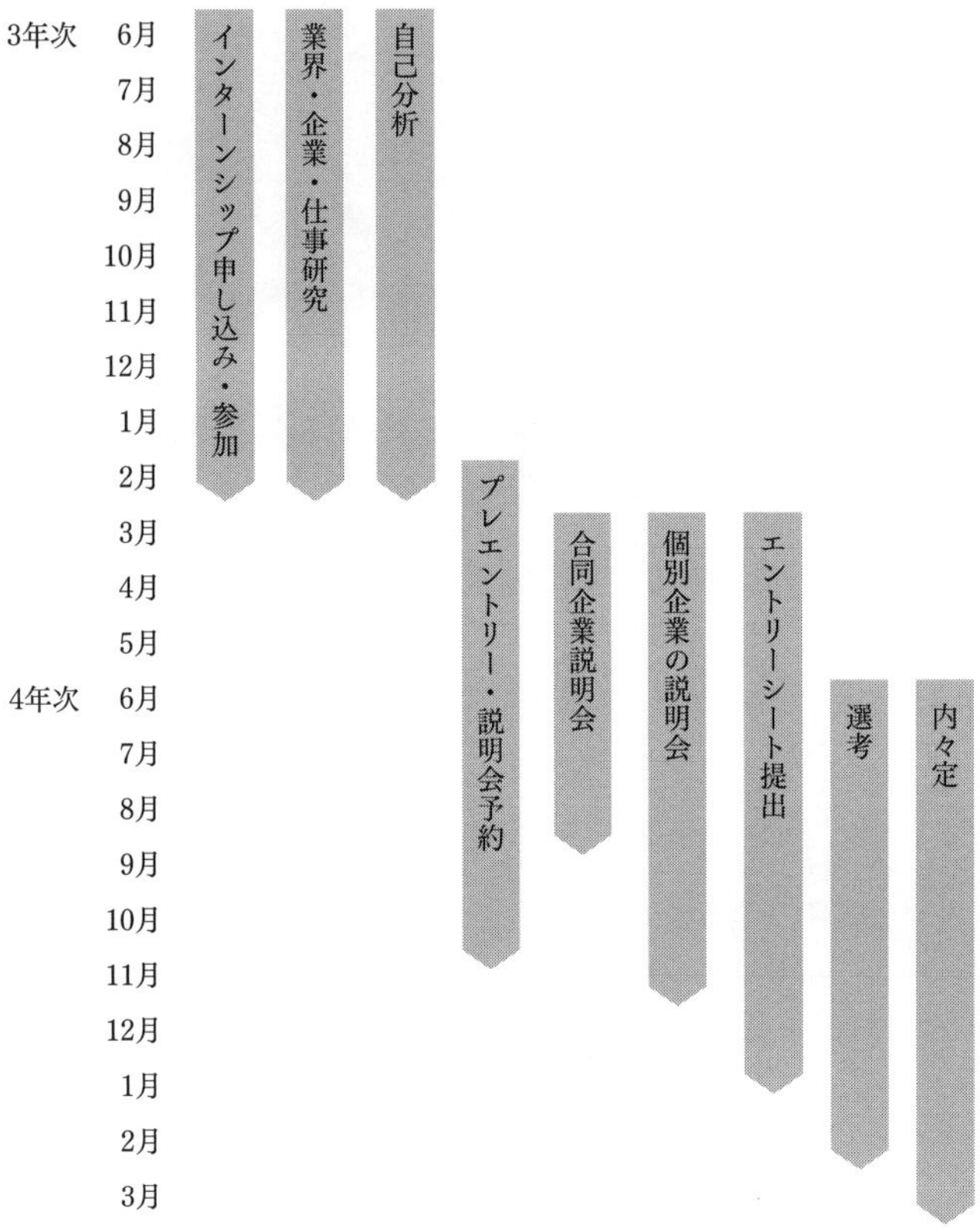

図1-1　一般的な就活スケジュール
（出典：「【2023年卒】就活スケジュールを解説！いつから何を始める？」「リクナビ」〔https://job.rikunabi.com/contents/howto/14527/〕［2023年1月10日アクセス］をもとに筆者作成）

の、ワクチンの接種状況が伸び悩むなか、感染者の拡大とともに医療資源の逼迫が深刻な問題になるなど、終息への道筋はまだみえない。後遺症（いわゆるLong COVID）に悩む人も増えている。

パンデミックの影響は、経済面を含む社会全般に及んでいる。世界各地で実施されたいわゆるロックダウンそのほかの社会活動の抑制策は、多くの産業に深刻な減収をもたらした。先進国を中心に各国でワクチン接種が進んだこともあり、経済活動は回復基調にあるが、急速な需要回復に伴う海上物流の逼迫や感染拡大によるサプライチェーンを通じた供給制約が、二〇二二年二月に始まったロシアのウクライナ侵攻の影響もあいまって、回復の足を引っ張っている。

当然、「コロナ禍」（日本ではこの呼称が定着した）の影響は就活にも及んでいる。厚生労働省によると、二〇二一年三月に卒業し就職予定だった学生・生徒のうち百三十六人が内定取り消しになった。二〇年の二百十一人よりは減少しているものの、このうち新型コロナによるものは百三十六人中百二十四人と約九〇%を占める。[9]

しかし年度終わりの三月末時点でみると、内定率は二〇二〇年から二二年卒大学生のいずれも九五%以上になっていて、おおまかにみれば、就職戦線へのコロナの悪影響はさほど大きいものとはいえない[10]（図1―2）。コロナ禍のより大きな影響は、選考でウェブ面接が当たり前のものになったことだろう。前掲の二二年六月時点での調査では、ウェブ面接が七七・二%と八〇%近くを占めている。[11]このことは、実際に面接会場に行かなくてもいいという意味であり、特に地方在住で大都市圏での就職を希望する学生にとっては時間的にもコスト的にも大きなメリットとなった。

一方、全国大学生協連が二〇二〇年に実施した調査[12]では、特に二年生から三年生で「就職活動」

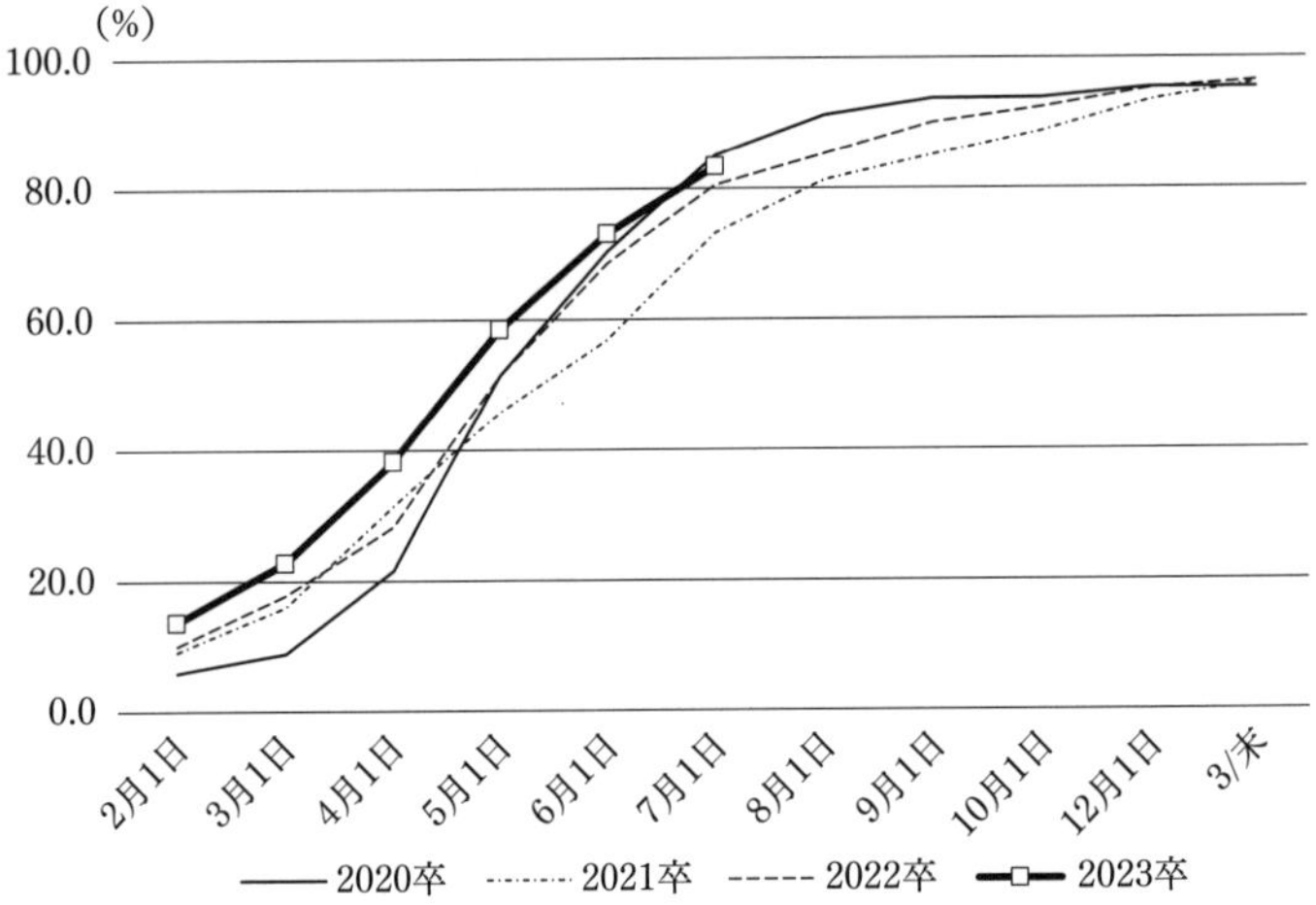

図1-2　進路確定率の推移
（出典：「就職プロセス調査」「リクルート就職みらい研究所」〔https://shushokumirai.recruit.co.jp/research/〕［2023年1月10日アクセス］をもとに筆者作成）

への不安が顕著に増大している。この不安を反映して学生の安定志向も高まっていて、「マイナビ」の同年調査(13)では、就職先企業選択のポイントとして第一位の「安定している」が四三・九％（対前年一・一ポイント増）と最高になって、一方で第二位の「自分のやりたい仕事（職種）ができる」は三二・八％（対前年一・八ポイント減）と減少している（図1―3）。

就活生の安定志向は二〇一〇年代を通じて高まりつづけ、一〇年代末に「自分のやりたい仕事（職種）ができる会社」と逆転したものであり、コロナ禍だけが原因であるわけでは、もとよりない。しかし、二〇年以降の厳しい経済状況下で就活生たちが安定志向を強めていることは否定できないだろう。

いまや大学生にとって就活は、大学での

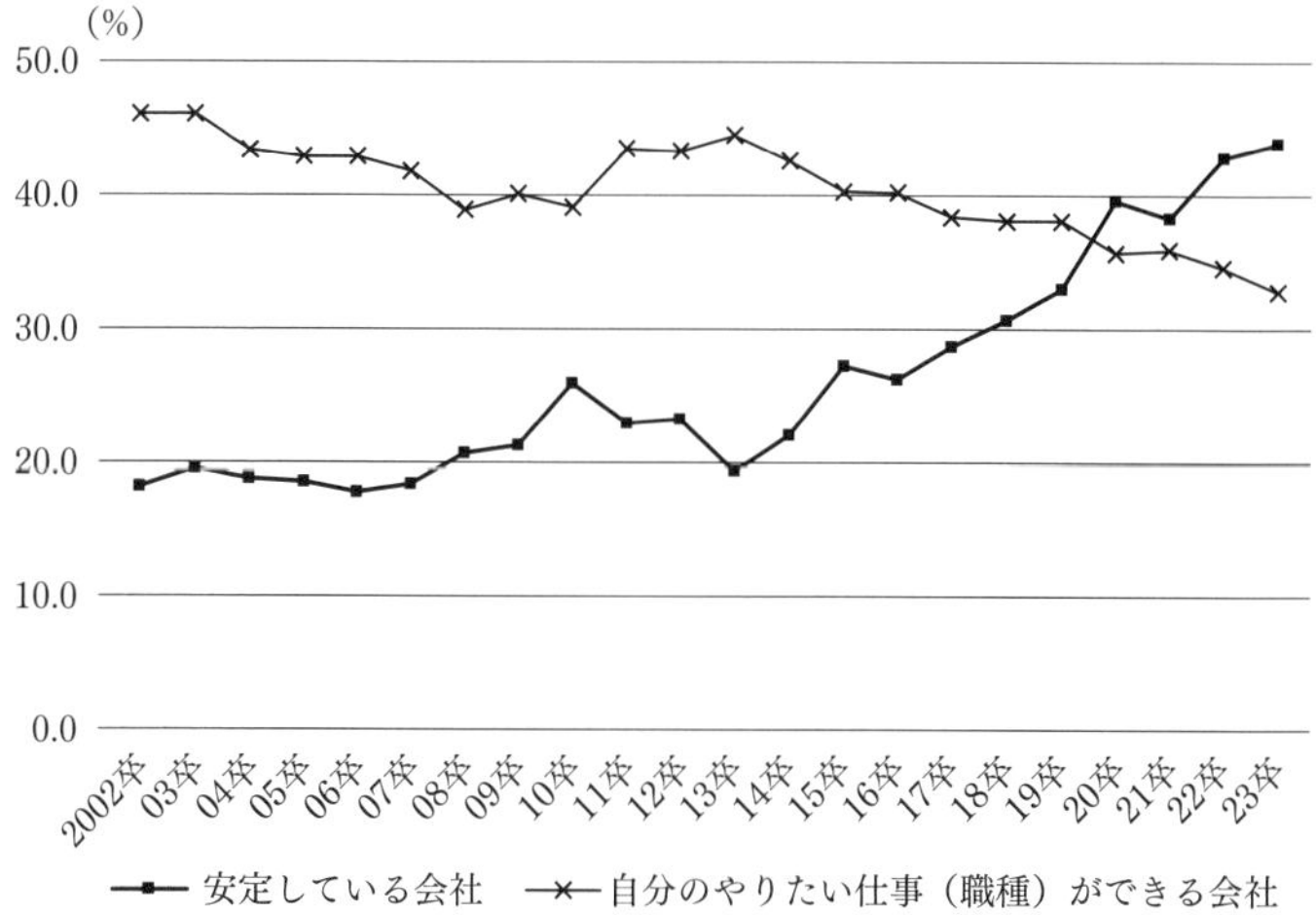

図1-3　企業選択のポイント
（出典：「2023年卒大学生就職意識調査」「マイナビキャリアリサーチLab」〔https://career-research.mynavi.jp/reserch/20220426_27155/〕［2023年1月10日アクセス］をもとに筆者作成）

学業やアルバイトなどと並ぶ学生時代の主要な活動の一つになっている。ベネッセの二〇一六年調査[14]は、「就職活動」は学生が「卒業論文や卒業研究」に匹敵する重みをもって「力を入れたこと」になっていることを示している（図1―4）。

　そして就活に力を入れるのは、卒業を控えた四年次生だけに限らない。「マイナビ」の二〇二一年十月調査によれば、二一年十月までに二三年卒大学生の九一・二%が平均七・〇社のインターンシップ・ワンデー仕事体験に応募し、八三・六%が平均四・四社に参加した[15]。このうち「WEBのインターンシップ・ワンデー仕事体験のみ参加（四六・八%）」が最も多かったが、三七・一%はプログラムの一部を含め対面で参加している（ただしこれらのなかには、大学の講義としておこなわれる、単位として認

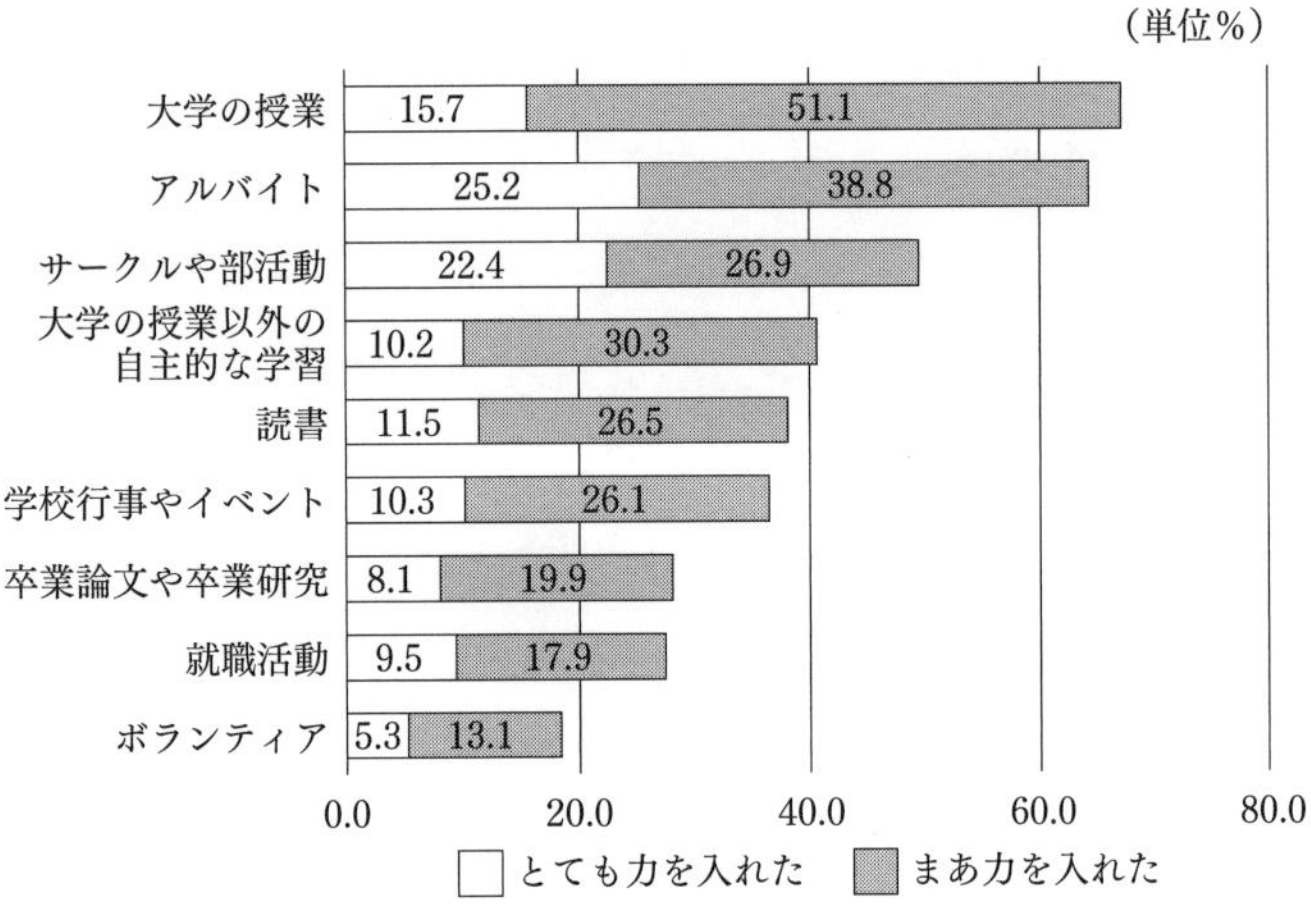

図1-4　大学生活のなかで力を入れたこと
（出典：「第3回 大学生の学習・生活実態調査報告書 ダイジェスト版［2016年］」「ベネッセ教育総合研究所」〔https://berd.benesse.jp/koutou/research/detail1.php?id=5169〕［2023年1月10日アクセス］をもとに筆者作成）

められる、などの場合も含まれる）。

また、公務員・法曹や航空会社の客室乗務員など就職希望先によっては、大学と並んで受験対策の専門学校に通う（いわゆるダブルスクール）学生も珍しくない。「マイナビ」の大学一・二年生を対象とした二〇一九年調査では三・九％が「大学とは別に専門学校に通っている（ダブルスクール）[16]」と回答している。

これらの活動を合わせると、大学生にとって就職活動の負担は決して小さいものではない。就活のために授業を欠席したり課題やレポートを出さなかったりした学生から「救済」措置を求められたことがない大学教員は少ないのではないだろうか。

2　就活とはそもそも何なのか

就職と就活

本書は、主に大学生の就職活動、いわゆる就活について、そのために用いられるさまざまなメディア、すなわち「就活メディア」の機能や発展に着目して分析するものである。

本書では就職を、企業や団体、政府などの組織、あるいは個人に永続的に雇用される地位を獲得することを求職者側から表現した言葉と定義する。したがって、後述の明治初期の用例のような選挙で大統領に選ばれ就任することや、学生などが学業のかたわらアルバイトやパートタイマーとして雇われること、常勤職をもたず派遣社員として企業に派遣されること、ボランティアとして参加することなどは含まない。また、そのなかでも本書では主に民間企業への就職を想定する。それが最も一般的な就職先であり、また就活メディアがより大きな役割を果たす領域でもあるからである。

就職の主体はいうまでもなく職業に就く個人であり、日本では義務教育である中学卒業以上を想定するのが一般的だろう。上限はなく、たとえば転職や定年退職後の再就職などをする人もその範疇に入るだろうが、本書ではそのなかでも特に大学（学部）卒業者の新卒での就職に注目する。それは、現在のメディア上で就職という言葉が使われる際の最も一般的なイメージに近いものと考えられるからである。同様の意味で、本書の関心の主な対象は日本国内の就職である。就職活動とは、

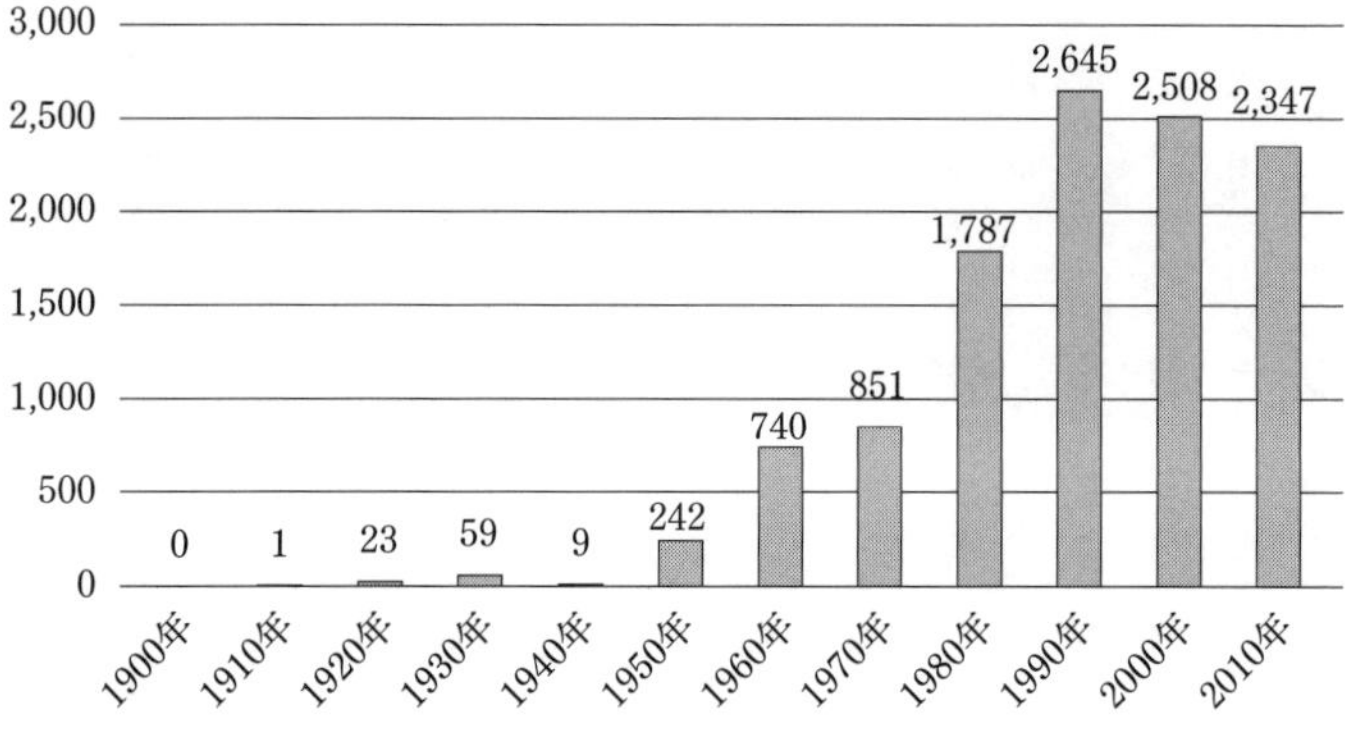

図1-5　「就職」本の数の推移
（出典：「国立国会図書館データベース」から筆者作成）

就職を主な目的として求職者がおこなうさまざまな活動を指す。したがって、フリーランスとしての仕事の受注や単発の業務受注、あるいは起業のための活動などは含まない。就活は就職活動の略語と解するものとし、就活という言葉が生まれる以前について言及する場合にも用いる。

就職戦線から就活へ

就職は主に明治以降に使われるようになった言葉だが（後述）、その略語である就活はそれよりはるかに新しい。「朝日新聞」の記事データベース「聞蔵II」で「就活」という言葉が初めて登場するのは一九九九年四月二十七日付「就職情報掲示板に川柳」という記事で紹介されている投稿作品の川柳「空爆も就活もいつ終わるやら」[17]である。国会図書館収蔵書で検索するともう少し古く、一九九四年刊行の東京商工リサーチ「エラベル　優良企業ガイド――四国4県「就活データ集」四国版」（東京商工リサーチ高松支社）が初出である。いずれも九〇年代であり、この時期に使われ始めて次第に一般化していったものと考えられる。

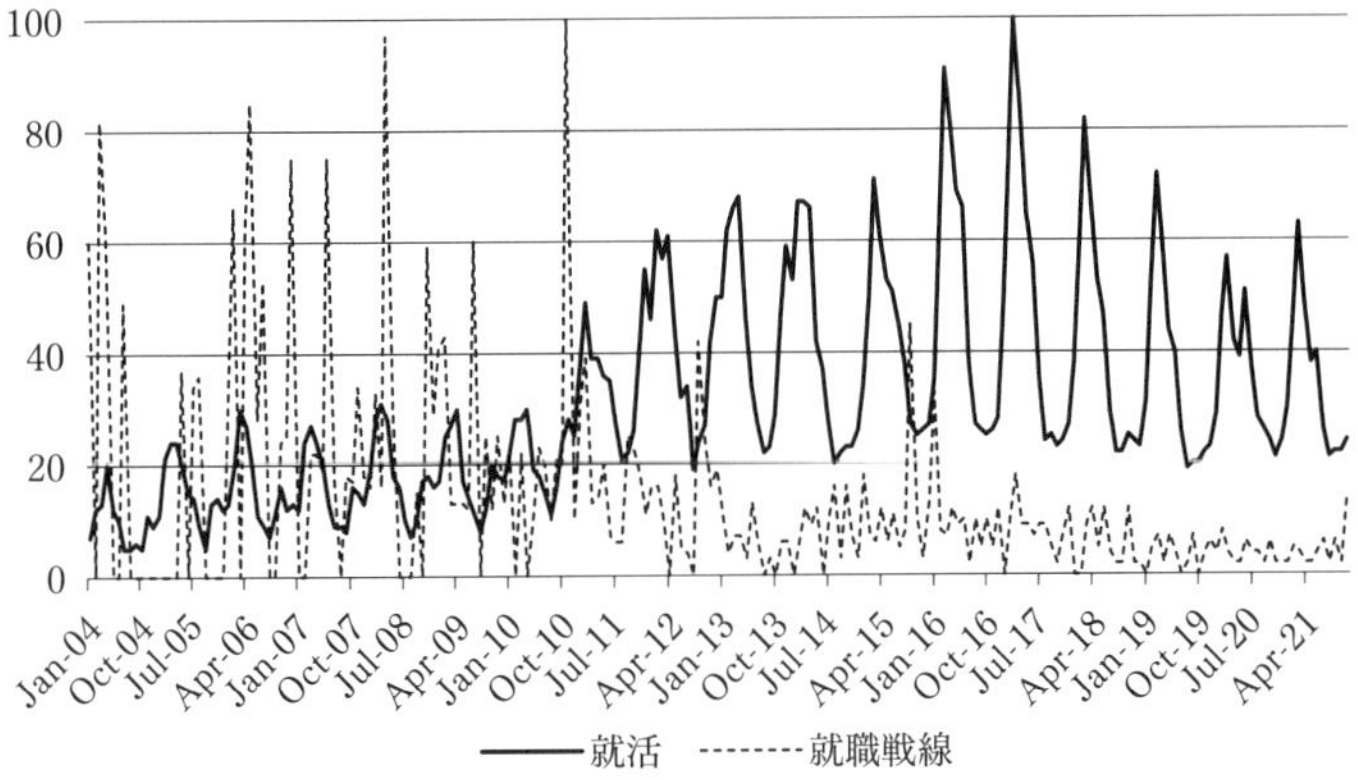

図1-6　「就職戦線」「就活」の検索動向比較
（出典：「Google トレンド」から筆者作成）

後述のとおり、一九九〇年代はいわゆるバブル崩壊後の景気後退期にあたり、特に半ば以降は不良債権問題や金融危機など、日本経済が危機的状況に陥った。就活と略すようになったのはより頻繁に口にする機会ができたからと考えれば、不景気で就職がますます困難になっていくなかで、就職のための「活動」がさらに重要になったことを反映したものだろう。

　氷河期とも評された一九九〇年代の就職難が就職への関心を高めただろうことは、いわゆる就職本の増加からもみることができる。国会図書館収蔵書籍のうち「就職」を書名に含むものの数を年代ごとにみると図1―5のようになる。戦前の三〇年代に増加したものの四〇年代には激減し、高度成長期の五〇年代に入って再び増加基調になって八〇年代に大幅増加し、九〇年代にピークに達している。

　このような傾向からはまた、一九九〇年代以降、就職が個人のイシューになっていく（個人化）過程にあったとみることもできる。「Google トレンド」[18]で二〇〇四年以降のネット検索動向をみると、「就活」の検索数は一〇年代に入って明らかに増加しているが、これとは対照的に、同時期に検索数が減少している言葉に「就職戦線」がある（図1―6）。

就職を戦争にたとえる「就職戦線」は、そこに参加する学生たちを集団としてとらえ、大勢の学生が同時に就職という一つの「事業」に取り組むという意味で就職活動を一種の共同作業としてみているのに対し、「就活」での就職は、個人個人が独自の工夫と努力をもって取り組む「活動」だという色彩が強い。

労働政策研究・研修機構の調査では、未就職卒業者の比率が三〇％以上と高い大学（四三・一％）のほうが一〇％未満の大学（二九・五％）と比べて、調査時点の二年前から三年前よりも「就職活動への取り組み状況の個人差が大きくなった」と答えている。[19]「個人化」はまた「自己責任化」でもあり、「就職戦線」から「就活」への移行は、就職が社会の問題というより自己責任で取り組むべきものと考えられるようになっていく潮流があったことを示しているとみることもできるだろう（後述）。

3　就活メディアの意義

課題解決としての就活

経営学でいうギャップ分析のフレームワークを使って考えるなら、就活とは就活者が「就職していない現状と希望の就職を成し遂げるという目標との間にあるギャップを課題として、その解決をめざす活動」とみることができる（図1―7）。

図1-7　課題解決としての就活（筆者作成）

課題解決は、目標と現状の差としてのギャップを把握し、それを生じさせる要因に分解したうえで、それぞれについての対策を組み合わせ、目標を達成するための戦略を構築するという過程でおこなわれる。

これを就活という課題にあてはめれば、とるべき戦略は①自らを知ること、②就職志望先を知ること、③志望先への就職に至る道筋を考えること、の三つに分けることができるだろう。①はいわゆる自己分析、②は業界分析や企業分析などにあたる。③はエントリーシートの書き方、面接の際の服装などの就活テクニックや就活サイトの利用方法のようなノウハウが主なものになるだろう。香川めいは「大卒者の就職活動には、雇用情報と自己情報に加え、就職活動のやり方に関する情報が必要とされ」[20]るとしている。

これらの要素は、現在の大学教育で十分にカバーされているとはいえない。確かに大学教育でのキャリア教育・職業教育については、二〇一〇年改正の大学設置基準で「すべての大学・短期大学において、教育課程の内外を通じて社会的・職業的自立に向けた指導等に取り組むための体制を整えること」[21]が求められることになった。実際、多くの大学はキャリアセンターなど就活支援の部門をもち、就職ガイダンスの実施、エントリーシートや面接対策の指導、インターンシップや就職先の紹介など、さまざまなサービスを提供している。また、ほとんどの大学でキャリア教育を教育課程内でも実施している。[22]

しかし、「キャリア教育は担当の教職員のみがおこなう取組であると認識されているなど、全学的なキャリア教育の位置づけや、教育プログラムの整備、運営組織・体制の整備、教職員への意識啓発等について課題が見られる」という指摘はいまだにあてはまる部分も多い。児美川孝一郎は「個別の大学が単独でプログラム開発を行い、大学におけるキャリア教育の充実に努力したという事例がないとはいわないが、多くの事例では、民間事業者との「連携」が必然化していた」と指摘した。日本の大学のキャリア教育が民間の「キャリア教育ビジネス」に依存し、「教育課程から見て〝外付け〟の実践になってしまっている」[23]と喝破しているのである。

就活メディア

就活（企業にとっては採用）ではさまざまな情報がやりとりされることになる。本書では就活に用いられるメディアを就活メディアと呼ぶことにする。かつて大学生の就職の多くは、大学の就職部に張り出された求人票や研究室・ゼミなどの単位で教員を通じた紹介によっておこなわれていたが、現代日本の大卒（大学卒業）者による就活のほとんどの作業は、業界・企業研究にせよ企業説明会への申し込みにせよ、メディアを通じた情報のやりとりである。それにはさまざまなメディアが使われるが、現在の就活の多くの部分はインターネットを通じておこなわれるようになっている。現在、就活の大部分が民間のインターネット上のメディアに依存するようになってきているのである。

岩崎暁は、新卒一括定期採用での人材採用に関するコーポレート・コミュニケーションを「リクルーティング・コミュニケーション」と定義し、分析している。[24]このなかで岩崎は、ゲルハルト・マレツケ[25]のコミュニケーション様式モデル[26]に沿ってリクルーティング・コミュニケーションの性質を分類し、典型的なコミュニケーションの「介在チャンネル」を挙げている（表1―1）。

表1―1に挙げてある「介在チャンネル」は就活メディアということになるが、本書で多く取り上げているいわゆる就活本はここには含まれていない。リクルーティング・コミュニケーションは就活（採用）をめぐる企業と就活生の直接のコミュニケーションだが、就活ではそれ以外にも、就活に関する情報を得る、準備をするなどの作業があり、そこにさまざまなメディアから得る情報が用いられる。就活本はその一類型であり、多くの場合、第三者が就活に役立つ情報を発信しているものだ。本書が注目するのは、就職（採用）過程でおこなう就活生と企業のコミュニケーションそのものというより、就活生たちが就活という一連の行動をするに際してメディアがどのようなはたらきをしているかである。

現代の就活生は、実際にさまざまなメディアを駆使して就活をおこなっている。駒澤大学グローバル・メディア・スタディーズ学部の学生を対象とした調査[27]では、「就活に際して利用したことのあるメディア」として最も利用率が高かったのは「ウェブサイト（ＰＣ）」（四六・九％）、次いでス

表1-1　採用広報過程での主な情報経路のコミュニケーションの性質に関する整理

介在チャンネル	コミュニケーション分類	直接的	間接的	相互的	一方的	私的	公的
会社説明会	企業パーソナル	○		△		△	
インターンシップ	企業パーソナル	○		○		○	
採用面接（採用選考過程）	企業パーソナル	○			△	○	
有力個人・組織内個人	仲介パーソナル		○		○	○	
OB・OG リクルーター	仲介パーソナル	△		○		○	
大学就職部	組織		○	○			△
ハローワーク	組織		○		△		○
新聞求人広告	マス		○		○		○
就職情報誌	マス	○	○	△			△
入社案内パンフレット	マス	○			○		○
企業広告	マス		○		○		○
企業ウェブサイト	インターネット	○			○		△
就職情報サイト	インターネット	○	○		△		△
SNS・ソーシャルメディア	インターネット	○		○			△

（出典：岩崎暁「企業のリクルーティング・コミュニケーション——新卒採用活動に関するコミュニケーション学的研究」東京経済大学博士論文、2014年、4ページ〔https://repository.tku.ac.jp/dspace/bitstream/11150/6506/2/13DC02-B.pdf〕）

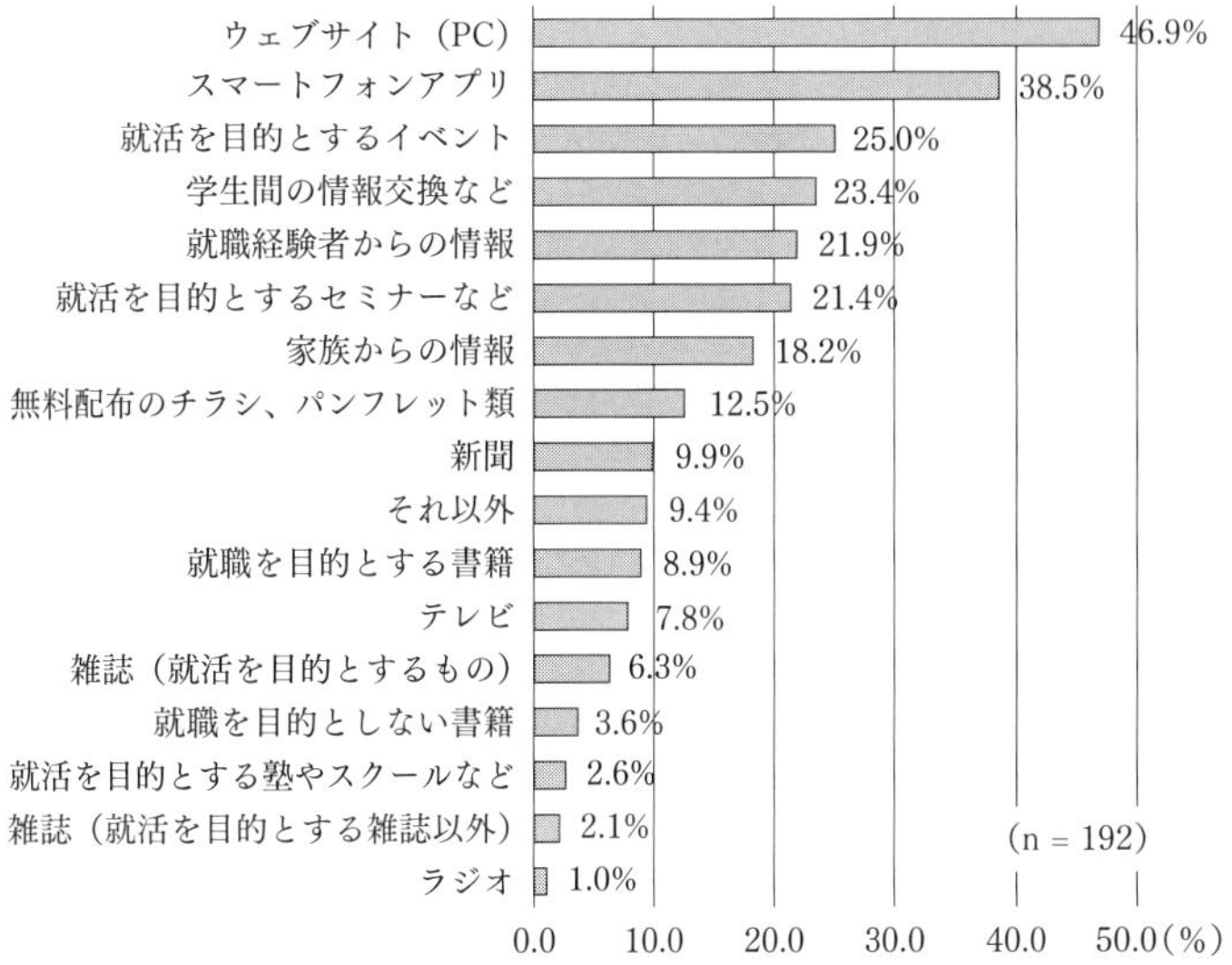

図1-8　就活に用いられるメディア
（出典：駒澤大学グローバル・メディア・スタディーズ学部2022年度前期科目「GMSキャリアデザインI」履修者を対象としたウェブアンケート方式による調査〔n=243〕から筆者作成）

マートフォンアプリ（三八・五％）といったウェブメディアだった（図1―8）。次いで多いのが就活イベント（二五・〇％）やセミナー（二一・四％）、あるいは学生同上（二三・四％）や就職経験者（二一・九％）との情報交換などの対面メディアである。これらに新聞（九・九％）や書籍（八・九％）のような文字メディアを加えた三つのジャンルのメディアを学生たちは主に駆使して就活に取り組んでいることがわかる。

「就活メディア」として用いられるそれぞれのメディアには特徴があり、就活での活用のされ方もメディア技術の進歩や就職をめぐる社会の動きにつれて変化してきた。もちろんこうした変化は就活の分野に限った話ではなく、メディアはその時点で利用可能な技術を用いて人や組織の間をつなぎ、社会を動かす力になってきているので、その力が就活に生かされるのはむしろ当然といえるだろう。これらの就活メディアが就職という課題の達成のために果たしている機能は、おおむね次の三つに分類される。

①情報提供

就活に関して有益な情報を提供する。就活の仕組みやプロセス、スケジュールの解説などのほか、自己分析や企業・業界・仕事分析のやり方を示すものなどが典型的だ。前述のギャップ分析のフレームワークでいえば、①自らを知ること、②就職志望先を知ること、およびそれらに影響を与える外部環境について知ることがこれにあたる。

②就職志望先の選択（マッチング）

就職機会にはさまざまなものがある。就活者はそのうちどれが自分に適しているか、就職という目的が達成できそうかを考え、自らの時間や努力をどのように配分するかを決定する必要がある。就活メディアのなかには、こうしたマッチングに関わる意思決定に有益な情報を提供するものがある。ギャップ分析のフレームワークでいえば、③の志望先への就職に至る道筋を考えることに属する機能といえる。

③就活成功のための指南・応援

企業など就職先組織の採用選考のプロセスには共通部分が多く、就活者はそれらを突破するために必要な知識やテクニックを身につけなければならない。有効なエントリーシートの書き方、面接での受け答えやマナーなどが典型的だろう。就活メディアのなかには、こうした指南をおこなうだけでなく、就活者が自信をもって就活に臨めるように勇気づけ応援するといった機能をもつものがある。ギャップ分析のフレームワークでいえば、これも③志望先への就職に至る道筋を考えることにあたる。

なぜ就活メディアに着目するのか

終身雇用制の形骸化が進み、転職がかつてほど珍しくなくなった現代社会でもやはり、学校新卒時の就職は、当人の人生に大きな影響を及ぼす。就活がそうした重要なものであるにもかかわらず、就活に大きな影響を及ぼす就活メディアがどのようなはたらきをしているのかについて真剣に検証されることはあまりなかった。もちろん、就職あるいは就活自体は以前から社会での大きな関心事の一つであり、これらについての論考は、以下に挙げる例を含め、既に数多く刊行されている。

尾崎盛光『就職——商品としての学生』（中公新書）、中央公論社、一九六七年
尾崎盛光『日本就職史』文藝春秋、一九六七年
中西信男／麻生誠／友田泰正編『就職——大学生の選職行動』（有斐閣選書）、有斐閣、一九八〇年
山村健／天野郁夫『青年期の進路選択——高学歴時代の自立の条件』（有斐閣選書）、有斐閣、一九

八〇年
加藤諦三『いま就職をどう考えるか――精神的失業者にならないために』(PHP文庫)、PHP研究所、一九九二年
安田雪『大学生の就職活動――学生と企業の出会い』(中公新書)、中央公論新社、一九九九年
森岡孝二『就職とは何か――〈まともな働き方〉の条件』(岩波新書)、岩波書店、二〇一一年
常見陽平『僕たちはガンダムのジムである』ヴィレッジブックス、二〇一二年
児美川孝一郎『キャリア教育のウソ』(ちくまプリマー新書)、筑摩書房、二〇一三年
難波功士『「就活」の社会史――大学は出たけれど…』(祥伝社新書)、祥伝社、二〇一四年
常見陽平『「就活」と日本社会――平等幻想を超えて』(NHKブックス)、NHK出版、二〇一五年

しかしそれらの多くは基本的に就職そのもの、および就職を通して企業や大学、さらには社会をみるといった視点のものである。メディアに記録された就活のあり方に関心を払っていても、就活メディア自体への注目度はあまり高いとはいえない。

その理由の一つは、就活が個人的な経験であり、しかもたいていは何度も繰り返し経験するものではない、ということにある。結婚や葬儀などの冠婚葬祭にも同様の傾向があるが、就活でも多くの人は、慣れない状態のまま「本番」に臨むために目の前の課題に取り組むのが精いっぱいで、かつそれが過ぎてしまえば関心を失うため、検証の機会をもとうとはしないのである。(28) したがって、就活をめぐる情勢や、学生の職業観やキャリア観は時代とともに変化するにもかかわらず、社会に

出回る就活指南のなかには根拠の薄弱なものも少なくなく、弊害をもたらしているのではないかと思われる。

本書の視点は、就活という現象を、こうした就活メディアの機能やその変遷との関係で分析することで、よりよく理解しようというものである。

本書の構成

本書の構成は以下のとおりである。この第1章「就活と就活メディア」では、就活と就活メディアの概要について論じ、なぜ就活メディアに注目するかなどについて述べる。第2章「就活の歴史」では、就職のための活動である就活が日本の歴史上どのような経緯をたどってきたかについて、戦前、戦後（昭和）、現代（平成以降）の三つの時期に分けて簡単に振り返る。第3章「就活メディアの変遷」では、就活メディアが時代によってどのように変わってきたかについて、前章と同じく戦前、戦後（昭和）、現代（平成以降）の三つに加え、ウェブメディアを合わせて四つの時期に分けてたどる。あわせてコラム「就活をめぐる都市伝説」では、就活に関する言説につきものの都市伝説を取り上げる。第4章「就活メディアは何を伝えてきたのか」では、それまでの議論をふまえて、就活メディアをどのようにみるべきかについて考える。

本書の文章と画像の引用は、すべてパブリックドメイン、もしくは著作権法第三十二条に基づくものである。

注

（1）俳句の世界では「入社式」は春の季語だが、「就職」や「就活」は季語にはなっていない。
（2）法人税法第二条一項九号に規定される。商法上の株式会社のほか、合名会社、合資会社、特例有限会社、医療法人、相互会社、企業組合、一般社団法人と一般財団法人（ともに非営利型法人に該当するものを除く）が含まれる。
（3）「2023（令和5）年度卒業・修了予定者等の就職・採用活動に関する要請」「内閣官房」（https://www.cas.go.jp/jp/seisaku/shushoku_katsudou_yousei/2023nendosotu/index.html）［二〇二三年一月十日アクセス］
（4）いわゆる「内定」の法的性格には諸説あるが、裁判実務では「解約権を留保した労働契約」が成立したものとする考え方がほぼ確立している。
（5）政府は現行の「インターンシップの推進に当たっての基本的考え方」でインターンシップを採用選考活動と結び付けないようにと指導してきたが、二〇二二年六月にこれを見直し、二三年に大学三年である学生の夏休み以降、企業がおこなうインターンシップに参加した学生の評価を採用選考で活用することを可能にする方針を打ち出した。文部科学省／厚生労働省／経済産業省「インターンシップを始めとする学生のキャリア形成支援に係る取組の推進に当たっての基本的考え方」（二〇二二年六月十三日一部改正）（https://www.meti.go.jp/policy/economy/jinzai/intern/PDF/20220613002 set.pdf）［二〇二三年一月十日アクセス］
（6）「【2023年卒】就活スケジュールを解説！いつから何を始める?」「リクナビ」（https://job.rikunabi.com/contents/howto/14527/）［二〇二三年一月十日アクセス］

(7)「キャリタス就活 2023 学生モニター調査結果」「ディスコ」(https://www.disc.co.jp/wp/wp-content/uploads/2022/06/202206_gakuseichosa_kakuho.pdf)〔二〇二三年一月十日アクセス〕

(8)「特設サイト 新型コロナウイルス」「NHK」(https://www3.nhk.or.jp/news/special/coronavirus/world-data/)〔二〇二二年十月三十日アクセス〕

(9)「〝内定取り消し〟 9割がコロナ影響」「日テレNEWS」(https://news.ntv.co.jp/category/society/943706)〔二〇二三年一月十日アクセス〕

(10)とはいえ、この就職内定率は就職希望者に対する内定獲得者の比率であり、大学院進学などで就職を希望しなかった学生は計算から除かれている。景気悪化時には大学院進学希望者が増える傾向にあることから、この数字には表れない影響があることも考えられる。

(11)ただし、最終面接は五四・二%が対面でおこなわれるなど、効率と丁寧さのバランスを考慮した使い分けがみられる。

(12)「第56回学生生活実態調査の概要報告」「全国大学生協連」(https://www.univcoop.or.jp/press/life/report56.html)〔二〇二三年一月十日アクセス〕

(13)「2023年卒大学生就職意識調査」「マイナビキャリアリサーチLab」(https://career-research.mynavi.jp/reserch/20220426_27155/)〔二〇二三年一月十日アクセス〕

(14)「第3回 大学生の学習・生活実態調査報告書 ダイジェスト版〔2016年〕」「ベネッセ教育総合研究所」(https://berd.benesse.jp/koutou/research/detail1.php?id=5169)〔二〇二三年一月十日アクセス〕

(15)「2023年卒大学生インターンシップ調査——中間総括」「マイナビキャリアリサーチLab」(https://career-research.mynavi.jp/reserch/20211029_18077/)〔二〇二三年一月十日アクセス〕

(16)「2019年 マイナビ大学生低学年のキャリア意識調査」「マイナビ」(https://www.mynavi.jp/wp-content/uploads/2019/03/【資料】2019年マイナビ大学生低学年のキャリア意識調査.pdf）［二〇二三年一月十日アクセス］

（17）この時期はコソボ紛争の末期にあたる。一九九九年三月から北大西洋条約機構（ＮＡＴＯ）加盟諸国によるユーゴスラビア空爆がおこなわれていて（アライド・フォース作戦）、ちょうど同じ時期に解禁になった就職活動を、四月末にも続いていた空爆になぞらえて「いつ終わるのか」と詠んだものだろう。

（18）「Googleトレンド」は、各検索語につき検索数の最高値を一〇〇としたときの相対的な検索数の推移を示すサービスである。検索数そのものは「就職戦線」と比べて「就活」のほうが圧倒的に多いが、ここでは比較のため「Googleトレンド」の数字をそのまま使っている。いずれの言葉も検索動向に周期性がみられるのは、毎年一定の時期に就活への関心が高まるからである。その時期は就活の開始時期が見直されるたびに移り変わり、ここ数年は三月になっている。「Googleトレンド」（https://trends.google.co.jp/trends/?geo=JP）［二〇二一年十一月十二日アクセス］

（19）「高校・大学における未就職卒業者支援に関する調査」「労働政策研究・研修機構」（https://www.jil.go.jp/institute/research/2010/081.html）［二〇二三年一月十日アクセス］

（20）香川めい「就職情報誌から就職情報サイトへの移行がもたらさなかったもの――大卒者の就職・採用活動における役割をめぐって」「日本労働研究雑誌」二〇二〇年二月号、労働政策研究・研修機構、一一一―一二一ページ

（21）「今後の学校におけるキャリア教育・職業教育の在り方について（答申）」「中央教育審議会」（https://www.mext.go.jp/component/b_menu/shingi/toushin/__icsFiles/afieldfile/2011/02/01/1301878_1_1.pdf）［二〇二三年一月十日アクセス］

（22）「平成28年度の大学における教育内容等の改革状況について（概要）」「文部科学省」（https://www.mext.go.jp/a_menu/koutou/daigaku/04052801/1417336.htm）［二〇二三年一月十日アクセス］

（23）児美川孝一郎『キャリア教育のウソ』（ちくまプリマー新書）、筑摩書房、二〇一三年

（24）岩崎暁「企業のリクルーティング・コミュニケーション——新卒採用活動に関するコミュニケーション学的研究」東京経済大学博士論文、二〇一四年（https://repository.tku.ac.jp/dspace/bitstream/11150/6506/2/13DC02-B.pdf）

（25）Gerhard Maletzke, *Psychologie der Massenkommunikation: Theorie und Systematik,* Verl. Hans-Bredow-Inst., 1963.

（26）同書はコミュニケーションを「直接的⇕間接的」「相互的⇕一方的」「私的⇕公的」という三つの対概念で分類している。

（27）二〇二二年度前期科目「ＧＭＳキャリアデザインⅠ」履修者を対象としたウェブアンケート方式による調査である（n=243）。任意参加であり成績評価とは関係させないことなどを条件として、二〇二二年六月十四日開催の令和四年度第二回駒澤大学「人を対象とする研究」に関する倫理委員会の倫理審査で承認（審査番号22-13）を得た。

（28）若林満／中村雅彦／斎藤和志「就職先としての組織の魅力と現代学生の職業志向」「経営行動科学」第一巻第一号、経営行動科学学会、一九八六年

第2章　就活の歴史

1　就職の誕生

「就職」前夜

前述のとおり就活は一九九〇年代以降の比較的新しい言葉と思われるが、「就職」という言葉の歴史は古い。[(1)] 記録に残るものとして最も古いのは、官吏登用に際して科挙がおこなわれていた古代中国で、受験者が詩文の制作の模範とした詩文集『文選』[(2)] 巻三十七に所収された、李密「陳情表」中の「臣具以表聞辞不就職」[(3)] というくだりである。これは二六七年、[(4)] 西晋の初代皇帝（武帝）になった司馬炎によって招聘された李密が、老いた祖母の世話をしたいとしてそれを断るために書かれたもので、いわば現存最古の内定辞退メールである（図2―1）。

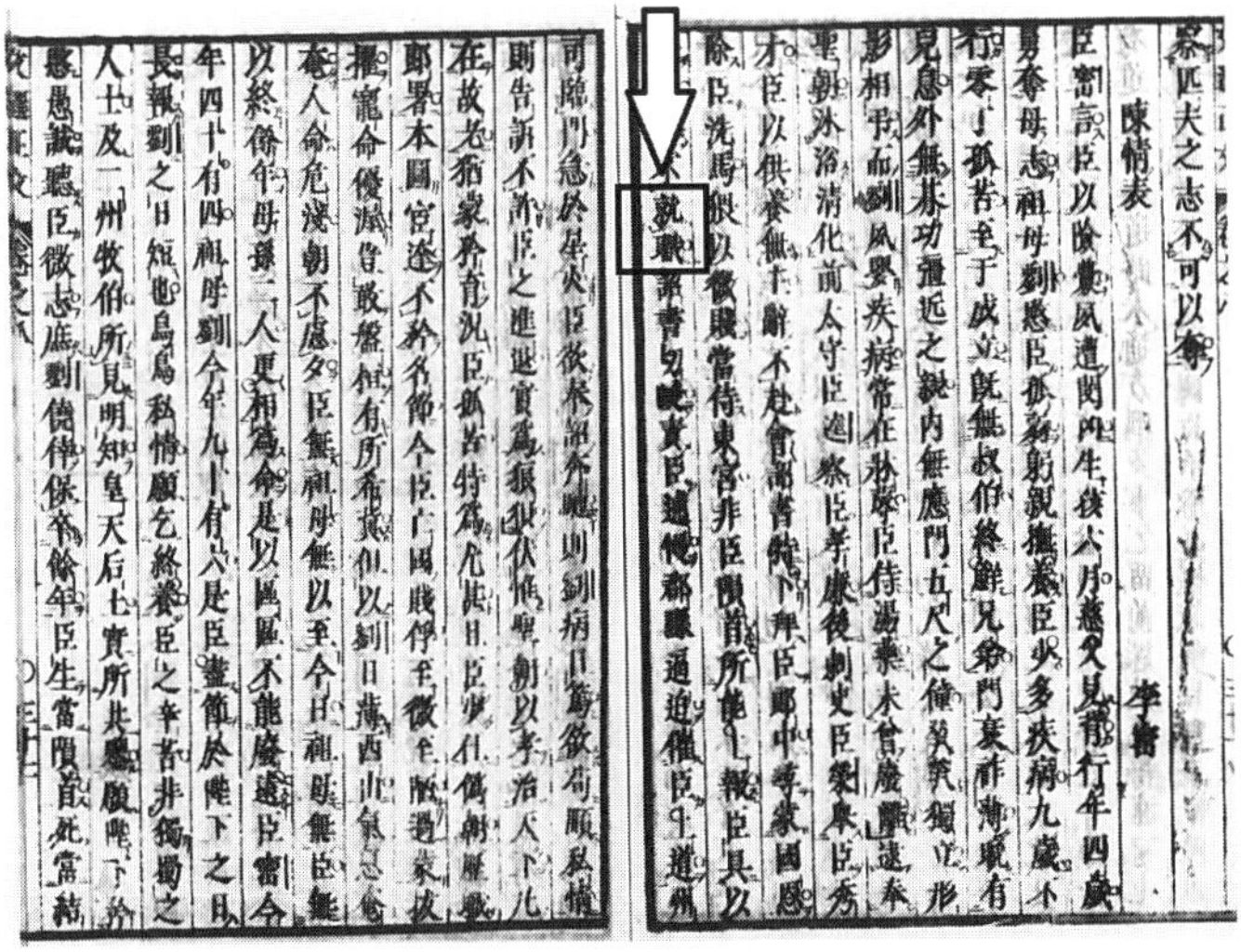

図2-1　「臣具以表聞辞不就職」
（出典：李密「陳情表」〔https://dl.ndl.go.jp/info:ndljp/pid/1089533〕［2023年1月10日アクセス］）

しかし日本近代に至るまで、「就職」という言葉が現代使われているような意味で一般的に使われることはなかった。生まれ育った環境下で就くべき職に就くのが当たり前の社会では、人は既存の身分制度や人間関係に基づき、権力者の命令や当事者間の合意、あるいは紹介によってそれぞれの職に就くことが一般的だったからだろう。

国会図書館収蔵資料をみるかぎり、武士階級の就職では主に「仕官」が使われ、「就職」の用例は見いだせない。「仕官」は一九〇〇年前後（明治三十年代）ごろまで手紙の文例集などに使われていて、「任官」などとともに官職に就くことを意味していた。

江戸時代に入ると、参勤交代や商業の発展などによって主に都市部で労働需要が増大し、人の移動が活発になっていく。こうしたなかで、庶民階級で職業紹介がビジネスとして成立するようになっていった。[5] 武士以外の階級や、武家の女性などが武家や商家などに働きに出ることは一般に奉公と呼ばれた。[6] 江戸時代の商家での奉公は、「親類縁者の子弟または親戚・取引先の紹介（商家同族団のネットワーク）による採用がもっとも多く、もしそれで不足の場合は口入れ屋[7]の手を経て雇入れる[8]」形式がとられた。

口入れ屋は、伝説では十七世紀半ば、医師の大和慶安が出入りの患家から婚姻の取り持ちや奉公人の斡旋などを頼まれるうちにそれが副業になって、ついには本業になったのが起源とされる。[9] 商家だけでなく、体裁を保つために一定数の奉公人を要した武家でもこうした口入れ屋を利用することは一般的だった。

口入れ屋は雇い主と奉公人の双方から賃金の一〇%から一五%程度を手数料（口入れ料）として取ったほか、親代わりに奉公人の身元引受人になる保証料（判賃）を取った。すなわち、実態はビジネスとしての職業紹介だったとしても、建前は人間関係に基づく紹介という形式をとったのである。口入れ屋は就活メディアの一形態といえるが、雇用者と被雇用者との間を取り持つにあたって、単に情報の媒介をするだけでなく、身元引受人として信用を付与するという機能を果たしている点にも注目すべきである。こうしたやり方は、主に労働者階級の職業紹介の領域で明治以降も残った。

「就職」の始まり

日本で「就職」という言葉が一般に使われるようになったのは明治以降のことである。[10] 明治維新による政治体制の変化は社会に大きな変化をもたらしたが、そのなかの一つに人の地理的移動と階層移動の増加がある。封建体制から中央集権体制への変化、またその後の産業化の進展によって地方から東京をはじめとする都市部への人の移動が進んだ。明治期の地方別の人口移動をみると、一八八六年から一九〇九年にかけて全国の人口は三千九百五十一万人から四千九百九十万人へと二六％増加したが、この間に南関東の人口は四百六十三万人から六百四十五万人へと三九％増加している[11]。

「就活」という観点であわせて重要なのは、封建的な身分制が廃止されたために、学歴の獲得によって社会階層の上位へと移動できる可能性が大きく開かれたことである。それまでの支配階級であり、主に世襲でその職が引き継がれていた武士がなくなり、それに代わって高等教育を受けて試験を突破することが、官職にせよ企業人にせよ、組織のリーダー層になるために求められるようになった。「就職」という言葉の普及はこうした社会の変化を背景にもつものだった。尾崎盛光は『就職――商品としての学生』でこの時代の「就職」を、①単に雇われて給料をもらうだけのことではなくむしろ支配階級の一端に入り込みやがて管理職・経営者のポストを得るための手段であること、②潜在的支配階級としての身分を有するものがこの潜在的身分を顕在化するために名のある「地位」を手に入れることと表現している[12]。

「就職」という言葉が「朝日新聞」（大阪版）の紙面に初めて登場したのは一八八一年七月十日付の「官令　甲第四号」だった。「府県会規則第廿一条に拠り議員改選の上其就職交替の手続ハ予じめ府県会に於て議定せしめ府知事県令認可の上施行致すべし此旨布達候事」として、府県会での議員交替による新議員の就任を「就職」と表記している。同様に、この時期には「就職」を高位の公職に就く際の表現として使った記事が複数みられる。(14)

「米国新大統領就職の節演説（支那人駆逐を述ぶ）」「朝日新聞」（大阪版）一八八五年三月十二日付

「新大統領クレヴランド公の就職式」「朝日新聞」（大阪版）一八八五年四月七日付

しかし高位の公職に限られたものではなく、一八九〇年前後（明治二十年代）に編纂された多くの法令で「就職」は使われている。たとえば警視庁「警視提要 明治22年」に所収された「辞職ノ官吏再就職ノ規定」（明治二十年閣令第九号）には「官吏ニシテ辞職シタル者ハ辞職後満一年ヲ経過シタル後ニ非サレハ再ヒ就職スルヲ許サス」(15)という規定がある。少なくとも、この時期での「就職」は、現代のように一般の人々が職に就くことを表現する言葉とはやや異なり、公職や官職に就くことを意味していたことがうかがえる。封建制が廃止されて「仕官」という表現が実情に合わなくなったことを反映したものと思われるが、一方で一般人とは区別された特別な地位であることを暗黙の前提としているようにもみえる。

若干毛色が異なる用例としては、一八九六年に制定された旧民法第百五十八条で、「時効ノ期間満了前六个月内ニ於テ未成年者又ハ禁治産者カ法定代理人ヲ有セサリシトキハ其者カ能力者ト為リ又ハ法定代理人カ就職シタル時ヨリ六个月内ハ之ニ対シテ時効完成セス」と定めている。この規定

は現行民法にも受け継がれ、「就職」の語もそのまま残っている。(16)

第百五十八条　時効の期間の満了前六箇月以内の間に未成年者又は成年被後見人に法定代理人がないときは、その未成年者若しくは成年被後見人が行為能力者となった時又は法定代理人が就職した時から六箇月を経過するまでの間は、その未成年者又は成年被後見人に対して、時効は、完成しない。(17)

一方、庶民の働き口を紹介していた口入れ屋は明治に入ってのち職業紹介業になって、新たに生まれたさまざまな職業に人を斡旋するようになった。東京府が一八七二年に制定した雇人請宿規制は職業紹介業に関する初めての規制法規であり、その後同様の規制がほかの府県にも広がっていった。

就職と就職難

当初は公職に就くことを指していた「就職」は、産業化の進展とともに、民間企業の場合にも使われるようになっていく。民間での新卒一括採用は一八九五年の三菱（当時の日本郵船）や三井銀行などから始まったとされる。(18)これが民間での「就職」の始まりということになるだろう。海外事業の拡大がきっかけだったが、この時代は試験や学歴を基準とする選考よりも縁故採用が多かったという。明治以前から続く、紹介に基づく採用慣行の名残ともいえるだろう。

採用試験がおこなわれるようになったのは一九一〇年代、第一次世界大戦が始まったあとの好景気による採用難がきっかけだった。その後一八年の大学令公布によって、それまで官立の帝国大学に限られていた大学が公立と私立の設置も認められるようになり、大学生の数が急増したという事情もある。人手不足から就職が「売り手市場」になるにつれて、多くの企業がより優秀な学生をいち早く採用すべく、学校卒業前に選考が開始されるようになった。

したがって、新卒採用の始まりはまた、大学などによる就職斡旋の始まりでもあった。学校制度の整備によって次々と生み出されるようになった卒業生たちに、その努力にふさわしい進路を用意することは、学校自体の権威と存在意義を確立することでもあったからである。西野喜与作は次のように書いている。

近代日本において、学校卒業生の就職を世話をした最初の人は、福沢諭吉先生である。後に憲政の神様と尊崇せられた犬養木堂、尾崎咢堂も、三菱財閥の幹部として東洋一の長崎造船所を建設した荘田平五郎の外、今日の財界に於ける三田財閥の基礎を造くった人々は先生に依って道を開かれたことは、世間周知の通りである。福沢先生に次いでは、一橋大学の前身である東京高等商業学校の初代校長矢野二郎であろう。そのほか東京帝大における穂積陳重、岡野敬次郎諸博士、明大商科の事実上の創立者である志田鉀太郎博士などもその方面に名を馳せた人である。

そうした伝統から来る学校出身者の就職斡旋の実績よりして、職業安定法（第二五条）は学

校に職業紹介業務を委託し、今日広く学校の職業紹介が行われるに至ったゆえんである。(19)

明治に始まった「就職」は、封建制社会の終わりとともに消滅した武士というエリート階層に代わるエリート選抜の仕組みであり、生まれではなく能力によって活躍の機会を得ることができるという意味で、文明社会への一歩でもあった。同時にこの変化は、「就職」の主体が民間に拡大し、次第に大衆化していったことをも意味している。

しかし「就職」の時代は、ほどなく「就職難」の時代へと転じる。第一次世界大戦終結後の一九二〇年代に入ると戦争中の好景気の反動で戦後不況に見舞われ、その後二三年の関東大震災でさらに打撃を受けた日本経済は、二七年に至って昭和金融恐慌、さらに二九年に始まった世界恐慌、三〇年の金解禁による円高からくる輸出不振、三一年と三四年の凶作、三三年の昭和三陸津波など内外のさまざまな困難に直面することになり、就職難が社会問題になった。二九年の映画『大学は出たけれど』（監督：小津安二郎）はこうした社会情勢を背景に作られた作品である。

この時期の就職難では、高学歴の学生ほど大きく影響を受けた。一九三〇年七月二十九日付「朝日新聞」の「学歴は進むほど就職は低率」では、同年卒業者の未就職率について、甲種実業学校卒一六・四％、専門学校卒四〇・六％に対して大学卒は四一・九％と報じていて、大学卒は実業学校や専門学校など、職業とより密接に関連した学校の卒業者と比べて就職が困難だったことがわかる。せっかく苦労して大学に入学しても出口でまた厳しい競争にさらされたさまは、当時の新聞漫画にも描かれた（図2―2）。

図2-2　就職難を描いた新聞漫画
（出典：伊東忠太「昭和五年の漫画回顧」「朝日新聞」1930年12月19日付）

就職の機会に恵まれなかった高学歴者のなかには共産主義思想に走る者が現れ、「朝日新聞」一九三一年六月二十日付の「学生の赤化防止には就職難解決が第一」のように、思想面から就職対策を訴える記事もみられる。採用選考をおこなう企業の側でも、選考の際に学生の思想的背景をチェックするといった傾向は戦後の冷戦期まで続くことになる。

厳しい経済情勢を受けて、庶民向けの職業紹介にも無料のサービスが登場する。日清戦争後の経済情勢が変化するなか[20]、一九〇一年、慈善団体が運営する私立第一無料宿泊所で、貧困者を対象とする無料の職業斡旋サービスが始まった[21]。〇六年には救世軍本部に職業紹介所が設置されている[22]。こうしたなかで一一年、東京で初の公立の職業紹介所が設置され、次第に各地に同様の施設が設置されるようになっていった。

第一次世界大戦終結後の一九二一年の職業紹介法施行によって公的職業紹介に法的な裏付けが与えられ、三八年には戦時体制への移行もあって職業紹介法が改正され、職業紹介所が国営化されることになった。こうした体制整備が、戦後の職業安定法による公共職業安定所による職業紹介へとつながっていく。

就職難が厳しい時期には、こうした営利・非営利の職業紹介所で大卒者の就職斡旋をおこなうケースもあり、たとえば一九一一年三月十六日付「朝日新聞」の記事、「東京無料職業紹介所　悲惨なる教育ある求職者」は、「東京基督教青年会」が開設した無料職業紹介所に殺到する求職者のなかに「日本大学卒業生二人」がいたことを「申込者の中にて最も悲惨に感ぜらるゝは此種高等教育ある人にして彼等は百方職を求めて得ず遂には如何なる労働をも厭はざれば糊口の資を得たしと申込み来る者」と報じている。

とはいえ、明治以降のこうした職業紹介サービスの多く、特に非営利のそれは主に庶民向けのものであり、彼らの不安定な雇用を前提として、貧民救済や失業者対策などの社会保障としての性格が濃いものだった。その意味で、学校卒業者を念頭に置いた就職、特に高等教育を受けた者の就職とはやや色合いを異にするものだといえる。

2　「戦争」と「平和」

「就職戦線」と「就職協定」

一九二〇年代から三〇年代にかけて悪化の一途をたどる就職難はやがて「就職戦線」という言葉

を生んだ。厳しい就職状況を戦場にたとえるもので、「朝日新聞」の記事では一九三一年三月二日付の「刀折れ矢は尽きた 各大学就職戦線 昨年に比し半減、三分の一減 無残、打砕かる若人」が初出のようである。(23)当時は二九年九月のアメリカの株暴落に端を発する世界大恐慌のまっただなかにあり、それまで紙面に多く登場していた「就職難」を上回る厳しい状況を戦争になぞらえたものだろう。また、この記事の約半年後の三一年九月十八日、柳条湖事件をきっかけに満洲事変が勃発するなど、当時の情勢を反映したものでもあった。以後この言葉は就職を語る際の常套句になり、それは二十一世紀にまで続くことになる。

「就職難」は、採用者を厳選したい企業にとっては優秀な学生の奪い合いを意味した。競争緩和のため、昭和恐慌のまっただなかの一九二八年、三井、三菱といった大手銀行などの頭取や重役の集まりである常盤会の意向によって、大企業の社長や重役、東京大学・慶應義塾大学・早稲田大学などの学長への呼びかけがおこなわれ、翌二九年の定期採用の選考は卒業後の三月からおこなうことにする協定が結ばれた。(24)

この年には協定に同意しない企業も選考の開始時期を遅らせるなどの動きがあり、採用選考に大きな影響を及ぼしたが、この種の「紳士協定」は総じて誕生直後から破られる運命にある。翌一九三〇年には早くも協定加盟企業による卒業前の選考開始が見られ始める。三二年には、三二年度卒業の学生から選考開始時期を「卒業年度の一月以降」と早める協定変更がおこなわれたが、企業の早期選考活動はさらに活発になって、結局三五年には協定が破棄されるに至った。これ以降、採用選考は各企業に任され、大学四年生の十月におこなわれるようになった。

日中戦争から太平洋戦争に至る戦争の時代、当然ながら就職は一転して売り手市場に変わった。特に需要が多かった工鉱業系卒業生の争奪戦は激しく、一九三八年八月には学校卒業者使用制限令によって、工鉱業関係新規学卒者の割り当てによる雇い入れ制が採用され、指定学校の卒業者の雇い入れ人数については厚生大臣の許可が必要になった[25]。

その後も国民職業能力申告令（一九三九年一月制定）、国民徴用令（一九三九年七月制定）、青少年雇入制限令（一九四〇年二月制定）、国民勤労報国協力令（一九四一年十一月制定）、労務調整令（一九四一年十二月制定）、軍需会社徴用規則（一九四三年十二月制定）、女子挺身勤労令（一九四四年八月制定）、学徒勤労令（一九四四年八月制定）、国民勤労動員令（一九四五年三月制定）などが矢継ぎ早に出され、就職は国が管理するものになって就職活動の自由はほとんど消滅した。一九四三年には学徒出陣が始まったこともあり、多くの大学生にとって「就職」は事実上意味がない言葉になったのである。

就活が存在しない社会では就活メディアの存在意義もない。この時期から終戦直後の時期に至るまで、就活メディアもほとんど消滅する。「朝日新聞」記事でも、一九四〇年代に入って「就職難」「就職戦線」などの言葉の登場回数は大幅に減っている。

高度成長と就職活動の早期化

一九四五年の終戦からしばらくたつと就活は復活する。終戦直後の混乱期、企業は採用数を絞り、また兵役からの復員や海外からの帰国者などで労働者の供給が増えたため、就職は「買い手市場」

になった。しかし五〇年の朝鮮戦争勃発をきっかけに日本経済が本格的な復興の時期を迎えると、企業の人材獲得競争は再び激しさを増すことになった。卒業前選考の慣行は継続し、選考の早期化が問題視された。

一九五二年、大学、日経連（日本経営者団体連盟）、文部省、労働省（当時）を中心とする就職問題懇談会が開かれた。企業側は人材確保の観点から早期化を主張し、学校側は学生の学業専念が阻害されると主張したが、五二年には文部省と労働省から「大学が求人側からの採用申込みを受け付け、又就職希望学生を求人側に推薦する時期は十月一日以降とすること」「求人側が採用選考試験を実施する時期は一月以降とすること」[26]とする通達が出された。

一九五二年十二月に全国十四カ所で開催された学生就職問題連絡協議会での議論の記録[27]をみると、企業側の主張が現在とほとんど変わっていないことに驚かされる（表2―1）。なかでも、採用活動の早期化に対する学校側の問題意識と、裏腹の関係にある「複数社志望」による企業側の問題意識がこの時期既に存在する点は注目に値するだろう。

しかし、こうした激しい採用競争が、学生にとって公平な機会を提供していたわけではない。当時は縁故による採用が幅広くおこなわれていて、「この期ほど「コネ」問題がやかましかった時代も少ない」。法政大学の就職部長が「コネと公募が半々」だと語るほどだった[28]。

この時期でも縁故による採用が重視された背景の一つには、共産主義的な考え方の広まりに対する警戒感があった。折しもアメリカとソ連（ソビエト連邦）の対立が激化し、欧州各国でも共産主義勢力が支持を広げていた。東欧諸国や中国、朝鮮半島などで社会主義国家が成立し、「共産圏」

表2-1　学生就職問題連絡協議会での企業と大学の主張

業界側から	大学側から
(学生について) ○中小企業へ就職する心構えができていない。労苦の多い仕事をきらい、将来に対する見通しを持たず、すぐ大会社へ流れていき、企業と運命をともにする気持がない。 ○従来と同じ高い待遇を期待するのはむりである。 ○本人の思想傾向を決定的な採用条件とする会社もあり、そうでない会社もある。	○思想的な偏向ということにあまりにも敏感にすぎ、しかもそれを固定的に考えることは、学生を卑屈にしてしまう。青年期の反逆的革新的な気風が、将来社会的に役立つ人間となる大切な要素であることもある。 ○夜間部の学生も、最近は昼間の者にくらべて優秀な者がいることを考えてほしい。
(採用方法について) ○自分の会社の人として本当に信頼できる者を選ぶには、縁故による身元保証のある者を採ることも必要である。しかし、これが企業のために最もよい方法であるとは思っていない。 ○学生が数社へ同時に志望し、どれにも話をつないだまま態度をあいまいにし、採用側に迷惑をかける場合がある。 ○採用時期が各社のせり合いで早くなる傾向は、なんとか是正の方法を考えるべきである。	○縁故採用のため、公募のワクがせばめられ、学生に好ましくない傾向を助長している。 ○事業体のつごうもあろうが、もっと大学卒業生採用のワクを拡げる余地があると思う。 ○結局は本人の実力本位の選考がなされるべきであって、大学の名声とか新旧制の区別にとらわれず、応募の機会を均等に与えてほしい。 ○今年度の採用試験の内容には、学生の能力を正しく判定することができないようなものもあった。 ○採用試験の時期が早まり、学業に支障をきたし、よくない結果に陥りつつある。
(大学と業界の連絡について) ○各大学が平素から、地元の産業振興について関心を持ち、協力的であってほしい。 ○大学に、中小企業の問題に関連のある研究課目を設けて、学問的にもこれに関心を深めてほしい。 ○大学の教員が、もっと業界とつながりをもつように努力すべきである。	○地元の大学が業界側が進んで研究機関として利用してほしい。 ○学生の実験実習にも便宜を供与してほしい。 ○学校側が業界とつながりを持てる常置的な組織がほしい。

(出典：文部省大学学術局学生課「学生の就職問題に関する業界と大学との協力について（全国地区別学生就職問題連絡協議会の概要)」〔文部省、1953年〕をもとに筆者作成)

の広がりへの懸念は資本主義諸国が共有する脅威になっていた。

日本でも、戦後合法化された日本共産党が活動を広げるなか、一九五〇年にダグラス・マッカーサーの指示を受けた政府やメディアなどが共産党員を組織から排除するなど、いわゆるレッドパージの動きが広まっていて、採用選考でも学生の思想背景を把握することが一般的になっていた。「朝日新聞」一九五二年七月十日付の「暗い来年の就職戦線 大学を出る十二万 今年の二倍」では、企業が採用条件として「人物」と並び「思想」を第一条件にしていた、と書いている。

コネについては、「朝日新聞」記事で就職での「縁故」は一九五二年九月二十六日付夕刊「〝大学は出たけれど〟巣立つ十二万名〝成績より縁故〟に悩む」[29]で初めて登場する。東大生が「大きい、一流会社はあきらめました。今度のように、成績より縁故やコネクションが優先するというのでは……〝無縁故〟でも入れそうなところに出します」と語っている。

縁故がない学生にとっては、大学による推薦が頼りだった。各大学は就職部を設け、掲示板に張り出された企業からの募集広告を見てやってきた学生を面接して、推薦状を持たせたのである。一九六〇年五月に駒澤大学が発行した駒澤大学就職部「就職の手引」をみると、就職部との面接の際に提出する個人調書の記載事項として、①現住所、②家庭の状況欄、③主義信条、④性質（性格のことと思われる）、⑤志望職種が挙げられている。現代では質問不可のタブーである家庭の状況や主義信条は、当時の企業が重視した選考要素であり、大学が推薦状を出すにあたっても把握することが求められたのである。

一九六〇年代前半でも事情は大きくは変わらなかった。当時、一般的な就職ルートには縁故、公共職業安定所、新聞広告・門前の張り紙、学校などがあったが、そのなかで「もっとも幅をきかしているのは、縁故である。全就職の三二％が縁故による就職[30]」だったという。

結局、就職協定は守られなかった。協定を破って抜け駆けで優秀な学生を採用する企業が続出し、このような抜け駆け採用は「青田買い」と呼ばれた。「朝日新聞」にこの言葉が初めて登場するのは一九六〇年六月七日付「朝日新聞」のコラム「天声人語」である。「〝人間・青田買い〟とでもいうか、東京都では、来春大学出の採用試験をこの七月に実施するという」で始まる文章から、この言葉がまだ新しいことがわかるが、同時に産業界による青田買いがこの時点で既に当たり前になっていることもうかがえる。

この傾向はさらに加速し、「求人難のため各企業がほとんど守らず、申合せは有名無実に終ってきたため」日経連は協定をやめて「野放し」を宣言するに至った。ただし「文部省では、今月末までに学校側の就職試験期日についての申合せがまとまる見込みなので、その申合せ事項を日経連などにとりつぎ、各事業主にかさねて「申合せ」を要望する予定[31]」とされていて、大学側での申し合わせは残った。

協定が事実上なくなったことから就職活動の早期化はいっそう進み、「朝日新聞」一九六四年六月二十九日付夕刊の記事の「今年は〝苗代買い〟大学卒の就職戦線　求人あせる中小企業」では、「青田買い」よりも早まって「苗代買い」になって、七月十五日の「解禁日」以前の六月中旬に多くの中小企業が採用試験をおこなっていると報じている。「朝日新聞」一九七〇年四月二十二日付記事の「ついに〝早苗〟買い　乱戦模様の大学卒就職　続々と来年の試験」では、理工系六月一日、

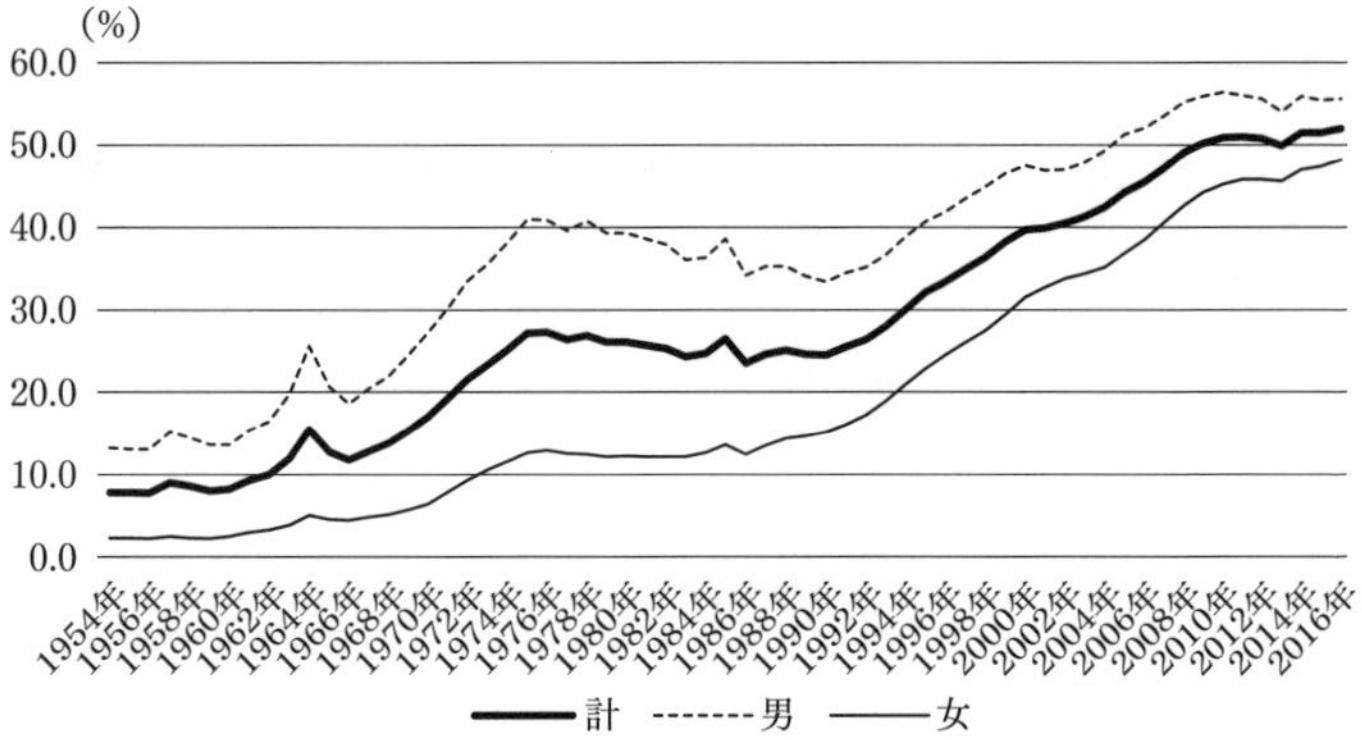

図2-3　大学（学部）への進学率（過年度高卒者を含む）
（出典：「e-stat」をもとに筆者作成）

文科系七月一日の解禁日に対して三月初旬には多くの企業が既に内定を出していることがわかる。

縁故採用はそのあとにも残るが、次第にその重要性は下がっていく。特に一九七二年のニクソンショック、翌七三年の第一次オイルショックなどによって景気が低迷するとともに、企業が縁故採用をおこなう余力を失っていったのである。「朝日新聞」一九七五年六月二十五日付記事の「縁故採用ゼロ宣言」では、オイルショックによる景気低迷を背景に、全日空（全日本空輸）が新卒採用に関して、「航空業界の高成長に合わせた企業膨張時代には採用人員も多く、政界、財界筋の紹介状をもった受験者に多少点が甘かったのは事実」としながらも、縁故採用をゼロとする方針を打ち出したことを報じている。

縁故採用の重要性の低下の一因は、大卒者の増加にある。一九五四年に二百二十七校だった国内の大学数は七四年には四百五校と一・八倍に増加した。大規模な私立大学も増え、同期間に大学進学率は一〇％前後から三〇％前後にまで上昇している（図2―3）。大卒採用者全体が増えていくなかで、特殊な配慮を要する縁故者採用の重みが相対的に下がっていったのは自然といえる。

景気低迷による「買い手市場」は就職協定の復活をも促した。一九七二年十一月九日付「朝日新聞」記事の「青田買い自粛 各業界が足並み 違反企業名は公表」では、日経連、経団連（経済団体連合会）、日本商工会議所、経済同友会と全国中小企業団体中央会の経済五団体主催による「大学卒業予定者早期選考防止対策懇談会」が七四年春の大卒予定者に対する「青田買いはつつしもう」と申し合わせ、「違反企業には警告を出したり、関係機関紙に企業名を公表するなどの措置をとることを申し合わせた」と報じていて、採用試験と採用内定は七月一日以降になった。

景気の低迷はその後も続き、一九七六年には大卒者の就職率が前年の七四・三％から七〇・七％に低下するなか、就職協定も「大学四年の十月一日より会社訪問開始、十一月一日に選考開始」と採用開始時期を遅くするほか、協定違反に対する「注意」「勧告」「社名公表」などの制裁措置を課す方針が示された。「青田買い」や「重複内定」など就職活動の早期化が招く混乱への対応とされたが、企業側の採用意欲の低下が背景にあったことは否定できない。

一方で優秀な大卒者を早期に確保したいというニーズも消えることはなく、協定破りに対するペナルティーも「社名公表」にとどまったことから、就職協定破りはとどまらなかった。

買い手市場は、いうまでもなく学生にとって就職が難しくなることを意味する。「朝日新聞」記事データベースに登場する「就職戦線」の記事は、一九六〇年代にいったんは減少したあと七〇年代に入って激増したが、この時期に特に目立つようになったのは、大学、特に私立大学の学生の就

朝日新聞
私大が青田売り作戦
「今春」に懲りて血まなこ
ロッキード事件
照明弾
米資料待つ警視庁
「基礎は

図2-4 「青田売り」を報じる新聞記事
(出典:「私大が青田売り作戦「今春」に懲りて血まなこ」「朝日新聞」1976年4月23日付)

職状況への関心の高まりである。大学数の増加による大学間競争の激化を反映したものと思われる。

「朝日新聞」一九七五年四月二十六日付「大卒予定者への求人活動 ひと月早め九月解禁 雇用協が私大に譲歩」では、「大学四年の十月一日より会社訪問開始、十一月一日に選考開始」とされていた翌七六年度の採用活動開始時期が、「就職活動開始から選考までの期間が一カ月間では、学生側も十分な準備ができない」とする私立大学側の反発を受けて求人活動開始を十月から九月に前倒しすることになった旨を報じている。一九七六年四月二十三日付記事「私大が青田売り作戦「今春」に懲りて血まなこ」では、「青田買い」ならぬ「青田売り」と称して、首都圏大規模私立大学が四月時点から就職指導に力を入れているようすを報じている。

大卒採用ニーズと就職希望大学生の双方が増えていった一九六〇年代は、就活の「産業化」が始まった時代でもあった。江戸時代からの職業紹介業、明治期以降の就活本に加え、就活に関する情報の媒介を、マスメディアを通じて大規模に展開する企業が現れ始めたのである。六〇年に江副浩正が東京大学の学生新聞である「東京大学新聞」の広告代理店として創業した大学新聞広告社は法人化して、六二年に大学生への求人情報だけを集めた就職情報誌「企業への招待」を創刊した。その後六九年には「リクルートブック」と名を変え、就活生が応募先企業を選ぶ際の主要な情報源の一つになった。九〇年代の調査では、「就職情報誌」は就活の際の情報源として「企業での説明会・セミナー」と並んで最も重要な、もしくは役立つ情報源だと学生にみなされるようになっていた。[32]

均等法と「二十四時間戦えますか」

一九七五年の国際婦人年から十年を経た八五年に勤労婦人福祉法が改正されて男女雇用機会均等法[33]として、翌八六年四月に施行されることになった。募集・採用、配置・昇進の場での女性と男性の均等な取り扱いは努力義務にとどまるなど必ずしも十分な内容とはいえないものだったが、「母性保護」を重要な目的とし、女性の残業や深夜業務、危険有害業務を制限していたそれまでの法と比べ、大幅な進歩ではある。まぎれもなく、時代の大きな転換点だった。

この一九八五年はまた、いわゆるプラザ合意が成立した年という意味でも、日本社会、特に経済面での大きな転換点の一つだった。ニューヨークのプラザホテルに先進五カ国の蔵相・中央銀行総裁などが集まり、為替レート安定化に関する合意がなされた。これをきっかけに日本円の対アメリカドルレートは急上昇し、直後に生じた輸出産業を中心とする苦境（いわゆる円高不況）の対策としておこなわれた大規模な金融緩和が八〇年代後半のいわゆるバブル経済の引き金を引いたのである。

こうした大きな社会の変化は、当然ながら就職や就職活動にも大きな影響を与えることになった。均等法施行を受けて雇用の場での性差別を解消すべく、金融機関などを中心に多くの企業が人事制度を刷新した。「男子社員」「女子社員」の区別を廃して「総合職」「一般職」のコース別採用をおこなうことにし、女性総合職の採用を始めたのである。

まぎれもなく平等な雇用環境の実現に向けた大きな一歩ではあったが、実際には女性総合職の採用は少なく、女子学生の多くは一般職、男子学生のほとんどは総合職として採用された。「朝日新聞」一九八六年三月十六日付の「金融機関、一斉に新人事制度　一般職　転勤なし生涯ヒラ　総合職　転勤ＯＫ幹部へ道」では、これを「男女差別を新しい形で固定化するもの」と喝破している。[34]実際、この時期の有名大学の男子就活生は就職活動の時期になると、求人情報を掲載する「リクルートブック」など各種の就活関連冊子資料を段ボール箱に入りきらないほど大量に受け取ることが珍しくなかったが、そうでない学生に届く資料は少なく、女子学生に送られるものは極端に少なかった。[35]また、四年制大学卒の女子学生が総合職ではなく、短期大学卒の女子学生と同じ一般職の枠で就職することも珍しくなかった。

黄色と黒は勇気のしるし
二十四時間戦えますか
リゲイン　リゲイン
ぼくらのリゲイン
アタッシュケースに勇気のしるし
はるか世界で戦えますか
ビジネスマン　ビジネスマン
ジャパニーズビジネスマン[36]

いうまでもなく、そうした状況の背景には、男性を中心とする多くの総合職社員たちが長時間の残業を前提とする働き方をさせられていたことがある。一九八八年に発売された三共（現・第一三共ヘルスケア）の栄養ドリンク・リゲインは、そのコマーシャルで使われたキャッチフレーズ「二十四時間戦えますか」がこの時代を象徴するものとして知られている。バブル期の大学生にとって、就職活動は「二十四時間戦」うことを求められる「戦場」へ身を投じることを意味し、そしてそれはポジティブなイメージをもって受け止められたのである。

「拘束」と「自由」

一九八〇年代後半のいわゆるバブル期、旺盛な人材需要から就職は超売り手市場になった。就職協定は存続し、大学四年の八月二十日から会社訪問開始、十月一日に内定開始とされていたが、それよりも早く学生との接触を始め、より早く内々定を出すことが常態化し、十月一日は内定者がそろう「内定式」の日になっていた。

大卒者の採用プロセスは文系と理系とで大きく異なる。もともと一九六〇年ごろまでの大企業の大卒者採用は学校推薦方式かつ指定校・指定学部方式が主流だった。「朝日新聞」一九五三年六月二十三日付の「推薦は十月二十日後　大学法学部長会議　就職あっせん打合せ」では、東大など九国立大学の法学部長が出席する全国国立大学法学部長会議で来年度卒業生の就職問題を協議した結果、以下の二点で合意したと報じている。

一、学校側が会社に対する就職推薦は十月廿日以降とする（早くても十月十五日以降）

二、会社側からの求人申込みは九月十五日以降にしてほしい

しかしその後は大卒者採用枠の拡大など諸事情が変化し、特にバブル期以降の文系採用では出身大学を指定しない自由応募方式が一般的にとられるようになった。[37] 一方、理系採用では、学校や教員の推薦による採用が長く残ることになった。「朝日新聞」一九九四年六月十七日付の「理系の就職、不況で「異変」　自由応募　重視の動き」では、バブル崩壊後の就職難で学校推薦の「威光」が薄れ、理系学生でも自由応募方式が増えているものの、「安定して、ある程度のレベルの学生が採用できる」という理由から「全体ではまだ学校推薦が基本」と報じている。

自由応募方式が主流になったとはいえ、出身大学による扱いの差がなくなったわけではなかった。大企業の典型的な文系採用の場合、企業はまず若手社員のなかから各大学の卒業者を「ＯＢリクルーター」として使い、それぞれの大学からの就職希望者の面接をおこなわせた。見ず知らずであっても同窓のＯＢであるということの関係（学校縁）を就職機会へのアクセスルートとして用いる就活手法は以前からみられたが、「リクルーター」という名で呼ばれるようになったのは一九七九年ごろからだと思われる。(38) 自由応募方式の普及が一つのきっかけになって、企業がＯＢネットワークを意識的かつ組織的に新卒採用に活用していくルートができていったのだろう。

ＯＢリクルーターはそのなかから有望な学生を人事部への面接につないでいくため、学生からみれば、自身の大学の出身ＯＢがいる企業ではより広い採用のチャンスがあるのに対し、そうでない大学の学生は企業から紹介された他大学ＯＢのリクルーターと面接することになるため、採用の見込みはより低くなる。採用選考開始は八月一日前後、内定開始日は十月一日だった。

ＯＢリクルーターの活用は、リクルーターとして活動する現役社員たちのインフォーマルネットワーク構築という側面もあった。社員数が多い大企業内で、出身大学を同じくする社員はしばしばグループを組成し、都市の県人会のように所属や年齢差を超えたネットワークを形成して互いに助け合う。同窓の人数が増えれば社内でのプレゼンスも上がるため、有力大学ＯＢたちは他大学に負けないように就活生を選別し、ときに指導したりもしながら、より優秀な新卒生を同窓ネットワークに加えるべく競い合うこともあった。(39) こうしたインフォーマルネットワークを通じた選別や指導が、人事担当者による短時間の面接では難しい、入念な人物評価を可能にしていたともいえる。

OBリクルーター以外のルートとしては、自由応募方式による新卒採用と軌を一にして増加していった合同企業説明会がある。最初におこなわれたのは一九八四年に実鷹企画(40)が実施した就職博である。七七年設立の同社は八一年に学生就職情報センターを開設、就職情報誌「学生就職ガイド」を刊行していた。イベント運営を担う企業が多くの企業と就活生を集めることによって、就活生に対し冊子による文字情報とあわせて対面による説明ができるだけでなく、実際に企業の採用担当者が就活生と接触する機会を作ることを可能にしたのである。

企業の新人採用が自由応募方式に転じたことは、すなわち学生にとって選択肢が広がることであり、そのかぎりでは望ましい変化であることはいうまでもない。しかし同時に、大学生にとって就職がかつての指定校方式のようにあらかじめ用意されたレールの上を走るようなものではなく、自ら進路を選択する「自己責任」を問われるものへと変わったという点も無視できない。もとより就職は企業と学生のマッチングであり、双方の事情が影響するにもかかわらず、就職活動の結果はよきにつけあしきにつけ、学生の「能力」や努力の表れだと考えられるようになったのである。

旺盛な人材需要から売り手市場になり、内定が出ても学生は就職活動を終えずさらにいい就職先をめざす行動が一般的になったため、内定者を他社に取られないように自社の研修施設や観光地などに「拘束」する企業が続出した。「朝日新聞」一九八八年八月二十日付の「内定で学生拘束63社日経連まとめ 寮などにかん詰めも」では、日経連の「就職協定一一〇番」に学生から寄せられた情報をもとに、「学生の就職を内定し、拘束する」ケースが百五件、六十三社あったと報じている。面接時に内定を出す条件として、同時に選考を受けている企業にその場で断りの電話を入れさせるケースなどもあった。

一方、「拘束」には内定者にとって「アメ」の部分もあった。リクルート編「就職ジャーナル」一九八九年十二月号（リクルート）は、ある旅行会社が企業向けに内定者拘束旅行プランを販売、一人七万円の志賀高原初心者ゴルフコンペプラン（二泊三日）に対し「金融、証券、不動産など全部で十社以上が申込み、いちばん多かったところは総勢三百人以上のツアー」になったと伝えている。[41]

企業による内定学生の「拘束」は、会社にさまざまな面で束縛される入社後の窮屈な生活をいわば先取りするものでもあった。バブル期には超売り手市場を背景に、こうした束縛を嫌う若者が、正社員としての就職をしない働き方を選ぶケースが増えた。「朝日新聞」一九八六年三月三十一日付夕刊の「当世アルバイト事情」は、アルバイト雑誌「フロム・エー」（リクルート）の調査で「このところ目立つのが飲食店などで割合長期間働き、職場のチーフ的存在にまでなる」ものの正社員を志向しない若者たちだとし、彼らを「自分の道を建設中のフリーのアルバイター」と呼んだ。この時期からメディアに注目される存在になった「フリーアルバイター」は、八七年に雑誌「フロム・エー」が「フリーター」と名付けたことで、さらに人口に膾炙することになった。リクルートが同年、映画『フリーター』（監督：横山博人）を制作・公開するなど、このような働き方は新しく、自由でかっこいいものとして多くのメディアに取り上げられた（図２―５）。

「朝日新聞」一九九〇年四月二日付の「フリーターに追い風「同年齢の正社員より高賃金」90春闘」は、二十歳代で月収四十万円を稼ぐフリーターは同世代の正社員より高給でかつ「組織に拘束

図2-5　映画『フリーター』（監督：横山博人、1987年）チラシ（筆者蔵）

されず自由気ままな生活」ができると報じている。

　こうした「自由」な働き方を推進する大きな力になったのは、就職情報誌の普及だった。リクルートは一九七五年に転職情報誌「週刊就職情報」、八〇年に女性向け就職・転職情報誌「とらばーゆ」、八二年にアルバイト情報誌「フロム・エー」を創刊するなど、新卒での就職以外の就活のための情報を雑誌形態で販売するビジネスモデルを幅広く展開するようになった。

　バブル景気で人材需要が増大するなか、こうした、職業安定所の業務と競合する動きは、歴史的経緯もあって「失業者」というイメージがつきまといやすかった「職安」のイメージ悪化を加速させることになった。一九八九年八月十四日付「読売新聞」のコラム「おあしす」では、「就職情報誌の進出でカゲの薄れた公共職業安定所。リクルート事件にもまみれて地位の失墜した職業安定所の〝復権〟を図ろうと、労働省は、安定所の「愛称」を募集している。（略）職業安定所は終戦後、連合軍によって持ち込まれた制度で、この名は米国の職業紹介機関の直訳。「職安」の略称が一般的だが、これではいかにも「暗く」「古臭く」「ダサい」というわけだ[42]」と書いている。愛称募集の

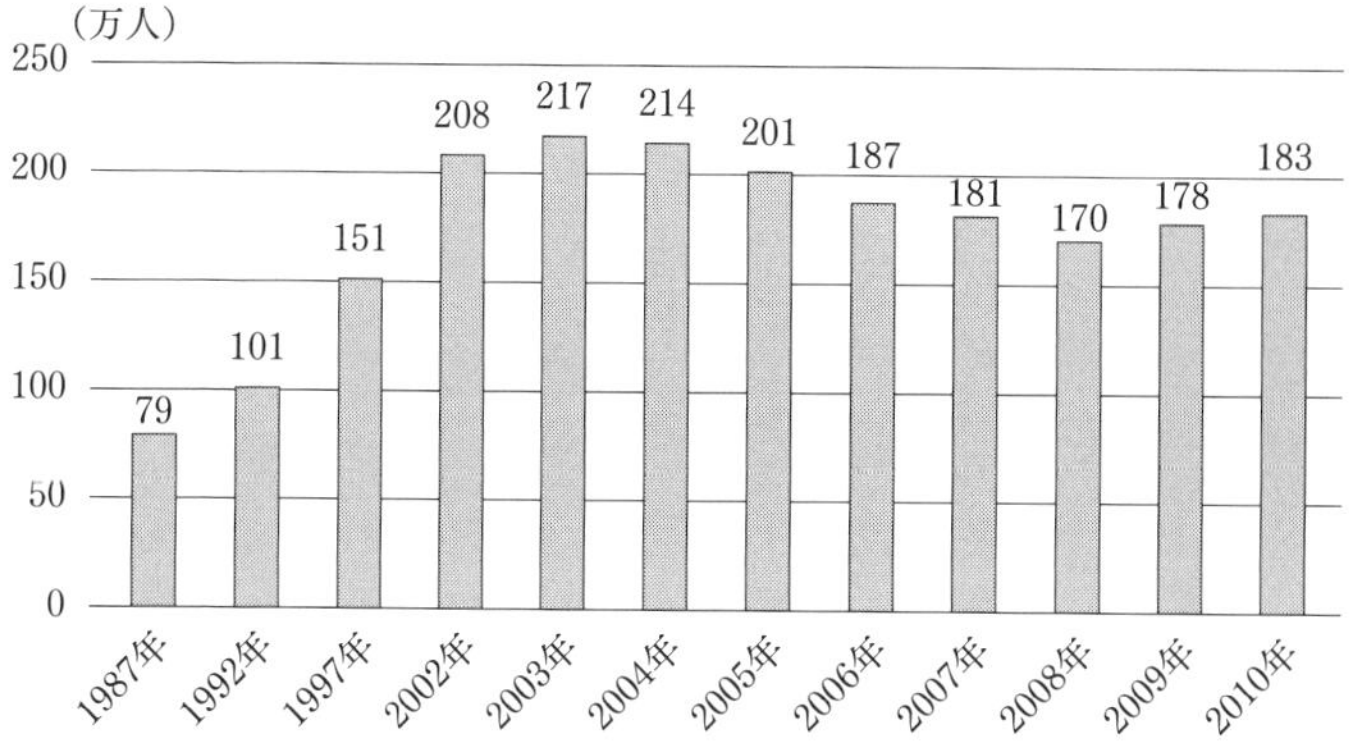

図2-6　フリーターの数の推移（万人）
（出典：「第6期中央教育審議会生涯学習分科会における議論の整理（中間とりまとめ）資料B」「文部科学省」〔https://www.mext.go.jp/content/1325216_3_1.pdf〕［2023年1月10日アクセス］をもとに筆者作成）

結果、イメージの悪化した「職安」の略称は一九九〇年に「ハローワーク」[43]と改められた。

フリーター人口は一九八七年の七十九万人から二〇〇三年には二百十七万人まで増加し、その後百八十万人前後を維持している（図2―6）。ただしその多くは中卒（中学校卒業）と高卒（高校卒業）であり、大学卒・大学院修了のフリーター比率は一九八二年で一・二％、〇七年でも三・九％にすぎない[44]（図2―7）。

働く側の「働く場を選ぶ自由」はまた、雇う側の「雇用を調整する自由」の裏返しでもある。正社員を長時間働かせることで業務量の変化に対応していた日本企業は、やがて柔軟に雇用を調整でき、かつコストが安い非正規雇用への依存度を高めていった。

勤め先での呼称がパート、アルバイト、派遣社員、嘱託などであるようないわゆる非正規雇用で働く労働者は、一九八四年には雇用者全体の一五・三％を占めるにすぎなかったが、八九年には一九・一％、

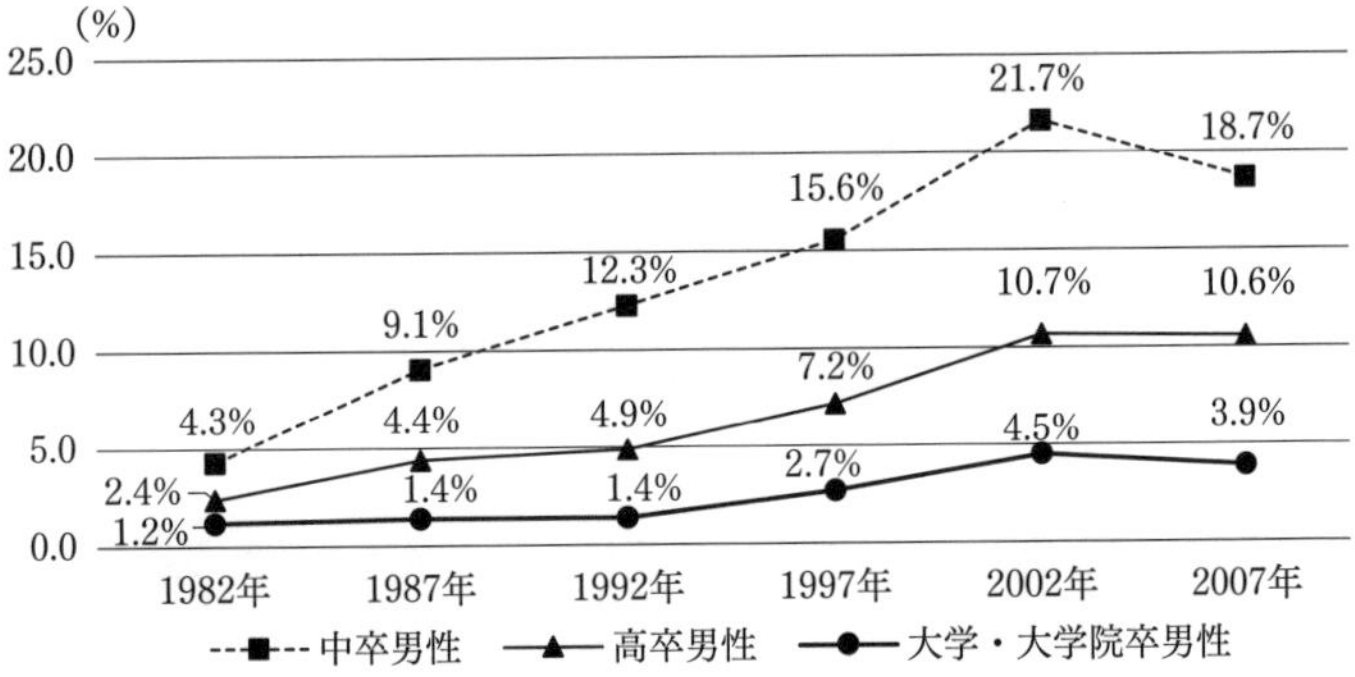

図2-7　学歴別フリーター比率
(出典：「第6期中央教育審議会生涯学習分科会における議論の整理（中間とりまとめ）資料B」「文部科学省」〔https://www.mext.go.jp/content/1325216_3_1.pdf〕［2023年1月10日アクセス］をもとに筆者作成)

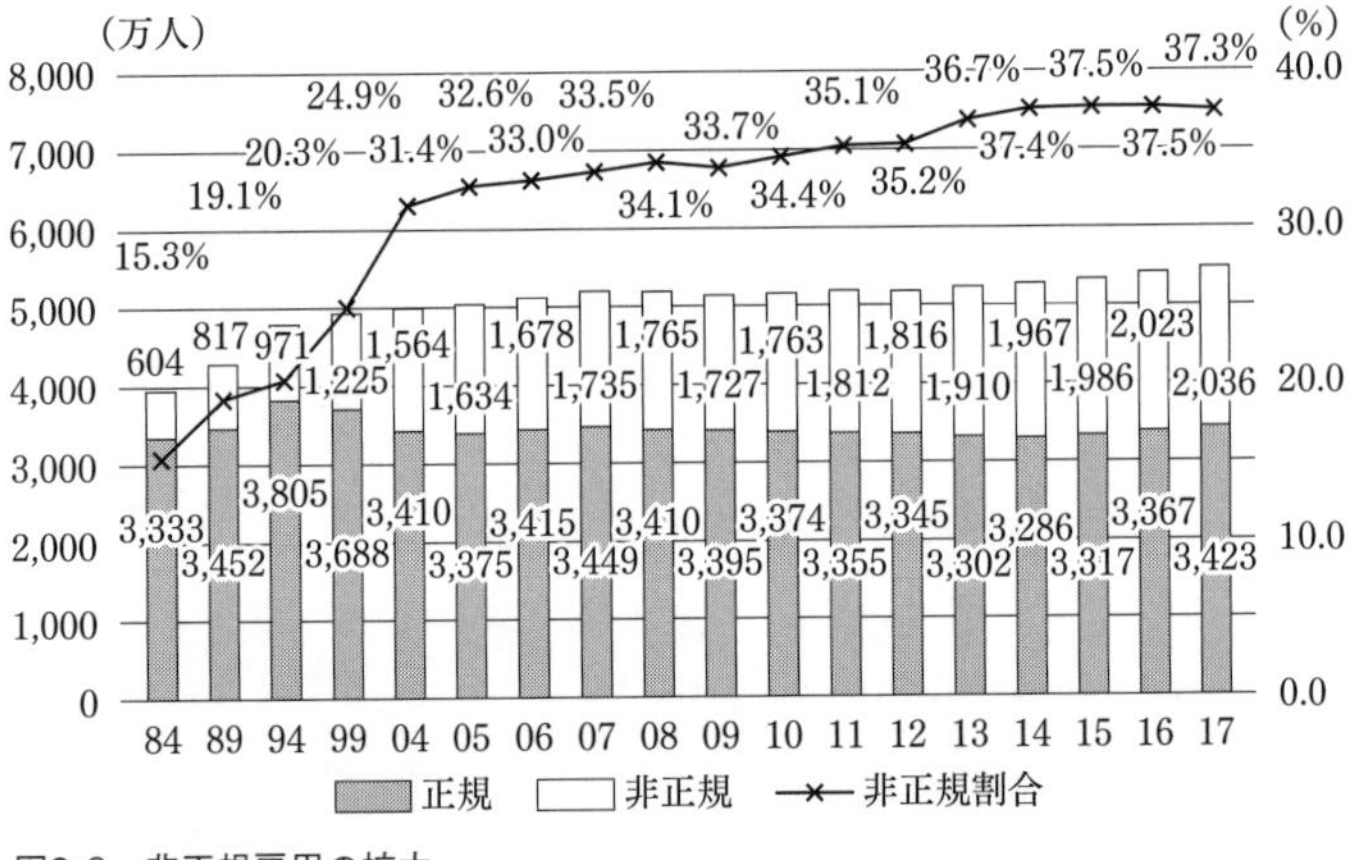

図2-8　非正規雇用の拡大
(出典：「「非正規雇用」の現状と課題」「厚生労働省」〔https://www.mhlw.go.jp/content/000830221.pdf〕［2023年1月10日アクセス］)

九九年には二四・九％、二〇〇九年には三三・七％、一七年には三七・三％と増加の一途をたどっている（図2—8）。

この動きの背景には、労働者派遣法の施行とその後の改正がある。一九八六年に施行された労働者派遣法は当初、一部の特筆すべき技能を有する十三業務（同年、十六業務に拡大）について、一時的に外部の労働力を利用できるようにする手段として導入された。派遣期間は基本的に一年に限られ、あくまで一時的なものであるという性格づけが明確だった。

しかし一九九六年、対象業務は正社員に代替できない専門性が高い業務を中心に二十六業務に拡大され、さらに九九年には禁止業務をネガティブリスト化することで対象業種が原則自由化されるなど、相次いで規制が緩和された。

非正規雇用はまた、いわゆる就職氷河期での雇用の「調整弁」として機能した。しかしそれは別の目からみれば、不況下で企業がコスト負担を減らすために正規雇用を非正規雇用で代替したにすぎない。派遣社員や期間従業員、パートやアルバイトなどの非正規雇用で得た職は、多くの場合、正規雇用の従業員と比べて低い報酬と不安定な雇用が条件であり、消費の減少をもたらしてデフレの一因ともなった。二〇一〇年代のごくゆるやかな「景気回復」のなかにあっても非正規雇用の比率は高止まりし、諸外国の成長を横目に日本経済の停滞を長引かせることになった。

3 「活動」と「祈り」

氷河期の到来

一九八九年、大蔵省による金融業界への融資総量規制の導入をきっかけに、バブル経済は崩壊に向かったが、その転換は比較的ゆるやかなものだった。八九年末に史上最高値をつけた日経平均株価は九〇年代に入って下落基調に転じたが、不動産価格の下落は当初は顕在化せず、バブル景気は継続しているものと考えられていた。

現在「狂乱のバブル経済」の象徴としてまっさきにイメージされるディスコ・ジュリアナ東京の開店は一九九一年五月、閉店は九四年八月だった。バブル経済を牽引したリゾート投資で最大級の案件の一つだった宮崎シーガイアや、アーバンリゾートとして親しまれた船橋市の屋内スキー場・ザウスの開業はいずれも九三年である。

そうしたバブル景気の空気感がまだ色濃く残るなか、いち早くバブル崩壊の兆しを反映したのが就職戦線だった。リクルートの研究機関リクルートワークス研究所がおこなっている「ワークス大卒求人倍率調査」の推移をみると、大学新卒者に対する求人倍率は一九九一年三月卒で二・八六倍に達したのちその翌年には既に下がり始め、九六年三月卒では一・〇八倍まで低下した（図2—9）。

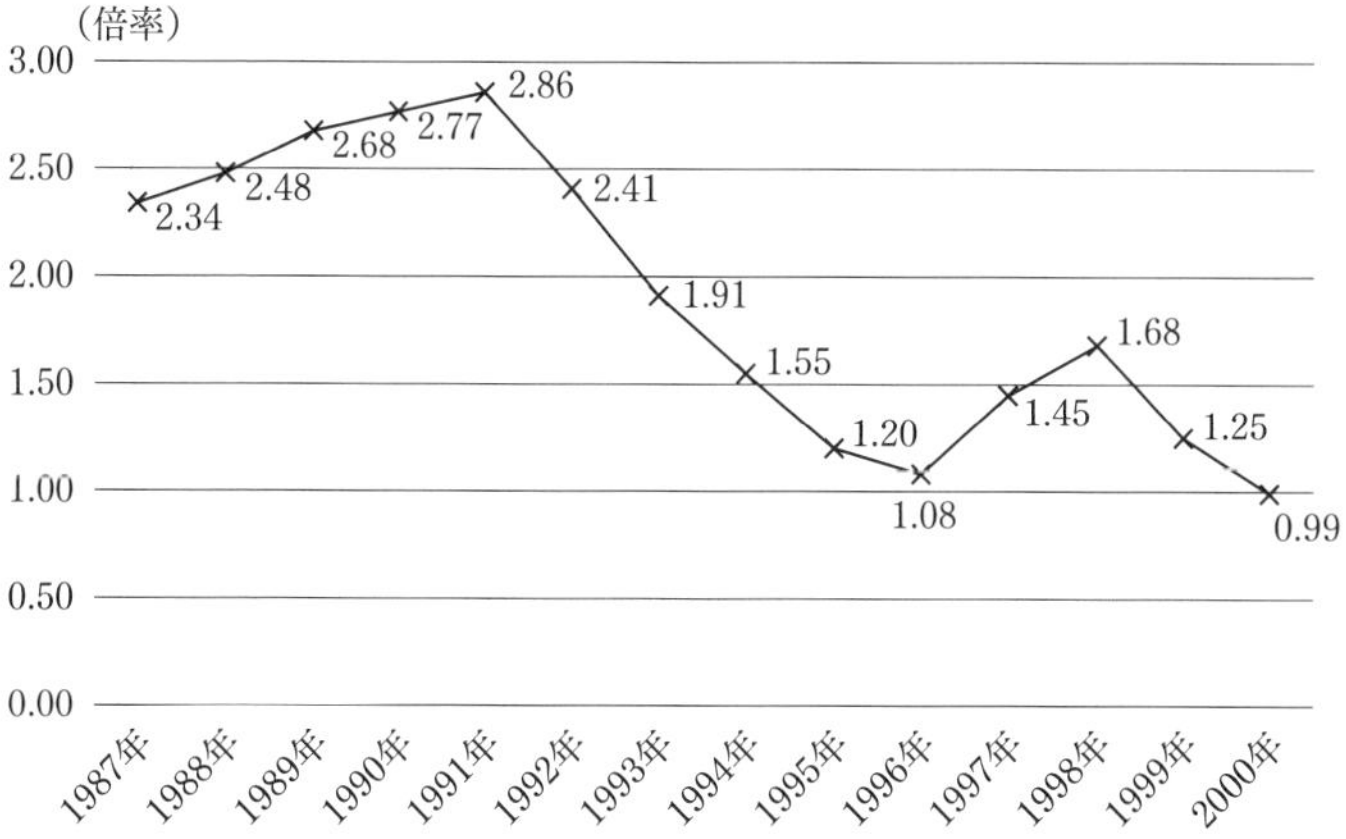

図2-9　大卒求人倍率の推移
（出典：リクルートワークス研究所「ワークス大卒求人倍率調査」〔https://www.works-i.com/surveys/adoption/graduate.html〕から筆者作成）

「朝日新聞」（西部版）記事でも一九九一年六月十六日付の「売り手市場の就職戦線（九州・西中国スペシャル）」から一九九二年三月十八日付の「92年の就職戦線「厳しい」7割強 関西の男子大学生」と、論調が明確に変化している。

このような急激な情勢変化を、リクルート編「就職ジャーナル」一九九二年十一月号（リクルート）は「就職氷河期」と呼んだ。この言葉は一九九四年の第十一回新語・流行語大賞で審査員特選造語賞を受賞し、その後長く、就職市場を形容する表現になる。

その後一九九〇年代半ばにいったん持ち直したかにみえた景気は、九七年四月の消費税率引き上げ（三％から五％）、同年七月に発生したアジア通貨危機、九〇年代初頭から引きずってきた国内の不良債権問題などが重なり、再び悪化へと転じた。同年十一月には三洋証券に引き続き北海道拓殖銀行、山一証券などの大手金融機関が相次いで経営破綻し、金融危機の影響は経済全体へと波及した。大卒者の求人倍率は九六年三月卒の一・〇八倍から九八年三月卒の一・六八倍まで上昇したあと一転して下落が続き、二〇〇〇年三月卒では〇・九九倍まで落ち込んだ。

しかし、景気悪化による就職氷河期を学生の努力不足とする見方も多かった。「朝日新聞」一九九九年十一月二十日付の「就職内定率が大幅減 大学四六・五%、高校五七・二%」では、志學館大学の就職課へのインタビューで「昨年はこの時期に五割近くは決まっていたが、今は四割ちょっと。求人の冷え込みで、『挑戦しても無理』とあきらめる学生が今年は特に多い」「最近は若者の間で定職に就かない『フリーター』が増え、就職できないことに対する危機感が薄らいでいる。比較的求人の多い製造関係には就職したがらないなど、条件を狭く設定しすぎているのも問題」といった声を伝えている。

倫理なき戦い

売り手市場から買い手市場への転換に伴い、形骸化していた就職協定も廃止され、それ以降は企業側と学校側が独自の基準を策定して行動することになった。かわりに一九九六年十二月、日本経済団体連合会は「新規学卒者の採用選考に関する企業の倫理憲章」(以下、倫理憲章)を策定、大学側は「大学及び高等専門学校卒業予定者に係る就職事務について(申合せ)」(日本経済団体連合会、一九九六年)を策定した。前者では「正式な内定日は卒業・修了学年の十月一日以降とする」と定め、後者では、大学内でおこなわれる企業説明会や企業への推薦は大学四年の七月一日以降とし、内定日は十月一日以降とすることを学生側に周知することになった。

とはいえ、採用活動の早期化が止まったわけではない。外資企業やＩＴ企業など経団連（日本経済団体連合会）に所属していない企業は倫理憲章に従わず、就職協定の時代と同様、採用活動の早期化は止まらなかった。[45] 二〇〇三年、倫理憲章は改定され、「卒業年度になる四月一日以前の選考は行ってはならない」としたが、それでも非加盟企業や一部の加盟企業は早期採用を続けた。採用活動の開始時期に関する取り決めをかいくぐるものとして広報活動の早期化が進み、三年次の十月一日にサイトをオープンし、エントリーの受け付けを開始する企業が続出した。

採用選考に関する企業の倫理憲章

二〇一一年三月十五日改定

（社）日本経済団体連合会

企業は、二〇一三年度入社以降の、大学卒業予定者・大学院修士課程修了予定者等の採用選考にあたり、下記の点に十分配慮しつつ自己責任原則に基づいて行動する。

記

1、公平・公正な採用の徹底

公平・公正で透明な採用の徹底に努め、男女雇用機会均等法に沿った採用選考活動を行うのはもちろんのこと、学生の自由な就職活動を妨げる行為（正式内定日前の誓約書要求など）は一切しない。また大学所在地による不利が生じぬよう留意する。

2、正常な学校教育と学習環境の確保

在学全期間を通して知性、能力と人格を磨き、社会に貢献できる人材を育成、輩出する高等教育の趣旨を踏まえ、採用選考活動にあたっては、正常な学校教育と学習環境の確保に協力し、大学等の学事日程を尊重する。

3、採用選考活動早期開始の自粛

学生が本分である学業に専念する十分な時間を確保するため、採用選考活動の早期開始は自粛する。具体的には、広報活動ならびに選考活動について、以下の期日より早期に行うことは厳に慎む。

なお、以下の開始時期に関する規定は、日本国内の大学・大学院等に在籍する学生を対象とするものとする。

（1）広報活動の開始

インターネット等を通じた不特定多数向けの情報発信以外の広報活動については、卒業・修了学年前年の十二月一日以降に開始する。それより前は、大学が行う学内セミナー等への参加も自粛する。また、広報活動の実施にあたっては、学事日程に十分配慮する。

（2）選考活動の開始

面接等実質的な選考活動については、卒業・修了学年の四月一日以降に開始する。

4、広報活動であることの明示

十二月一日以降の広報活動の実施にあたっては、当該活動への参加の有無がその後の選考に影響しないものであることを学生に明示する。
5、採用内定日の遵守
正式な内定日は、卒業・修了学年の十月一日以降とする。
6、多様な採用選考機会の提供
海外留学生や、未就職卒業者への対応を図るため、通年採用や夏季・秋季採用等の実施など、多様な採用選考機会の提供に努める。
7、その他
（1）高校卒業予定者については教育上の配慮を最優先とし、安定的な採用の確保に努める。
（2）インターンシップは、産学連携による人材育成の観点から、学生の就業体験の機会を提供するために実施するものである。したがって、その実施にあたっては、採用選考活動（広報活動・選考活動）とは一切関係ないことを明確にして行うこととする。

以上(46)

※本倫理憲章の内容は、二〇一三年度入社以降の採用選考活動を対象としている。二〇一二年度入社までの採用選考活動については、二〇〇九年十月二十日改定の「倫理憲章」及び二〇一〇年九月十四日改定の「参考資料」を参照されたい。

二〇一二年の政権交代で誕生した安倍政権が「異次元」の金融緩和を柱とする経済政策(47)を打ち出

したこともあり、リーマンショックで冷え込んだ就職状況は一定の改善をみることになった。全国の有効求人倍率は〇九年の〇・四七を底として一〇年代の大半を通じて回復基調になって、一八年には一・六一まで上昇した。

二〇一三年、就職活動の時期を短縮し、学業に専念できる時間を長くするようにという政府からの要請を受け、経団連は一六年卒の採用活動から就活解禁日を三カ月遅らせて三年次の三月一日から、選考開始も四カ月遅らせた八月一日からとするとともに、倫理憲章を「採用選考に関する指針」（以下、指針）に変更した。

採用選考に関する指針
一般社団法人 日本経済団体連合会
二〇一六年九月二十日改定

企業は、二〇一八年度入社の大学卒業予定者・大学院修士課程修了予定者等の採用選考にあたり、下記の点に十分配慮しつつ自己責任原則に基づいて行動する。

なお、具体的に取り組む際は、本指針の手引きを踏まえて対応する。

記

1．公平・公正な採用の徹底

公平・公正で透明な採用の徹底に努め、男女雇用機会均等法、雇用対策法及び若者雇用促進法に沿った採用選考活動を行い、学生の自由な就職活動を妨げる行為（正式内定日前の誓約書要求など）は一切しない。また、大学所在地による不利が生じないよう留意する。

2．正常な学校教育と学習環境の確保

在学全期間を通して知性、能力と人格を磨き、社会に貢献できる人材を育成、輩出する高等教育の趣旨を踏まえ、採用選考活動にあたっては、正常な学校教育と学習環境の確保に協力し、大学等の学事日程を尊重する。

3．採用選考活動開始時期

学生が本分である学業に専念する十分な時間を確保するため、採用選考活動については、以下で示す開始時期より早期に行うことは厳に慎む。

広報活動：卒業・修了年度に入る直前の三月一日以降

選考活動：卒業・修了年度の六月一日以降

なお、活動にあたっては、学生の事情に配慮して行うように努める。

4．採用内定日の遵守

正式な内定日は、卒業・修了年度の十月一日以降とする。

5．多様な採用選考機会の提供

留学経験者に対して配慮するように努める。また、卒業時期の異なる学生や未就職卒業者等への対応を図るため、多様な採用選考機会の提供（秋季採用、通年採用等の実施）に努める。

以上(48)

指針はその後改訂され、二〇一七年卒の採用活動からは選考活動の開始が大学四年の六月からになった。一八年十月、経団連はそれまでの「就活ルール」の廃止を発表し、その後新たなルールの策定議論が進められているが、急激なルール変更は学生だけではなく企業側にも混乱を招きかねないという理由から、現行日程、すなわち就活の解禁日を三年次の三月一日、選考開始日を四年次の六月一日、内定を十月一日以降とするスケジュールを踏襲する方針が表明されている。

しかし就職活動の早期化が止まることはなく、インターンシップが事実上の企業説明会になったり、選考を伴うインターンシップが増加したりするなど、「インターン時期から活動開始する学生」と「グランドオープンまで活動しない学生」の差が顕著になっている。

就職活動の自己責任化

一九九〇年代以降の就職活動の大きな変化の一つは、就職の選択の幅が広がったことである。バブル期以降の文系採用では出身大学を指定しない自由応募方式が一般的になって、理系採用でも九〇年代に入ると自由応募方式が広まっていった。しかしそれはすなわち、就職活動の「成否」がそれまでよりいっそう自らの行動次第となり、そのために自己責任とされる度合が高まったということである。

一九九一年、ソニーは学歴不問採用とともに、エントリーシートによる書類選考を導入した。このうち後者は他社にも広がり、その後の就職活動のスタンダードになった。ＯＢリクルーターによる面接から始まるそれまでの選考方法は出身大学による機会の格差を生むことから、大学によらず優秀な人材を確保するためにこれを廃するという考え方である。

　エントリーシートを用いた企業の採用活動の普及は、学生に詳細な「自己分析」を求めることになった。エントリーシートは応募者に自らがどのような人間であるかを説明することを求めたからである。大学で教えられたことがないスキルを求められた学生たちが頼りにしたのは、就職内定を勝ち取るノウハウを教える「就職本」だった。

　一九九〇年の中谷彰宏『面接の達人――面接で通る奴面接で落ちる奴 1991』(ダイヤモンド社)や九四年の杉村太郎『絶対内定――完全就職の極意 1995』(マガジンハウス)は、就職活動に取り組む大学生の間で大ヒットした。「朝日新聞」記事データベースで「エントリーシート」を含む記事は九七年に二件あるだけだが、このうち一九九七年六月二十四日付「時代に敏感、それでも志望は大企業　就職活動、早くも終盤」は、「少なくとも三十社程度の出版社が「就職本」市場に参入して」いて、これらを使って学生は「一人平均で三十社は就職活動をする」と報じている。

　こうした「就職本」をマニュアルとして活用することで、学生たちはエントリーシートを「量産」することができたが、一方で就職マニュアル本は就職活動のやり方に悩む学生をも「量産」することになった。前掲の記事は「「自己表現や自己主張は好きではない」「人との違いを出せといわれてもできない。どうして平凡すぎる人間ではいけないのか」と話して泣き出した女子学生もいる」とも報じている。「自己アピールとして挙げられる能力や経験がない」のは自己責任であり、ほかの誰も責められなくなったのである。

　就職協定の廃止と時期を合わせてインターンシップも活発化し、外資系企業から国内企業へと広

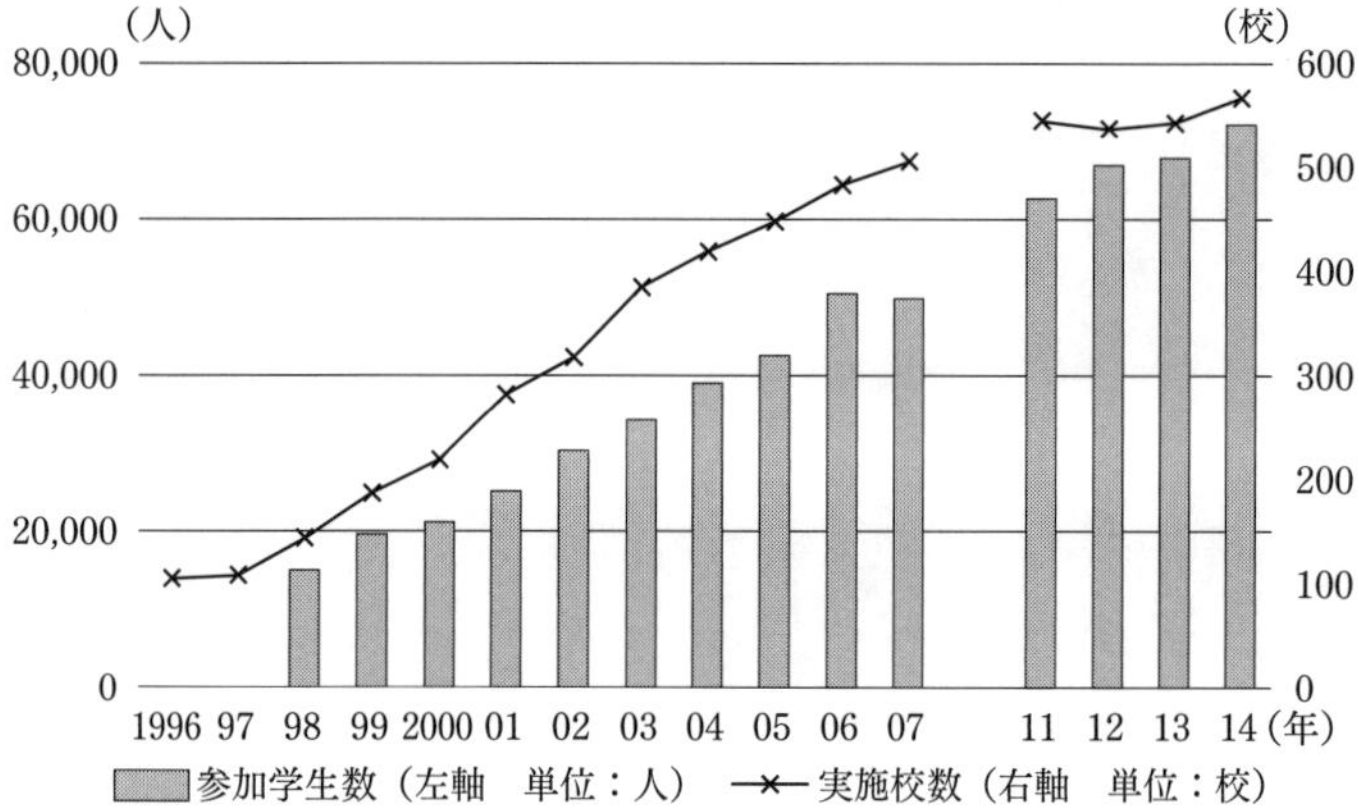

図2-10　大学（学部・大学院）でのインターンシップ実施校数・参加学生数の推移（1996―2014年度）
（出典：「インターンシップの推進等に関する調査研究協力者会議（第4回）配付資料」「文部科学省」〔https://www.mext.go.jp/b_menu/shingi/chousa/koutou/076/gijiroku/1385991.htm〕［2023年1月10日アクセス］をもとに筆者作成）

まっていった。多くは学生が個人で応募・参加するものだが、インターンシップを単位認定する大学も増えてきている。文部科学省「インターンシップの推進等に関する調査研究協力者会議」資料によると、実施校数は一九九七年の百七校から二〇一四年には五百六十六校（全大学の七二・九％）に増加、参加学生数も一九九八年の一万四千九百九十一人から七万二千五十三人（全学生の二・六％）に増加した（図2―10）。個人で参加するものも含めると、一六年度に文部科学省が実施した調査[49]で、学生の参加率は三〇・五％、企業などの実施率は五五・六％、大学などの実施率は五八・九％という結果がある。「朝日新聞」一九九七年九月九日付の「大学3年、ひと夏の職場体験「インターンシップ」試行錯誤」では、広まり始めたインターンシップについて、「超・青田買いではないか」とする懸念の声とともに、企業、大学、学生それぞれの期待の声を伝えている。とはいえ、実際にインターンシップに参加する学生は全体からみるとまだ少数にとどまっていた。これも学生が自らの意志で就職に向けた活動をおこなうものであり、当人の意欲や積極性を示すものだった。

一九九〇年代はインターネットの商用化が始まった時期であり、特に九五年の「Windows95」の発売は、インターネット普及の大きな原動力になった。それとともに登場したのがいわゆる就活サイトである。九五年十二月には「Career Space」（のちの「マイナビ」）がサービス開始、翌九六年二月には「RECRUIT BOOK on the Net」（のちの「リクナビ」）がサービスを開始した。就職活動でのインターネットの活用は、それ以前と比べて企業情報の収集や資料請求などのハードルを下げ、エントリーシート方式に加え、学生にとってより多くの企業への応募にチャレンジできる機会になった。

こうして大学生の就職は、大学生活のなかでも膨大な時間を費やしておこなう「活動」になった。「朝日新聞」記事データベースでキーワード「就職活動」でヒットする記事数は一九八〇年代の五から九〇年代には四十へと急増している[50]。

インターンシップを経験し、就活サイトに登録、自己分析をおこない、応募する企業を選ぶための企業情報収集や企業分析を進めながら、エントリーシートに書ける技能や経験を身につけるために留学などに挑み、数十社、ときには百社以上にエントリーし、ＳＰＩなどの診断テストを受けてエントリーシートを書き、スケジュール調整をしながら面接をはしごする。大学での単位取得や成績とはほとんど結び付かないこれらの活動は学生自身が「自己責任」で取り組むべき活動であり、そのためにさまざまな就活メディアに強く依存するものになったのである。

注

(1)採用側からみた「リクルーティング」に関しては、紀元前五五年のローマで兵士に対する新たに兵士になる者を連れてくれれば報酬を与えるとした布告がジュリアス・シーザーの署名つきで大英博物館に所蔵されているという。記録に残る最古のリファーラル採用といえるだろう。
(2)『文選』は中国南北朝時代の南朝梁の昭明太子蕭統によって編纂され、五三〇年ごろ成立した。
(3)李密「陳情表」(https://dl.ndl.go.jp/info:ndljp/pid/1089533)［二〇二三年一月十日アクセス］
(4)西晋の元号で、呉では宝鼎二年にあたる。
(5)都市化が就活サービスの発達を促したのは日本に限った話ではない。十七世紀半ばのロンドンでは、郵便局、喫茶店、パブ、新聞社などに設置された掲示板に求人広告が出されていた。これらの広告を仲介する「intelligence office」は一六三七年、John Innsが国王チャールズ一世から勅許を得て開いたものが最初とされる。ほぼ同時期に始まった新聞も十八世紀に入って求人広告を掲載するようになった(Huntingford, J., The laws of masters and servants considered; with observations on a bill intended to be offered to Parliament, to prevent the forging and ... characters. ... Gale ECCO, 2010.)。
(6)「奉公」も、もともとは貴族や武家のために働くことを意味した(鎌倉時代の「御恩・奉公」など)が、江戸時代になると、商人や農民などの庶民階級の雇用関係も「奉公」と呼ばれるようになった。江戸時代には幕府による人身売買の禁止があり、奉公の期間は最長十年間に制限されていた(年季奉公)。
(7)奉公人宿、人宿なども呼ばれた。
(8)南相錦「丁稚制度と「大阪商人」」「年報人間科学」第十七巻、大阪大学人間科学部社会学・人間学・人類学研究室、一九九六年、一五九—一七四ページ
(9)「江戸時代——職業紹介事業の発生とその規制」「職業安定行政史」(http://shokugyo-kyokai.or.jp/shiryou/gyouseisi/01-1.html)[二〇二三年一月十日アクセス]
(10)国会図書館には、一八七五年から七七年にかけて文部省が東京大学の前身である東京開成学校に対して出した外国人教員の就職を斡旋する文書が数多く収蔵されていて、それらでは「職ニ就ク」という表現を使ってある。
(11)石井寛治「地域経済の変化」、佐伯尚美/小宮隆太郎編『日本の土地問題』(東京大学産業経済研究叢書)所収、東京大学出版会、一九七二年
(12)尾崎盛光『就職——商品としての学生』(中公新書)、中央公論社、一九六七年、八五ページ
(13)府県会は戦前の府県の議会で、戦後でいう地方議会にあたる。
(14)一方で、「朝日新聞」(大阪版)一八八七年十二月一日付の「売淫婦の就職場」のような記事もあり、必ずしも用例が限定されているわけではない。
(15)警視庁「警視提要 明治22年」警視庁、一八八九年、二一五ページ(https://dl.ndl.go.jp/info:ndljp/pid/791009)[二〇二三年一月十日アクセス]
(16)すなわち、民法での「就職」とは、未成年者もしくは禁治産者に法定代理人が就くことを指していて、学校を出た若者が官職に就いたり企業に雇用されたりすることではない。とはいえ、法律に定められた公的な職務に就く、という意味では類似する部分もないとはいえないだろう。

(17) 民法第百五十八条「未成年者又は成年被後見人と時効の完成猶予」
(18) 野村正実『日本的雇用慣行——全体像構築の試み』(Minerva 人文・社会科学叢書)、ミネルヴァ書房、二〇〇七年
(19) 西野喜与作『会社の選び方と就職の秘訣』実業之日本社、一九五五年、八一ページ
(20) この時期はまた、一八九七年に労働組合期成会が結成されるなど日本の近代的労働運動の黎明期でもあった。
(21) 野口友紀子「社会事業に見る経済保護事業の位置づけ——職業紹介事業の対象者の変化から」、長野大学紀要編集委員会編「長野大学紀要」第二十七巻第三号、長野大学、二〇〇五年
(22) この年は東北地方で大規模な飢饉が発生し、子女の身売りが多発していた。
(23)「就職活動」と似た「就職運動」という言葉が「朝日新聞」一九二六年三月六日付の「浅ましい世相——高等遊民の就職運動」に登場するが、これは学生の就職ではなく、「前代議士、前会社重役、地方官や外交官の古手」などの「高等遊民」の猟官運動を指す。
(24) 小杉礼子「なぜ内定式は10月1日に多いのか」「日本労働研究雑誌」二〇〇九年四月号、労働政策研究・研修機構、六二—六五ページ
(25)「昭和時代(1)(戦前、戦中期)」「職業安定行政史」(http://shokugyo-kyokai.or.jp/shiryou/gyouseishi/04-3.html)[二〇二三年一月十日アクセス]
(26) 文部省大学学術局学生課「学生の就職問題に関する業界と大学との協力について(全国地区別学生就職問題連絡協議会の概要)」文部省、一九五三年
(27) 同文書
(28) 尾崎盛光『日本就職史』文藝春秋、一九六七年、二八四ページ

(29) この記事でも「支持する政党は？」が面接時の「おきまりの質問」であると書いてあって、思想面でのチェックが当時一般的だったことがわかる。
(30) 坂本藤良編『日本の職業——65の就職戦略』晶文社、一九六四年、二二七ページ
(31)「朝日新聞」一九六二年四月十九日付の「来年新卒者の採用　試験期日は野放しへ　日経連〝申合せ〟やめる「有名無実、責任もてぬ」」
(32) 前掲「就職情報誌から就職情報サイトへの移行がもたらさなかったもの」
(33) 正式名称は「雇用の分野における男女の均等な機会及び待遇の確保等に関する法律」（昭和四十七年法律第百十三号）である。
(34)「（遠隔地への）転勤を受け入れるか」は当時の採用面接で女性応募者に一般職を選ばせるための典型的な質問の一つだった。
(35) 安田雪『大学生の就職活動——学生と企業の出会い』（中公新書）、中央公論新社、一九九九年
(36)「勇気のしるし——リゲインのテーマ」作詞：黒田秀樹、作曲：近藤達郎、一九八九年。コマーシャルソングのレコードも発売された。
(37) 河野員博『現代若者の就業行動——その理論と実践』学文社、二〇〇四年、一六八—一六九ページ
(38) 苅谷剛彦／沖津由紀／吉原恵子／近藤尚／中村高康「先輩後輩関係に〝埋め込まれた〟大卒就職」、東京大学教育学部編「東京大学教育学部紀要」第三十二号、東京大学教育学部、一九九二年
(39) 坪田光平／安房竜矢／星野実／泉信也／杉山満康「工学系学生の就職活動における卒業生ネットワークの効果——職業能力開発総合大学校の学生に着目して」、職業能力開発総合大学校編「職業能力開発研究誌」第三十二巻、職業能力開発総合大学校、二〇一六年
(40) 二〇〇〇年に社名変更して学情になった。学情「投資家向け会社案内2022」(https://company.

gakujo.ne.jp/cp-bin/wordpress/wp-content/uploads/2022/06/IR会社案内（2022）.pdf）［二〇二三年一月十日アクセス］

（41）「就活の平成史——売り手・氷河期・売り手のその先は」「Yahoo! ニュース」（https://news.yahoo.co.jp/byline/ishiwatarireiji/20190429-00124127）［二〇二三年一月十日アクセス］

（42）リクルート事件は、リクルート社会長の江副浩正が政治家や官僚などにリクルート社の子会社であるリクルート・コスモス社の未公開株を譲渡したという贈収賄事件である。発覚は一九八九年だが、贈収賄の動機の一つが八三年ごろ労働省が検討していた就職情報誌の規制強化をめざした職業安定法改正問題であり、労働省の事務次官と職業安定局業務指導課長らが逮捕され、職安のイメージ悪化に拍車をかけた。

（43）ここでの「フリーター」の定義は、十五歳から三十四歳で、男性は卒業者、女性は卒業者で未婚の者のうち①雇用者のうち勤め先での呼称が「パート」または「アルバイト」である者、②完全失業者のうち探している仕事の形態が「パート・アルバイト」の者、③非労働力人口のうち希望する仕事の形態が「パート・アルバイト」で、家事・通学などしていない者の合計である（二〇〇二年よりも前は若干内容が異なり、単純な比較はできない）。

（44）「第6期中央教育審議会生涯学習分科会における議論の整理（中間とりまとめ）資料B」「文部科学省」（https://www.mext.go.jp/content/1325216_3_1.pdf）［二〇二三年一月十日アクセス］

（45）「就職協定とは？——選ばれた理由から廃止まで就活ルールの遷移を紹介」「Ritori」（https://achievement-hrs.co.jp/ritori/?p=1600）［二〇二三年一月十日アクセス］

（46）「採用選考に関する企業の倫理憲章」「日本経済団体連合会」（https://www.keidanren.or.jp/policy/2011/015.html）［二〇二三年一月十日アクセス］

(47) 実際におこなったのは金融緩和に積極的な黒田東彦を日本銀行総裁に就けたことである。いわゆる「アベノミクス」は金融緩和以外に財政政策と構造改革を加えた「三本の矢」を標榜したが、現実には財政は消費税率を二度引き上げるなど緊縮基調であり、構造改革はほとんど進まなかった。

(48) 「採用選考に関する指針」「日本経済団体連合会」(https://www.keidanren.or.jp/policy/2016/081_shishin.pdf)［二〇二三年一月十日アクセス］

(49) 「インターンシップ推進のための課題及び具体的効果・有用性に関する調査研究 概要版」「国立国会図書館 インターネット資料収集保存事業」(https://warp.ndl.go.jp/info:ndljp/pid/11293659/www.mext.go.jp/b_menu/shingi/chousa/koutou/076/gijiroku/__icsFiles/afieldfile/2017/02/09/1382049_1_1.pdf)［二〇二三年一月十日アクセス］

(50) 同データベースでは一九八五年以前の記事は全文検索ができないため、八〇年代・九〇年代とも見出しとキーワードで検索した。

第3章　就活メディアの変遷

1　就活メディア小史：1――戦前

就活メディアの夜明け

第2章「就活の歴史」では、就職をめぐる慣行や制度などの推移と就活メディアとの関係をたどった。これを受けて本章では、就活メディアが何を伝えてきたのかを、就活本を中心にたどっていく。就活本その他の文字メディアは、インターネットがない時代、対面メディアと並んで主要な就活メディアだった。

「就職」という言葉が初めて記録された中国南北朝時代の李密「陳情表」は、まさしく最初期の就活メディアということになるだろう。(1)最初期の就活メディアはこうした個人間の就職斡旋紹介や個人的な依頼のコミュニケーションだった。現在残っているのは文書として記録されたものであり、こうしたもの以外に、記録には残っていない対面でおこなわれた就職の申し込みや斡旋が数多く存在しただろう。就活メディアがこうした対面メディアと文字メディアに限られる状況はその後も長く続いた。

国会図書館収蔵資料に残る就活メディアで最も古いと思われるものも同様で、一八七一年十二月、元重原県参事だった栗山惟清から新政府をリードする参議になっていた大隈重信に「相当之卑官」への任官を嘆願する手紙である。(2)(3)そのあとの七五年には、文部省学務課長が東京開成学校（東京大学の前身）に対して教員候補者の外国人を紹介し就職を斡旋する手紙が多数所収されている。(4)こうした特定個人の就職に関するパーソナルコミュニケーションが国会図書館に収蔵されているということは、当時は、比較的社会的な地位が高い人々の「就職」が、個人的な人間関係を頼りにおこなわれるものだったことを示している。

庶民の場合の、口入れ屋やその後の職業紹介所なども同様に対面・文字メディアだったが、就職に関するメディアコミュニケーションは一足先にマスメディアへと広がった。最初期のものは、当時創刊間もなかった新聞の求人広告である。日本初の求人広告は一八七二年七月十四日付の(5)「東京日日新聞」に掲載された「乳母雇い入れたきに付心当たりの者は呉服橋内、元丹波守邸内、天野氏へお訪ねくださるべく候。乳さえよろしく候へば給金は世上より高く進ずべし」という乳母の募集広告だとされるが、「毎日新聞」記事データベース「毎索」でみるかぎり当日の紙面にこのような広告は確認できない。

とはいえ、「読売新聞」一八七七年十一月六日付の横浜本町の訳文舎による「英語に通し且英文書記の能く出来得る壮年の仁雇度候間有志の君ハ英文を以て御通信可被下候」や、「朝日新聞」一八八〇年十一月十二日付の大阪砲兵工廠による「此節当職場に於て轆轤器械類を使用たる工人不足に付新に雇入候間望の者は当工廠へ可申出此段広告候也」とする広告を確認することができることから、おおむねこの時期に日本で求人広告が始まったのは確かだ。(6)

就活本の誕生

日本でマスメディアとしての書籍がビジネスとして成立したのは江戸時代である。さまざまな書籍が出版され、そのなかには、『遊女大学』(一八〇七年)、『〈甲申新版〉児女長成往来』(一八二四年)、『こゝろえくさ』(一八四三年)、『奥女中袖鑑』(一八五八年)など、特に女性向けのものなどを中心に、奉公を始めたあとに奉公先で必要な心得などを指南する書籍は少なくない。しかし、その仕事に就くための指南書はみられない。これもまた、就職が個人的な人間関係、就活用語でいえば「縁故」によって与えられるものだったことを反映していると思われる。(7)

就職に必要な情報を伝えるメディアとしての就活本は、就職が少なくとも名目上、個人的な縁故関係から切り離されたあとに登場する。すなわちそれは社会が封建的秩序から徐々に解放され、実力で高い地位を得ることができるようになる時代の始まりでもあった。

●大橋又四郎編『就職受験案内――一名・試験規則問題集』少年園、一八九六年

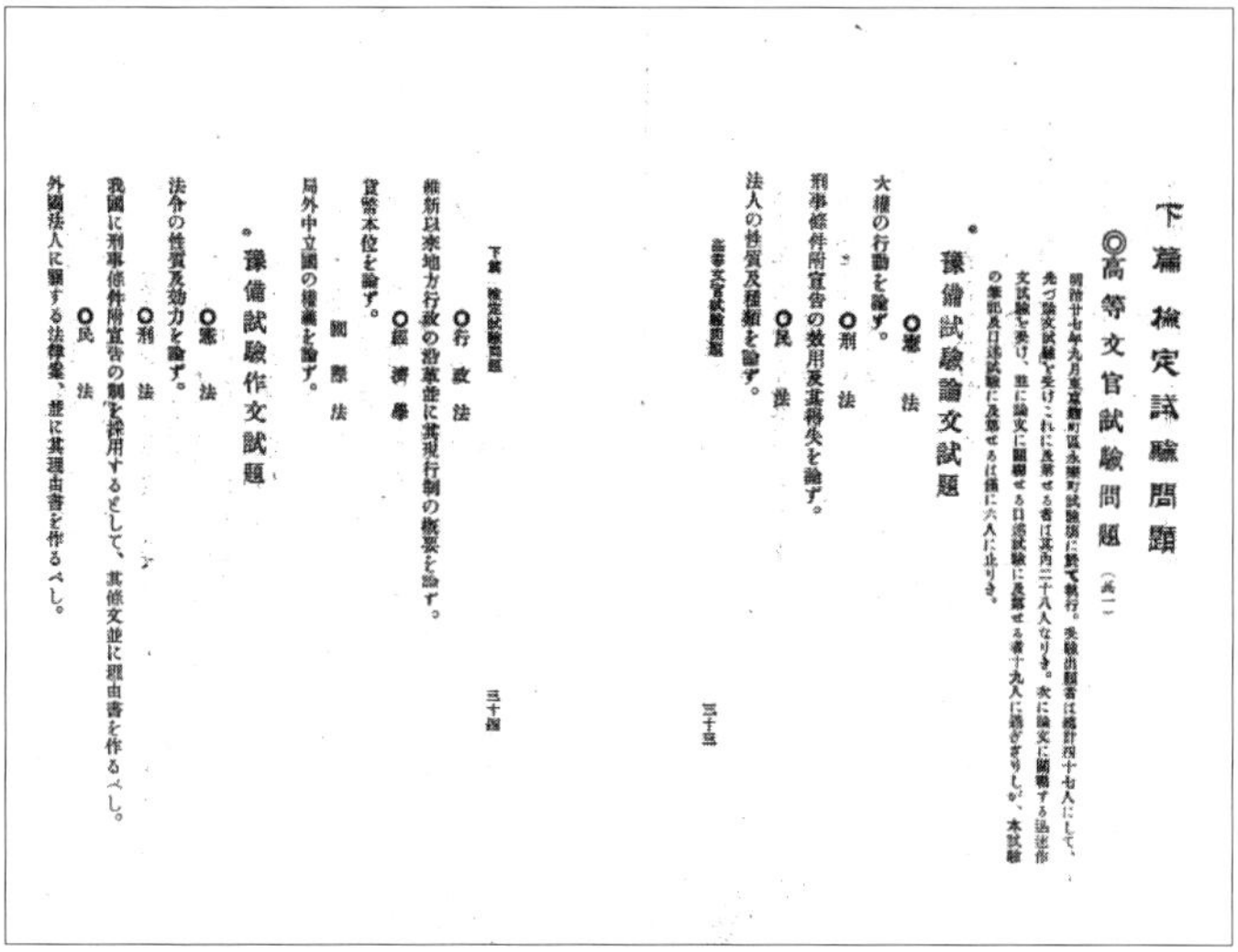

下篇　檢定試驗問題

◎高等文官試驗問題（其一）

明治廿七年九月東京麹町區永樂町試驗場に於て執行。受驗出願者は總計四十七人にして、先づ論文試驗を受けこれに及第せる者は其内二十八人なりき。次に論文に關聯する法律作文試驗を受け、並に論文に關聯せる口述試驗に及第せる者十九人に過ぎざりしが、本試驗の筆記及口述試驗に及第せるは僅に六人に止りき。

・豫備試驗論文試題

◎憲　法

大權の行動を論ず。

◎刑　法

刑事條件附宣告の效用及其得失を論ず。

◎民　法

法人の性質及種類を論ず。

高等文官試驗問題　三十三

下篇　檢定試驗問題　三十四

◎行政法

維新以來地方行政の沿革並に其現行制の概要を論ず。

◎經濟學

貨幣本位を論ず。

國際法

局外中立國の權義を論ず。

・豫備試驗作文試題

◎憲　法

法令の性質及効力を論ず。

◎刑　法

我國に刑事條件附宣告の制を採用するとして、其條文並に理由書を作るべし。

◎民　法

外國法人に關する法律案、並に其理由書を作るべし。

図3-1　高等文官試験問題
（出典：大橋又四郎編『就職受験案内――一名・試験規則問題集』少年園、1896年）

その意味での就活本として国会図書館収蔵本のうちおそらく最も古いものは、この本だろう。一八九四年から高等文官試験（正式名称：文官高等試験）が始まったことを受けたものと思われる（図3―1）。これに先立つ八六年に帝国大学令が出され、九七年には京都帝国大学の創立に伴い帝国大学が東京帝国大学と改称した。三菱や三井など民間で新卒採用が始まった時期にもあたる（野村正実『日本的雇用慣行――全体像構築の試み』〔Minerva 人文・社会科学叢書〕、ミネルヴァ書房、二〇〇七年）。まさに、試験による就活の黎明期だった。

大橋又四郎は大橋乙羽のペンネームで小説も書いたが、博文館で編集者としても活躍していて、「文芸倶楽部」（博文館）に樋口一葉の『たけくらべ』（一八九五年）、『にごりえ』（一八九五年）などを掲載した人物である。この書籍では、文官や外交官、判事などの公務員、弁護士、医師などのいわゆる士業、教員といった職種の概要、人数や試験の概要を簡潔に説明し、そのあとには試験問題が延々と続く。この本では「就職」とは事実上、官職や士業などに就くことを指すため、「就活」はそのための試験勉強、求められるのはそうした試験に合格する人材、ということになる。

「就活本」として考えるならかなりそっけない作りであり、かつ判事から教員や船員までという、どうみても広すぎる職種を一冊にまとめているが、当時としてはこれでも貴重な情報だったのだろう。現在なら採用職種ごとに試験問題集などが出版されるのだろうが、そもそも対象顧客は相当に少数だろうから、そうしたものは期待できない。知人などの紹介、就職情報を載せる雑誌があるわけでもなく、公益職業紹介所もなかった時代、(8)口入れ屋や新聞の求人広告などによって大半の人々が就職していたなかで、能力と意欲にあふれた若者たちに対して新たに開かれた、実力によって獲得可能な社会的地位の高い就職先へのチャンスを伝える「最先端」の情報源として、こうした書籍は機能していた。

同時に、この時代、「就職」が知識や能力によって獲得されるものになった点も付言しておくべきだろう。封建的な社会で、身分や出自によって世代を超えて武士などに受け継がれてきた高位の職業機会はあらかたなくなり、試験によって選抜されるものになった。もちろん、こうした職に就いた者の多くが過去に蓄積した教育その他の社会資本を活用した武士層の人々だったことは否定できないが、新たに商人や農民などにそれが開かれたというのは大きな変化だった。

新たなエリート層になった大学卒業者はほぼまちがいなく、それなりの就職先を見つけることができた時代である。大学での成績順位は、たとえばトップは大学教員に、それに次ぐ上位は官僚に、それ以下は民間企業にといった具合に、就職先の選択肢にも相当程度連動するものだった。[9]それはすなわち、「就活」が学業と半ば自動的に連動していた時代だったことをも意味する。

●斎藤斬風『男女必適就業案内』永楽堂、一九〇五年

民間企業への就職方法を解説した就活本として最初期のものの一つである。この本が出版された一九〇五年六月は日露戦争が終盤に入りかけた時期だった。三月に奉天を制圧、五月には日本海海戦に勝利して賠償金獲得を含む戦勝への期待が高まり、開戦までの不景気から一転、景気が拡大していた。地方から東京への人の移動という時流に沿って、緒言には「有為の青年が方針を誤らぬ為めには、是非就職の方法手順を明かにし、一方に於ては上京の時期、周旋業者の内情、生活の費用等一切の事情を精査して、夫れぐ〵注意を促したのであります」（二ページ）とある。

対象読者層は大卒者のようなエリート層ではない。「就業」の対象は、男性向けには東京市街鉄道や東京電車鉄道[10]の運転手や車掌、内外汽船の船員、警視庁の巡査、製鉄所や紡績工場の工員、砲兵工廠の作業員など、女性向けには三越呉服店の販売員、銀行や保険会社の事務員のほか、電話交換手、看護婦や産婆となどいったいわゆるブルーカラー職が多くを占めている。それらの職については募集の条件や採用プロセスなどがそっけなく説明されているだけなのに対し、最も丁寧に、なぜか調子よく饒舌に説明されているのは口入れ業の採用プロセスである。

▲口入業と本人　先づ自身が前の口入業に行つて、周旋して呉れと頼むのです、そうすると口入業の帳場の者は、貴方は保証人がありますかと質ねる、そこであると答へて其保証人となる者の宿所を尋ねて、果してなるのかならぬのか、保証人は確かな者か何うかを取調べる、偖て頼みに行つた当日は其儘自分の宿に帰りまして、翌日から再び帳場に詰めかける、帳場は毎朝六時より十二時迄立ち、幾十人も詰めて居る望みの方々を衆めて、其面前で声高々に宿屋の帳付け、飲食店の料理番、お屋敷向の小遣、別荘の番人、商家の手代といふように呼上げる、此際気に入つた口があれば、直ぐに私が行きますと答へなければなりませぬ、そうするとお望の方には雇ひ先を明細に書いたものを渡すと、本人は此書付を持って雇ひ先に尋ね行き、そして勤められるか何うかを試めして見る、俗に之を目見えと申しまして、其目見が三日間勤め上げて、勤められゝばそこで引続き其主家に働き、勤められそうもないとすれば、再び口入業者の許に帰つて来て、他によい口を探がして貰ふのです。（五五―五六ページ）

巻末に「附録」として「簡易速成就職便宜の学校」が紹介されている。銀行事務員要請所や主計学校といった金融・会計系、清語学堂速成科、露語講習会、東京速記者研究学会、台湾協会専門学校といった語学系、岩倉鉄道学校、東京高等工業学校附属職工徒弟学校、工手学校といった技能系の諸学校が紹介されていて、ここでも大学卒を想定していないことが明らかである。

この本でエリート層ではない庶民の就職に「就職」という言葉が使われていることは、「就職」が大衆化しつつあったことを意味する。この当時の好景気による「売り手市場」という社会情勢もあいまって、生まれによって職業が決まるのではなく、教育を受けてよりよい職に就いていくことが次第に社会のより幅広い層に可能になってきたという社会の変化を反映したものとみることができるだろう。

就活指南と就職難

日本の高等教育機関は、一八七九年の発布後に数度改正された教育令、九九年の私立大学令、一九〇三年の専門学校令などの制度整備を経るなかで次第にその数を増やしていった[11]が、それに伴い、卒業生向けの就職指南本も登場することになった。「就職」する人の増加に伴い、そうした書籍の市場が拡大していったことを示唆する。

●井上泰岳編『実業青年成業の要義』博文館、一九一六年

国会図書館に収蔵される就活指南本らしきもののうち最も古いものはこれである。一九一六年といえば第一次世界大戦中の好景気の時期であり、目次をみると次のような調子のいい言葉が並んでいて全般的に威勢がいい。

緒言

一　人生の根本義

十五　海外雄飛
十六　勤倹の要義
十七　出世の真義
処世の真義
十八　実験の処世訓
十九　論語の処世訓
二十　処世の原則
二十一　神道の処世訓

（一―七ページ）

編者の井上泰岳は博文館の編集者と思われる。全二十一章で、のちに第二十代内閣総理大臣になる高橋是清、当時既に実業界を引退していた渋沢栄一、大倉財閥創始者で男爵の大倉喜八郎、安田財閥創始者の安田善次郎、慶應義塾長の鎌田栄吉といった錚々たる大物が執筆している。たとえばのちに宮内大臣や枢密院議長を歴任する一木喜徳郎が筆を執った第一章「人生の根本義」の冒頭と末尾をみると、その「気宇壮大」なさまに圧倒される。この本では、就職とは「宇宙社会に対」して意義ある貢献をなす立場に立つことなのである。

抑々我々人類は、何の為めにこの社会に生れて来たのであるか、何の為めに日々営々と真黒になつて働かなければならないのであるか。この人生の意義目的の何たるかを明確に了解して置くことが、青年の身を立て世に処する根本要件であると思ふ。（略）

之より活社会に出て事を為さんとする青年は、先づ人生宇宙社会に対する自分の位置の何たるかを顧みて、その勤労をして価値あらしめ、その生涯をして無意義のものたらしめざる覚悟を持つこと、是れ活青年が世に処し身を立つる所以の根本要件であると思ふ。（一―一二ページ）

「気宇壮大」な展望の一方、この本で際立つのは、著者である政財界トップたちの、学校教育と学校教育を受けた当時のエリートたちへの評価の低さである。彼らを「気力に欠ける」「実務を知らない」「役に立たない」とこきおろし、小さいころから丁稚奉公をしながら現場で鍛えられた叩き上げを高く評価する傾向は、この本の著者の多くに共通している。安田銀行総理(12)の安田善次郎(13)に至っては、「職業選択法」と題した章で、長男は家業を継ぐべきなのに学校教育など受けるから何の能力ももたないまま不遇の人生を送ると言い切っている。(14)

私の家の家法として長男は家業を相続せしめ、次男以下はその性質に依つて父兄がその職業を選定するといふ大体の方針を立て居るその家法の精神を平たくいへば、長男の職業選択は家業相続に重きを措く主意に外ならない。（略）然るに明治維新以来学問が流行り出して、一時は学問さへすれば何人も立身出世自在である有様であつた。そこで漁師の子も、百姓の子も我れ勝ちに東京に来て学問をした。之が抑々間違ひであっつたので、学問をした結果は郷里に帰つて祖先の業を継ぐのが厭になつて、急に職業を選ばなくてはならないことになり、親の方は他人の子を養子にして家業を譲らなければならない、ということになつた。之が社会国家に取つて如何に莫大の損失であつたか計り知られない。

（略）急に学問が流行り出して以来、何等深い考へはなく、中学から高等学校から大学へと進んだ結果は、経験もない、技能もない、見当違ひの職業に従事して、多大な骨折りをしても満足な成績に達し得ず終には生涯を不愉快に送るといふ例は世間に幾らでもある。

（一二八―一三〇ページ）


この学歴に対する低い評価は生まれに対する評価と似た部分がある。森村組総理の森村市左衛門男爵は「立志の要義」で、

凡べて富者の子弟は、自然に勤労より遠ざかる為めに身体の鍛錬が足らず、困苦欠乏に出会うことがないから発奮蹶起の機会が少なく、為めに精神は惰弱に流れ、奮闘的気力は自然に銷磨するに至るのが普通である。

（一六ページ）


としていて、恵まれた環境に生まれ育った者はそのために気力に欠けると断じている。生まれによって人生がほぼ決まっていた身分制社会から実力で這い上がれるようになった社会のなかで功成り名を上げた人々らしい考え方である。

このような発想であれば自然な経緯ではあるが、鐘ヶ淵紡績会社[15]の社長・日比谷平左衛門が書く「修学年限心得」は、「勿論学者や技師になるには深遠な学問が必要であるが、実業家になるには、先づ中学卒業前後即ち十七八歳が学問の切り上げ時であると思ふ」(二二七ページ)としていて、そもそも高等教育の必要性を認めていない。

この時期の財界大物の多くは自身が高等教育を受けていないことから、高等教育の価値を低くみるのは当然といえなくもないが、同様の傾向がいい高等教育を受けた現代の企業経営者にも少なからずみられることは注目すべきだろう。学歴に限ったことではないが、実力で地位を得たと考える人は自らが享受した環境や社会関係資本の価値、あるいは偶然の幸運といった要素を軽くみる傾向があるのかもしれない。

●海老原庄作『青少年苦学成功策』大日本国民立志学会、一九二七年

好景気の時代に書かれた『実業青年成業の要義』でははっきりしなかった就活「指南」の要素は、第一次世界大戦終結後の不景気、関東大震災を経て世界恐慌に突入した一九二〇年代後半にはよりはっきりし、多くの就活指南本が刊行された。

昭和金融恐慌まっただなかに刊行されたこの本も同様に、知人の紹介を最もいい方法として挙げ、紹介を依頼する際の作法について「実用的」なアドバイスを満載している。

「就職の方法」(一)

東京へ来た人が何か職業を見つけやうとするとき、一番眼につくのが、市中に散在する口入屋である（略）中には真面目な口入屋もあるけれども、地方から出たての人は少しでも油断してはならない。（略）

職を求めるのに一番よい方法は、知己、親戚の人に骨を折って貰ふことである。周旋して貰ふとか、紹介して貰ふとかして、自身で直接求人者の所をあるくがよいのである。

（一二七ページ）

訪問する時刻のことから言つてみると、先方の都合のよいときに行くのがよいのであるが、都合のよいときとは、先方の閑なときのことである。

何時頃が閑かはその人に依つて相違するから、一様には言へぬが、大体早朝に訪問することがよいと思ふ。

早朝に行くことは、いかにも熱心だとの感じを先輩に与へるものである。丁度朝飯を食べている頃合を見計つてゆくのがよいと思ふ。

（一四一ページ）

このほか、先方が忙しそうなら「幾度でも訪問せよ」（一四一ページ）、応接室に通されたら椅子に座るな、日本座敷では上座に座るな座布団も使うな、用件は簡潔に述べ長居はするな、言葉遣いに気をつけろ、といった具合で何しろ細かい。その一方で、現代の就活に必須ともいえる自己分析や企業分析に類する記述はみられない。それらは当然の前提条件として内容から省いたのかもしれないが、より単純に、著者の知識経験に余るものだったと考えるほうが自然かもしれない。

●財部叶『職業と就職への道』冨山房、一九二八年

この本は「就職難、入学難、之れ現代に於ける二大難関で有る」とする。「出来得れば誰も就職に苦しみたく無い。一番いゝのは失業しない事だ。然し乍ら現代の産業界は失業者を出さぬと云ふ事は絶対的に出来かねる。さうすれば何人にも失業の可能性が有る事になる。これはおどかしではなく実際であつて、その中最も運の良いのが生涯失業もせず就職難にも出逢はずに、最も運の悪いのが幾度も失業したり、就職に苦しんだりして行くのである」（二一四ページ）と脅しめいた文章が続く。社会事業家だった財部叶は、当時の就職難を社会問題ととらえたのだろう。

この本では就職のルートとして以下の九種類を紹介している（二一五ページ）。

（一）知人の紹介に依るもの
（二）募集広告に依るもの
（三）学校の紹介に依るもの
（四）友人の世話に依るもの
（五）先輩の紹介に依るもの
（六）親戚の世話に依るもの
（七）組合の紹介に依るもの

（八）直接のものに依るもの
（九）職業紹介所の紹介に依るもの

このうち最初に挙げられ「比較的に其の例も多く仲々良い方法」とされるのは「知人の紹介」、すなわち縁故である。のちに大きなルートになる学校からの紹介については、この時点では大卒者に対する企業からの採用の申し込みは「三〇％即ち卒業生の三分の一」であるとしていて、縁故に次ぐ存在と位置づけられている（二二二ページ）。現代では主流である「直接」企業にアプローチすることについては、「銀行会社から諸官庁、其の他の処は直接に求職方を申込むと云ふ事は効果の少ない事と思はねばならぬ」と切り捨てている（二二九ページ）。

●半沢成二『就職戦線をめがけて』金星堂、一九二九年

そうした状況下では学生の側も勉強に集中できようはずもない。この本が書かれた一九二九年当時、企業の採用選考は卒業後にという就職協定があったが、そんなものが守られようはずもなかった。この本ではそのようすを「就職巡礼者」と称して伝えている。

少し気の早い学生になると、二学年の夏頃から、就職後に備えるが為めに縁故から縁故、知己から知己、先輩から先輩の門を巡礼する。一般の卒業者と雖も、その前年の暑中休暇頃からは、幾枚もの履歴書を懐中にして一斉に猛烈なる就職運動を開始する。先輩や縁故者の門を潜

ぐるに忙殺されて、肝腎な学校の勉強はそっち退けにされてしまふ。それが為めに、就職試験には危くパスしたが、学校の卒業試験には落第してもとの木阿弥に復つたといふやうな、笑ふには余りに痛切なる悲喜劇さへ往々に繰り返へされて来ている。

(五―六ページ)

縁故を強調していた『職業と就職への道』の翌年の出版ではあるが、この本では企業の採用基準として学力と健康が重視されるとしている。ここでいう学力とは専門的知識というより、知的能力が優れていることや競争に打ち勝つ精神力などを求めたものだろう。また、健康は戦後も長く、採用の重要な条件であり続けた。国民の健康水準が低かった時代だからこその基準ともいえる。

編者は試みに、東京及び大阪、京都、名古屋等の大都市の代表的な銀行、会社、官職二十五等に就いて、その採用基準を調べて見たが、ほぼ一致していることは何よりも注意すべきことである。先づ、成績は学級三分の一止り、これが八分通りまでの主要な注文である。それに、何処でも体格は、かなり厳重に吟味されている。殊に、内臓的検査――即ち、肺病、心臓病、肋膜炎腎臓炎その他――が最も厳重な注意が払われている。

先づ、以上が第一次の標準だがこれとても無論絶対的なものではない。さて、その上で「面接」と来るのだが、この場合の注文が実に多種多様である。明晰なる頭脳、常識円満――即ちバランスの取れた人。責任感の強いこと――即ち□体的共同動作が完全に出来る人、更らにその人に「特技」があつたら申分がない。この特技を持つていることは、最近著しく眼立つて各方面から求められている。と言つて、時代は年と共に実用的な人間を要求している。一時は各方面から大いに歓迎され、特に高給を以て招聘されて来た野球選手の如きも、近年実業界方面から一般に飽きられて来た傾向の見えることは、注目に値する。それに、応募者はこの「特技」を滅多に履き違いてはいけない。昔日の如く、豪放磊落を気取り、「義太夫」が出来るとか、「斗酒なほ辞せず」とかいふ底の見当違ひの「特技」は無論不可である。

（「□」は判読不可）（九一一〇ページ）

この本で注目すべきは、この時期既に、企業の面接担当者の言うことが人によって異なることなど、採用側のいいかげんさを明確に指摘していることである。

何んと言つても試験官(16)は、各自各様の勝手なことを質問する。別項「試験官は語る」を一読すればそのことがすぐ分かるであらう。ある試験官は、「自分の会社を選んで来たのなら、小学生でもあるまいし、これから勤めようとする会社の概括的な智識位は調べてくるのが本当だ」と理屈を述べている。さうかと思ふと又別な試験官は「この頃の学生は就職技術を心得ていて、本銀行のことなどでもなかなかよく調べて来ている。だが、こんなものに限つて極くうはつらなことしか分からないのだから、すぐに化けの皮を現はしてしまふ」とこきおろしている。それならいつたい、どういふ態度で出かけたなら万人の試験官をよく首肯させることが出来るだらう。

（九二―九三ページ）

これを受けて著者は、就活者に対し、「愚問に備へよ」とアドバイスしている。現代の就活本でも採用担当者の珍問奇問への対応力を磨くべきと説くものが少なくないが、この時代から同様の発想があったことがわかる。

要するに試験官は、かうした愚問を連発して、世間馴れない学生を間誤つかせながら、心ひそかに相手の常識の発達程度性情の健不健全等をテストしているのである。（七八ページ）

●就職問題研究会[17]編『学生と就職の実際』東京実業社、一九三四年

就職難の多くは大学や学生たちの責任とされてきた。この本は、刊行された一九三四年当時の就職難の原因として、①学校卒業者の生産過剰、②学生が就職の範囲を局限していることを二大要因として挙げていて、③経済界の不振については三二年の満洲国建国によって景気は回復しつつあるが、①②の原因によって一部の企業に応募が殺到する状態になっているとしている。学校が多すぎる、学生が一流企業ばかり志望する、などの現代の産業界でもよくある不満は当時からあったのである。

この考え方からすれば当然、就職活動は在学中から自己責任で取り組むべきものになる。「学生時代に平常から、可成広く先輩其他に、度々接近して充分に自己の性格なり、家庭の状況等を飲み込んで居て貰ふと云ふ事が、先づ就職の第一歩と心得て置くのである」。「一体に此頃の学生は、都

会地の大会社、大商店を望んでいる」が「こう云ふ選好みをしている内に、就職の機会を逸する」。「単なる見栄に依つて、或は成功の早道として、大会社、大商店を志望する様な間違つた考を清算して、自分の才能知識に相当した所を選んで失業の憂目を見ない様にしなければならない」のである（八五—八六ページ）。

この時代の就活は、知人その他の紹介を前提としていることから、「就職運動に際し進物はつきものである」というような現在では考えられないような注意事項があった。とはいえ、「幾人にも依頼した場合は、先づ其の進行状況を各推薦者に話し置き、殆ど同時に二ヶ所なり三ヶ所に採用決定した場合は各推薦者と相談し、諒解を得て適当の所へ決めなければならない」（一二〇ページ）という点は、現在の就活では黙って複数社の内定を取り付けたあとに一社を残して断るといったやり方が一般的であることに比較して、より穏便だともいえる。

●宗内正編『女子に開かれたる勉学の道』学術普及社、一九二八年

恐慌期の暗い就職状況にもかかわらず、女性向けの書籍には明るい展望を示したものがある。この本にみられるそうした書きぶりの背景には、当時は女性向けの高等教育の機会が徐々に広がり始めていたという事情がある。一九〇〇年には東京女医学校（現・東京女子医科大学）や女子英学塾（現・津田塾大学）が開設され、二十世紀に入ると一三年に開学した東北帝国大学に初めて女子の入学が認められた。[18]一八年には東京女子大学が創立された。

女子教育の重要性を説くこの著者（「東京市囑託」とあるが、どのような人物かはわからない）は、

「かうして女子の地位も、やがては男子と同様に認められて来る時代が、まもなくやつて来ることでせう。このことは女子の教育思想を勃興せしめる重大な動機となつたもので、男子と同様に社会的地位を認められんためには、先づ本質的な教養が必要となり、そこに教育に重きをおく結果を生じたのです」（四ページ）としていて、高等教育を受けた女性の社会進出をその先に見据えている。

大学令による女子大学

だから学校の方面に於いても、専門学校では満足せず、真に学問の奥底を極める大学令による大学の出現も近い事と思ひます。これまでの大学といふのは名称は大学でも実際は専門学校令によつていたのです。ところが最近では女子英学塾が文科大学に、実践女学校が実践女子大学に、日本女子大学が各科を有する綜合大学に、更に東京女子高師を師範大学に昇格せしめようとする計画がしきりに伝へられているのです。これらが大学になれば勿論大学令による大学で、男子と同じく学士の称号が得られるわけです。（四―五ページ）

ようやく開かれた社会進出の機会は、たとえ就職難の暗い世相の下だったとしても、明るい展望を抱かせるものだっただろう。しかしそれだけではない。女子教育が開く明るい未来を強調できたのは、当時、男子学生と比べて女子学生の就職状況がよかったという事情もあるようだ。需要に比べ供給が少なかったということだろう。

女性に就職難なし
さういふ風にまでして勉強しても、世は不景気で役に立たないではないかと、或る一部の人々は功利的に考へられる方がないとも限りませんが、勉強は単に就職のためではないのです。然しそんな論は別として今のところ女子は非常に社会から要求され、男子の就職難にひきかへ女性万々歳の時代です。最近女子の学校卒業者の就職状態を物語る興味ある記事を掲げます。
入学難より烈しい就職難のシーズンは来た。友達同士が血で血を洗ふやうな涙ぐましい競争で□込まうとする卒業生の就職に、各大学や専門学校では学校当局を始め教授講師など様々の縁故をたどつて八方に狂奔中であるが、女子の求職者はこれと反対に、到る所大歓迎で寧ろ人が足りない。学校さへものんびりと男達の窮状を横目に見ている。
然し財界の不況で需要は幾分減少したが、就職希望者だけの申込はある。目白の女子大学では本春の卒業生が家政九五、国文学四七、英文二七、師範家政五三、社会事業四二等合計二百六十二人。家事や英語の先生として月給八十円で各女学校に飛ぶやうに売れて行くが何しろ直ぐ就職しなくては生活に困るといふ人達でないだけに、条件が悪ければやめるといつた体である。（「□」は判読不能）（一九―二〇ページ）

とはいえ、女性全般の就職状況がよかったわけでもないようで、平塩左右吉編『婦人の向上――女学校卒業者の進むべき上級学校と選ぶべき職業』（帝国教育向上社、一九二九年）は「専門学校、職業学校を卒業する時なら大方、其の学校で紹介してくれますから左程困難ではありませんが、女学校卒業だけでは、余程よい引きか、紹介者がなければ適当な就職口がないものと思はなければなりません」（八ページ）と書いていて、女学校卒業レベルでの就職は困難が伴ったものと思われる。

2　就活メディア小史：2——戦後

教育改革と就活

一九四五年の敗戦後、ＧＨＱ（連合国軍総司令部）の指導下で進められたさまざまな社会改革に伴い、就職をめぐる情勢も変化し、それは当然ながら就活にも及んだ。最も大きな変化の一つは四七年の学校教育法施行に伴い、四九年までに戦前の旧制大学のほか、旧制高等学校、師範学校、高等師範学校、大学予科と旧制専門学校が四年制の新制大学として再編され、結果として大学の数が大幅に増えたことである。(19) 当然、大卒就活生の数が大幅に増加し、その後も増え続けていくことになる。

もう一つの大きな変化は、大学による就職斡旋の制度化である。一九四七年に施行された職業安定法は、四九年の改正によって、大学を含む学校による無料職業紹介を認めた（第三十三条の二）。「こうした学校が行う職業紹介の制度は、他の先進諸国にはみられない、日本独特の制度である」(20)

もともと職業安定法は占領政策の一環として、それまでの職業紹介が労働者搾取の手段として使われてきたという認識に基づき、「職業紹介は公共職業安定所の専管事項であり、有料職業紹介は禁止、無料職業紹介であっても労働大臣の許可が必要であるとする原則」を打ち出したものだった。しかし、実態としてそれ以前から「学校が職業紹介を行ってきたという事実および学校が職業紹介を行うことは当然であると自明視する準拠枠が、日本で既に一九三〇年代から形成されてきていたという歴史的背景」があり、大学では「職業紹介と職業指導とが同一視されていた」ことから、これをいわば制度的に公認したのである（八ページ）。

大学の社会的位置づけという観点からみれば、この改正が「大学が戦前の一部のエリート養成機関としての位置づけから広く国民に開放され[21]」ていく傾向に沿ったものだったことはいうまでもない。

職業安定法第三十三条の二第二項は「前項の規定により無料の職業紹介事業を行う同項各号に掲げる施設の長は、当該施設の職員のうちから、職業紹介事業に関する業務を担当する者を定めて、自己に代わつてその業務を行わせることができる」と定めていて、各大学は就職部を設けて卒業者に就職を斡旋するようになった。

この傾向から個々の大学が逃れることは難しかった。戦前に比べて大幅に数が増えた大学間での受験生獲得競争も激しくなるなか、大学にとって卒業生の就職は、その競争優位を示す有力な指標の一つになったからである。戦後の就活メディアは、就活のこうしたさらなる大衆化が進むなかで発展していったのである。

●竹村一男監修／七澤甚喜校閲『現代職業指導と就職法』尚学社、一九四九年

監修者は「東京神田橋職業安定所長労働事務官」、校閲は「文部省職業科学習指導要綱編集委員」である。戦後の混乱がまだ続く時期だったこともあってか、この本は、就職はまず自力で生きていくための糧を得るためのものだという姿勢に貫かれている。

人は職業なくして生きられるものではない。吾々は皆働くために生れて来たもので、働くことが即ち人生であるとする見方も真理であるが、さすれば、職業なくして人生に活きる価値なしということもできる。もし我々が一定の職業なく、過さねばならぬとしたならば、その苦痛は労働によつての苦痛よりも、より大きいであろう。

個人的に職業はなぜ必要かといえば、第一に人々が生活に必要な収入を得て、生計の安全を期し得る財貨をつくるためだといえる。人は他人の厄介にならぬよう、自力を以て自分の幸福を進めて行かねばならぬ。

（一ページ）

就職するための具体的な方法として書かれた第四章「現代就職法」では、「現代の就職方法としては、公共職業安定所に依る法、縁故知人に依頼する法、職員募集に応ずる法、新聞案内欄利用法等がある」（一九ページ）としていて、著者の勤務先である公共職業安定所がまっさきに挙げられている。しかし、公共職業安定所では「新規学校卒業者の就職あっ旋は、業務教育修了の中学卒業者を中心に進められた(22)」ため、大学卒業者の就職では戦前からの縁故と学校による斡旋が引き続いていた。

ただし、この時代には既に縁故採用に関して悪いイメージがある程度伴うようになっていて、この本では「こうした運動は一見正しからざる様にも聞えるが、世間一般にやっている事であり、入学試験などとは性質も異なるから、人がやることなら、こちらもそれに対抗上、やらざるを得ない場合もあろう」（二一ページ）とするなど、一種の必要悪と位置づけている。

就職採用試験は筆記試験、口頭試問、人物考査、適性検査の四種類に分類される。掲載されている筆記試験問題はおおむね学校で学ぶような知識を問うものが多いが、「実業界に入るに当りての覚悟」「目下経済界の重要問題について感想」「平和運動について論ず」など、応募者の思想・信条を問うようなものもみられる（三九―四〇ページ）。

口頭試問は「筆記なしでこの口頭試問だけで採否を決することもあるから、就職試験に於ては最大関門である」としている（四一ページ）。口頭試問だけで採否を決するのは、そもそも大学からの斡旋で応募者を絞っているから可能だったことであり、この時代から門戸が広く一般に開かれていたわけではない。

口頭試問と人物考査が分けられているのが興味深いが、口頭試問（口述試験）が家族関係や趣味、健康状態や信仰などのほか、業務に関連する知識に関して質問されるのに対し、人物考査（面接）は「人物性格能力等をテストされる」ものであり、おそらくは役員などの高位者による面接を指しているものと思われる。

「人物をみる」といっても実際には外見で判断する部分が多いということだろう。アドバイスも「学生服でよい」が「ボロ服」はだめ、「ハイカラ」も「バンカラ」もアウトといった外見に関する注意事項に終始している。

●近藤貞次『職業心理学』雇用問題研究会、一九五一年

一九五一年に刊行されたこの本は、社会心理学者・近藤貞次によって、公共職業安定所[23]の職員からの要望を受けて書かれた、と「はしがき」にある。「職業心理学の基礎の上に立たない職業紹介では、雇用主からも、求職者からも信頼を受けることができない」から(二ページ)、と続く。

この年は就職が買い手市場に転じ、就活の早期化を防ぐための就職協定が成立した時期だったという要因もあるが、それにも増して、戦後の労働行政がGHQの方針を受け、より合理的な考え方で進めるべきという考え方が色濃く、特に心理学への関心が高かったことを反映したものだろう。

この本では職業心理学は、この時期特に発展しつつあった産業分野への心理学の応用として、「職務分析、職業適性、職業観、技能、知識の習得、職業選択、就職活動、就職後の適応、等に関係した心理学的の問題」を取り扱う、とする。その課題は、

(一)職業を求めようとする者の直面する、職業選択、職業準備、就職活動、就職後の適応についての問題をはっきりつかんで、

(二)職業を求めようとする者或は職場内の人々に対するサーヴィスを如何にすべきかを、心理学的に研究するにある。

(一六―一七ページ)

という。

職業選択の要因として挙げられているのは次の九点である。

（１）職務の所要要件
（２）労働市場の傾向
（３）其の他の環境条件
（４）将来性と向上性
（５）日常生活との関係
（６）職業能力
（７）職業興味
（８）人生観、価値観
（９）其の他の個人的特質

（三四ページ）

これを受けて、この本では合理的な職業選択のための適性テストを含むさまざまな手法を紹介していて、全体としては企業など採用する側の視点から書かれている。公共職業安定所の職員から望まれて書かれたという経緯からは納得感があるが、同時に、心理学とは直接の関係が薄いようにも思われる、就職活動のための準備として求職者に求められる内容も解説している。この本が就職希望者にとっての就活本としても使われることを想定したものだろう。

学校教育法の施行に際して新制大学が設立されたのは一九四七年であり、五三年三月は旧制大学と新制大学の卒業生が重なる年だった。激増した就活生が就職戦線を勝ち抜くために採用側の考え方を知りたいと思うのはむしろ自然ではある。

この本が就職活動の「最後的の準備」として「何よりも大切なこと」として挙げているのは、「自分のできることは何か」「その職業は如何なる能力を要求しているか」「如何なる知識を要求しているか」などの、「自己の職業能力の反省」である。ここに至ってようやく自己分析が就活本に登場したといえる。一方、「発表能力ということは、職業能力そのものに優るともおとらない重要な事柄」であり、「就職活動の一つとして、面接の際に是非必要なことである」とし、いわゆるコミュニケーション能力の重要性も指摘しているが、「科学」を前面に押し出した採用側視点の記述に比べて月並みな内容であり、「面接のエチケット」に至っては、子ども向けのような内容にもみえる。専門外でもあり、関心もさしてなかったのだろう。

なお、参考のため、アメリカでも面接のエチケットはやかましいものであることを知るために、国民中等学校長協会のガイダンスの委員会が雇用主と面接に行く者に対して行う助言の内容を示すと次の如きものである。

雇用主と会うため家を出る前に、
その地位を獲得して見せると決心せよ。
次のことを忘れるな。

さつぱりときちんとせよ。
かみの毛をとかして行け。
ひげをあたつて行け。
歯をみがいておけ。
爪をみがいておけ。
靴をみがいておけ。
きれいなシャツとカラーにせよ。
服の押しをして、ブラシをかけておけ。
ボタンを全部つけておけ。
派手なピンなどをはずしておけ。
よく似合う帽子をかぶつて行け。
若しできたら推せん状を持つて行け。
きれいなハンケチを持つて行け。
電車賃と弁当代をもつて行け。
約束の時間に間に合うように充分早く行け。
到着したら、
はいる前に一寸身のまわりを見まわせ。
外でタバコをすてよ。

タバコのいきをなくしてからはいれ。
はいるとき脱帽せよ。
面接する人だけ呼べ。
はいれといいわれるまで面接者の部屋にはいるな。
会話を中絶させてはならない。
自己の名を告げ、来訪の理由を述べ、紹介状を出す。
椅子をすゝめられるまで立つておれ。
椅子には落付いて腰かけよ。
うつむくな。
喜んでテストを受けよ。
常に礼儀正しくあれ。
再面接には喜んで応じよ。
雇用主の方に多くしゃべらせよ。
（二四五―二四七ページ）

●西野喜与作『会社の選び方と就職の秘訣』実業之日本社、一九五五年
著者は「東洋経済」（東洋経済新報社）で経済記事を多く手掛けた人物であり、一九五一年に明治大学で経済学博士号を取得している。

一九五五年は高度成長期の始まりを告げる神武景気が既に始まっていた時期とされるが、完全失

業率は二・五％、有効求人倍率は〇・二七倍と雇用情勢は最悪の時期にあった。[24]しかしこの著者は、就職できない学生の問題は学生自身のより好みによるものだと指摘している。

今日の段階では、各種統計の結果は何れも就職難とはいえ、各種学校の卒業者で就職した人の数が就職出来ない人の数よりも遥かに多いことを示しておる。（略）特に指摘したいことは学校の入学の場合と等しく、全体としての均衡よりも部分的な不均衡のために、問題を悪化せしむる傾向がある点である。すなわち学校の入学が、優秀校に集中すると等しく、就職も一・二流会社に或は特殊企業に集中して、これ等の企業の就職競争を激烈にし事態を悪化せしむると共に、就職問題の解決を困難にしている傾向がある点である。（四ページ）

就活がうまくいかないことを学生の自己責任としたあとで、この本は二百六十ページにわたって就職に関するさまざまな情報を伝えている。目次は以下のようになっている。

第一部　就職のＡＢＣ
第二部　具体的な職業選定の知識
第三部　就職試験の常識
第四部　民間の就職試験への心構え
第五部　公務員への道

第六部　就職後の職生活対策

この本で特に注目すべきは縁故採用に関する詳細な記述である。就職が厳しかった当時に縁故がどれほど重要だったかをうかがい知ることができる。注目すべきは、学校推薦や職業安定所による斡旋までもが縁故就職と位置づけられていることである。試験によるもの以外はすべて縁故ということだろうか。[25]それまでの就活本にはみられなかったとらえ方だが、大学就職部が就活で主要な役割を果たすようになったために、苅谷ほかがいう「学校縁」がより重要なものと考えられるようになったのだろう。[26]

わが国現下の就職制度の上において、第一に重きをおかれているものは試験制度で、次いでは推薦（縁故）制度である。推薦制度には前述したように、高位重職への縁故推薦と新規学校卒業生の就職推薦とがある。後の場合何にも縁故のない人は就職ができない、ということを意味するものではない。縁故がなくて就職した人は仲々多いのである。しかし縁故のある方は、もちろんないよりも有利だろうから、縁故が作られるなら作るに越したことはない。

縁故関係は分れて、(A)個人推薦、(B)学校推薦、(C)職業安定所推薦となる。(A)の個人推薦は、個人の縁故によるものである。大別すると、(い)親族関係、(ろ)郷土関係、(は)学校関係、(に)職業関係よりの推薦となる。しかしてこれ等の縁故関係は、また分れて、(一)求職者の直接の縁故関係と、(二)他人を介しての間接の縁故関係となる。

（二〇―二一ページ）

縁故の解説は続き、次に縁故の種類による効果を論じている。「どんな縁故が一番有利か」と題した節には「縁故の厚薄」というくだりがあり、縁故の種類による効果の強弱が解説されていてなかなか「実戦的」である。

原則としては、採否決定権者と求職者との間に立つ仲介者の数が少ない程よい。数人の仲介者があるばあいは最後の推薦者が最も有力であろう。その際最も効果ある関係は利害関係である。採否決定権者と直接に推薦関係に立った人との利害関係の程度がその効果の程度と比例しよう。次いでは信頼関係である。

信頼関係は人によって利害関係よりも有利に作用する場合もあるが、原則として利害関係が信頼関係に優先すると見た方が誤りが少い。その場合には利害関係は分れて権力上の利害関係と経済上の利害関係となる。権力上の利害関係は政治関係と見てよい。政治的権力関係が強いほど就職への効果は、他の条件を同一とせば有力としてよい。

一口に政治的権力関係といっても、これには二種類ある。一つは政党関係であり、二つには行政関係である。政党関係では、その政党が与党であるか野党であるかによって採否に及ぼす影響は違う。無論、与党の方が野党より有利である。（略）

そこになると、官僚の方が比較的に信頼が出来る。官僚も現職にある場合は推薦力が強いが、現職を離れると、推薦力が弱まること、党員の与党たると野党たるとの関係に似ている。等しく官僚でも、その地位と、採否決定権者との利害の厚薄によって、その作用に差等を生じよう。また官僚としての実力と将来の発展性如何に依っても、その効果は違うこととなる。概していえば、官僚の方が政党人よりも就職の推薦に有力となすことが出来る。（二五―二七ページ）

現代でも似たようなことはあるのだろうが、少なくとも表には出せない「裏口」のルートであるのに対して、これが堂々とまかり通っていたのがこの時代の「常識」だった。同様の縁故関係は取引関係に由来するものも挙げられていて、さらにあけすけな記述が続く。

経済上の利害関係としては第一に挙ぐべきは金銭関係である。推薦者が金融上の関係から採否決定権者に対し、その時に有利な地位を占めるか、或いは将来有力な地位を占めるとの予想が強い程その効果は強かろう。金融関係から採否決定権者に対して推進力を持つものの第一は金融業者である。銀行、信託、生命保険、損害保険および、相互銀行等の重役および部課長級である。次いでは、株式会社で増資なり社債発行の希望ある企業に対しては証券業者の発言も有力に作用する。（二七ページ）

さらに明治時代の薩長土肥を彷彿させる「郷土関係の縁故」が挙げてあるのも興味深い。この時代には既にだいぶ力が弱まってきていたのだろうが、「しかし今日は、郷土閥の力は弱まっている。ただ郷土関係以外、縁故を求め得ない場合は当然利用すべきである」としていて、まったくなくな

ったわけではなかったことがわかる。(27)

高度成長期の就活メディア

高度成長期に入り、企業の採用ニーズは大きく増加していく。それに伴い、縁故による採用はその後も続いたが、その比率は次第に下がっていく。大学の増加に伴って就活生も増加し、縁故を考慮した採用では間に合わなくなったからである。多くの就活は、大学就職部を通じた求人への申し込みから始まるものになった。

こうした変化は就活メディアにも波及した。国会図書館収蔵資料中、一九五〇年代にはちらほらみられた就活指南本が六〇年代に入るとほとんどなくなり、かわりに業界別の就職試験問題集が数多くみられるようになる。あわせて、この時期に登場するのが雑誌形態の就活メディアである。六八年に創刊された月刊誌「就職ジャーナル」（リクルート編、リクルート）は、雑誌メディアの特徴を生かし、就職に関する最新情報や現場からの生々しい声などを幅広く拾い上げ、その後の就活メディアの方向性に大きな影響を与えた。

●駒澤大学就職部『就職の手引』駒澤大学、一九六〇年

駒澤大学就職部では一九五九年から「就職の手引」を刊行し配布している。B六判で二十四ページの簡素なパンフレットである。六〇年五月に刊行された「昭和三十五年版」の「はしがき」の冒頭には、「卒業年度の学生諸君は最後の学年に進み、履修届の提出も終つてほつとしたとたんに、

もう就職のことを考えなければならない時期にある。秋風の訪れと共に一斉に開始される就職試験への準備というか幾分でも役立たせたい気持からこの「就職の手引」をつくつた」「就職部としては教員試験受験者のために六月数回に亘つて科目毎の特別講座をまた九月には模擬試験を行う準備をしているし、会社受験者のために、五月中旬より証券、金融、電機、鉄鋼、製造など業界代表を招いて各二回宛特別講座を計画している」などとあり、当時の就活スケジュールを読み取ることができる。

高度成長期のこの時期、企業への就職は年々増加していて、駒澤大学にも卒業者数を大幅に上回る求人が企業などから寄せられていた。

企業が求める人材像については、日経連教育部調査の結果を紹介するものとして「就職面でも人物重視の傾向にあつて（略）面接試験が年々重視され、特に昨年度は「性格、性向」がトップで「人物、人格」「思想」「健康」の順となつて来ている」と書いてある（六ページ）。

就活のプロセスは、当時の一般的な大学でのものと変わりはない。大学の就職部は企業からの求人を受けると求人票を掲示板に張り出す。斡旋を希望する学生はあらかじめ就職部の面接を受けたうえで推薦状を申請し、それをもって採用試験に向かった。

駒澤大学の卒業生については、「人柄がよく真面目でよく働く」が「業界の傾向として対人関係が多くなつているので真面目で明朗のほかにプラススマートさがほしい。また協調性のないものは絶対いけない。覇気と精神的健康さをもつた人でハッタリより一生懸命やろうという気概がほしい」と評価されている（八ページ）。

●坂本藤良編『日本の職業――65の就職戦略』晶文社、一九六四年
著者は経営学者である。特定の大学に帰属することなく広く活躍し「経営学の神様」と呼ばれた。一九六四年は前回の東京オリンピックが開催された年であり、日本経済は急速な成長を続けていた。著者は「昨年同様求人数は就職希望者を大幅に上回るであろう」としている（二四四ページ）。

この時点でも縁故は就職の最も有力なルートであり、全体の三二％が縁故による就職であるとしている。著者は「縁故によるハイレベルでの就職の中には、政府が公社や公団の総裁を決めることや、親会社が子会社に社長を派遣することが含まれている」「官庁・銀行・親会社からの天下り、学校閥、閨閥、これすべて縁故である」などとしている（二二七―二二八ページ）。著者がいう「就職」にはこれらが含まれていることに注意する必要がある。

第三部「学生の就職動向」の「大学生の就職動向」では、大会社では正規の採用試験よりも前に縁故関係の採用をおこなうと書いている。


大会社は四月にはすでに来年の大学卒業予定者に対する入社試験を行なっている。もっともこれは正規の採用試験とは別に内密に行う試験である。正規の採用試験は、会社が特定の大学に対して求人募集を行ない、期日を定めて試験を行なう。正規の採用試験はどんなに早くとも六月から行われる。

四月の試験は縁故関係からの応募者のために行なわれる。人事部長は得意先、金融筋、大株

主さらに社長を初めとする社内実力者の紹介状を持参してくる応募者を、冷たくあしらうことはできない。しかしかれらを全員入社させたのではたまったものではない。大体会社は実力のない学生をきらう。できればコネを唯一の頼りというような学生は全員お断りしたい。そこで苦肉の策として、ともかく試験だけは受けさせることにする。それも大会社の場合は指定校と称して、有名大学にしか求人を行なっていない建前からいって、公然と試験をするわけにはいかない。それでひそかにしかも素早く実施するのである。季節は四月、桜の花も散らないうちにコネの試験を済ましてしまう。

（一二三四—一二三五ページ）

全体として内容は産業界の動向や企業情報、人気の職業や大学別・会社別の就職状況、諸外国の就職事情などを解説していて、就活指南としての色彩は薄く、「就職戦略」というサブタイトルは看板倒れの感があるが、これも好景気で就活生の関心が「外」に向かいがちだったことを反映しているものと思われる。

●村田多嘉治『就職学入門——自分を高く売り込む法』徳間書店、一九六八年

一九六七年は世界経済がやや停滞した時期にあたり、イギリスのポンドが切り下げられるなど、固定相場制をベースとした国際通貨体制の揺らぎが鮮明になりつつあった。日本は六四年の東京オリンピック後の経済の落ち込みからいわゆる証券不況に見舞われたものの、経済・金融政策の総動員によってこれを切り抜け、高度成長を維持し続けていた。

「日本経済新聞」記者が書いたこの本で注目されるのは、企業の採用での面接試験の重要性が以前にも増して高まってきたと書かれている点である。

> 昔から、面接試験は実施されてきたが、近年はとくにそれが重要視されるようになったといわれている。
>
> （略）
>
> まず、事務系社員の採用選考試験の方法をみよう。面接試験は、四十年、四十一年とも、調査したすべての企業が実施している。たとえば、四十一年度のばあい、調査対象六百二十二社のすべてが面接試験を行なったのに対し、学科試験を行なった企業は八割にとどまっている。面接を重視し、学科試験の比重を低下させるというのは、このところ一つの傾向になっており、四十年、四十一年の両年度の比較でも、学科試験のウェイトは、わずかながら低下している。これに反して、性格適性検査を実施する企業が急増しているのが目立つ。これは、企業の求人態度が、学力重視から人物重視へと移りつつあることを意味するものであろう。
>
> （略）
>
> 日経連が調べた「入社試験項目の評価上のウェイト」（別表3）は、入社試験項目の評価を格付けしたものだが、これをみても百点満点で採点する場合、面接が四十二点、筆記が三十二点、あとは身体検査が十二点となっており、これだけで八十六点になっている。
>
> 大学時代の学業成績は、いまのようにドライな企業社会ではそれほど重視されなくなったわ

けである。（三六―三七ページ）

表3-1　評価上のウェイト

面接試験	41.8%
筆記試験	32.0%
身体検査	11.9%
学業成績	5.0%
性格・適性検査	2.0%
その他	7.3%

（出典：村田多嘉治『就職学入門――自分を高く売り込む法』〔徳間書店、1968年〕をもとに筆者作成）

文中で参照している「別表3」の内容を表3―1に示す。

一方で、この時期導入が進んだのが知能テストや心理テストの類いである。著者は「日本リクルートセンターの大沢武士テスト部長の話だと、リクルート式知能テストを実施している企業は四十二年一年間だけで四百八十社もあった」「三十七、八年ごろまでは、実施企業はわずか二、三社にすぎなかった。それがこの四、五年の間にこれほど普及したのは驚くべきこと」と指摘している（四四―四五ページ）。

この動きは「学業成績否定の反動」である、とされた。すなわち、職務上のパフォーマンスは学校での成績ではなく、いわゆるＩＱで測られる「知能」の高さによる、という考え方である。ここでも産業界の大学教育への不信がうかがえる。

著者はこの当時の心理学者が、「知能テストは、多くの職業に対して、その熟達のための重要な要因であることには変わりはない。知能検査結果と、職業的熟練度との相関の程度は、職業によっても大きな開きがあるが、一般に高い。低知能者ほど下級職業に従事している」（四六―四七ページ）と指摘していると書いている。[28]

とはいえ、これは必ずしも努力の意味を否定する趣旨ではなく、「知能テストには環境や努力が大きく影響している」のであり、したがって「受験者は、受けようとする会社について、数年間の知能テストの傾向ぐらいは調べておかなくてはならない」としていて、知能テストの結果も努力次第だと主張している。(29)

もう一つこの本で注目されるのは、「リーダー経験の重視」についてふれている点である。

これまでの「求人案内」には出てこなかったが、人を引きずってゆけるリーダーとしての素質も、新しい企業環境が要請する新人像のパターンである。運動部のキャプテンや文化活動のリーダーが就職率のいいのも、そのためだと考えられる。（略）

ちなみに、現在の経営者のなかには、学生時代に、スポーツや文化部のリーダーだった人が多い。経営評論家の鎌田勲氏の行なったアンケート調査によると、調査総数の六割が「リーダーの経験あり」と答えている。

この調査で学業とリーダー経験の関連を見ると、成績「上」だったもの計三十二人のうち、「リーダーの経験がある」との答えは十八人で五六パーセント、「やや上」だったもの計二十五人のうち「経験がある」が十五人で六〇パーセント、「中」の層では計二十三人中「経験がある」が十七人でその七四パーセント、とくに成績の悪い部類に属する「やや下の」一人、「下」の三人は全員「リーダーの経験がある」との回答だった。

こうしてみると、最高経営者の資格は、学業成績よりも、むしろリーダーシップにあるわけで、実力主義時代の今日では、よりいっそうこの特質は企業の求めるものになりそうだ。

（六八―六九ページ）

サンプル数の点でも、また経営者以外で調査をしていない点でも統計的に意味があるとはいいがたい調査だが、それよりも、のちの時代の人事担当者が、面接に来る学生がみんなそろってサークルの部長などばかりであることを揶揄的に嘆いていることを想起させる点が興味深い。(30) 引用文にあるとおり、もとより企業側がサークルの部長などを採用選考時に高く評価しているためにそう名乗るのであり、その意味では前述の嘆きはいわば「自業自得」である。

●尾崎盛光『就職――商品としての学生』(中公新書)、中央公論社、一九六七年

著者は当時、東京大学文学部事務長だった。自身が東京帝国大学文学部卒である著者は同年、前掲の『日本就職史』も出版している。前著では就職の歴史を振り返りながら週刊誌的なやや下世話なエピソードを数多く紹介しているが、この本では「真面目」に、大学卒業者の「商品」化について論じている。就職指南本ではないが、この「商品」化という言葉に当時の一部の大学関係者の就職に対する見方がよく表れている。

二つの基本的条件、つまり新制大学卒業者の乱造と、日本資本主義の高度成長によって、今日の大多数の学生は、過去の世代の学生とは大きく違った立場におかれている。一つは、もはや彼らは個々の企業のなかでも、また社会全体のなかでも幹部候補生ではなくなったことであ

り、もう一つは、サラリーマンとしての彼らを受けいれるマーケットが、競争相手が多くなったにもかかわらず、彼らの競争相手の数とともに、無限に広がってきたかに見えることである。

こうして、端的にいえば、今日の学生の大多数は完全に商品化された。とくに大企業においては、彼ら大学卒サラリーマンの下にいる下級サラリーマンは、現場の労働者と若干のＢＧ(31)しかいない。独占的な大企業の高校卒の社員は、現場労働者である。機械化されオートメーション化された職場では、いやおうなしに高校教育を受けた現場労働者を必要とするからである。その結果、大学卒サラリーマンは、まず最下層の事務的あるいは技術的労働者として配属される。しかも大企業の場合には、新制大学卒の同年配の社員は、旧制大学時代の先輩社員に比べて、いちじるしく多い。したがって、現在の大学卒のサラリーマンが、旧制時代の先輩のように、ほぼ定められた年数で課長、部長になる可能性ははるかに少ない。いわんや、たとえ平取締だろうと、重役になるなどという話は夢物語に近い。

同時に、今日の産業社会は一面ではスペシャリスト時代であり、また組織マンの時代である。宣伝・企画・労務・経理・商品管理・法規等々、一生を一つの専門で貫く覚悟と研鑽を積む努力がなければ、将来落伍するしかない。やがては、管理職も、中堅クラスまでは、あるセクション、ある職能のベテランでなければならなくなるであろう。

こうして、大学卒のサラリーマンの相対的な地位低下とスペシャリスト時代の到来は、学生をいやおうなしに「商品」化せざるをえない。しかしこの現象が現代社会の一つの原則として定着すると、学生のなかからは、この「商品」化の大勢に対して、あえてこれからの逸脱、脱

走をはかるほかない試みが生ずるのもまた至極当然である。（一一五―一一六ページ）

エリート臭が漂う嫌みな文章だが、東京帝大文学部卒の東大文学部事務長ともなればこんなものだったのだろう。いうまでもなく、著者は大学生が「商品」化されているという状況を、「大学の理念とはほど遠いもの」と苦々しく思っている。[32] では「商品」化を逃れようとする学生たちが向かうべき先はどこなのかについては、①組織の歯車になるしかない大企業ではなく中堅企業をめざす、②たとえ企業に就職しても将来は独立自営をめざす、の二つを挙げているが、そうした人が増えているというわけではなく、基本的には著者の願望である。

このような著者が就職に成功する学生のタイプだとするのが、サークルに熱中する学生である。「サークルの活動家というのは、家へはいつ帰ってくるかわからない、休暇といえばどこかに消えて行先きも知れない、小づかいばかり使ってさっぱり勉強しないなどと、親兄弟には評判が悪いが、就職試験には比較的強い。とくに面接段階までこぎつければ、だいたい合格する」（七五ページ）のだそうである。[33] 理由として次の五つが挙げられている。

①実行力と行動性に富む
②勉学の傍らサークル活動をこなすという能力、余力がある
③青春生活を具体的な「なにか」に賭けたという意味で少なくともなにかができるという実験ずみである

④対人関係における積極性がある
⑤ひと目でわかるカラーをもっている
（七五―七九ページ）

とはいえ、こうした就職に強いサークル学生が「商品化」から逃れているというわけでもなく、むしろ積極的に自らを「商品」として高く売っているわけで、サークル活動と商品化との関係は特段書かれていない。

●リクルート編『就職ジャーナル』一九六八年七月号、リクルート

『就職ジャーナル』はリクルートが一九六八年に創刊した就職をテーマとする月刊誌である。七月号はその創刊号である。(34) いわゆる就活本ではないが、新ジャンルの文字就活メディアとしてここで取り上げる。

月刊誌として刊行されたということは、それだけの需要が年間を通して見込めることを意味する。就職が大学生にとって大きな問題になったことの表れともいえる。とはいえ、毎年対象者が変わる就職をテーマとする月刊誌に対する学生本人の需要がさほどあるとも思えず、想定読者層は就活生本人というよりも大学の就職部や企業の採用担当部署で、多くは学校なり企業なりの費用で購入されるものだっただろう。

創刊号である一九六八年七月号の最初のページは、「採用試験の現状」という一ページのコラムだ。同社が調査したものだろう、大卒採用試験の方法として面接試験、知識試験、心理テスト、身

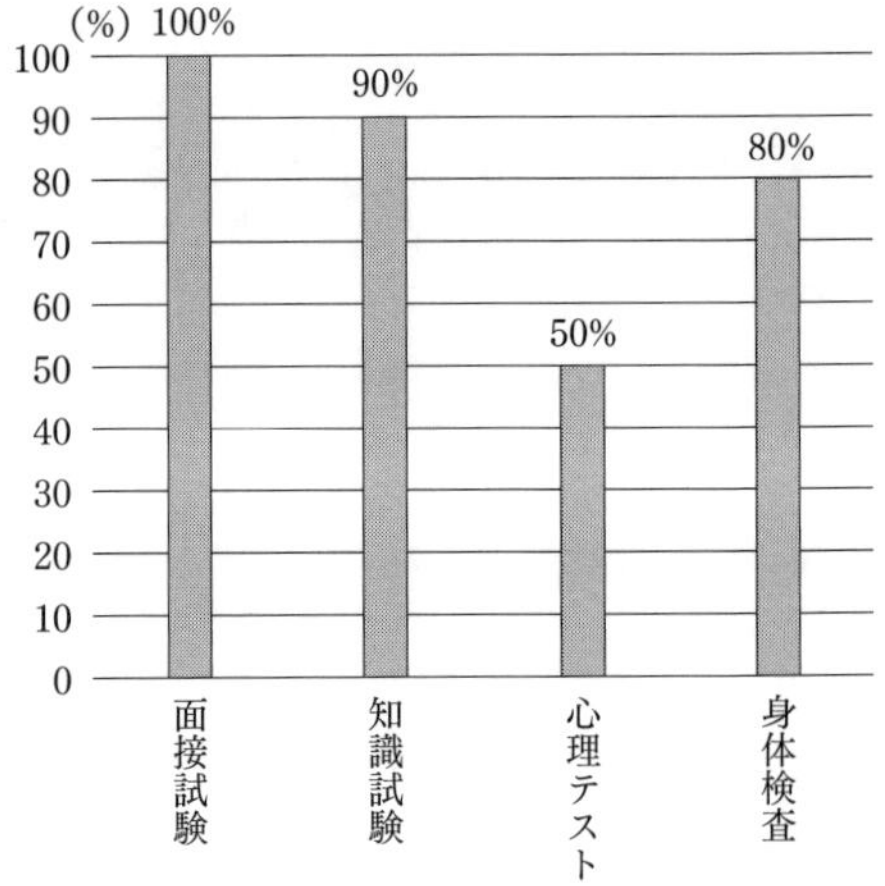

図3-2　大卒採用試験方法（調査時点は1967年11月）（筆者作成）
（出典：リクルート編「就職ジャーナル」1968年7月号、リクルート）

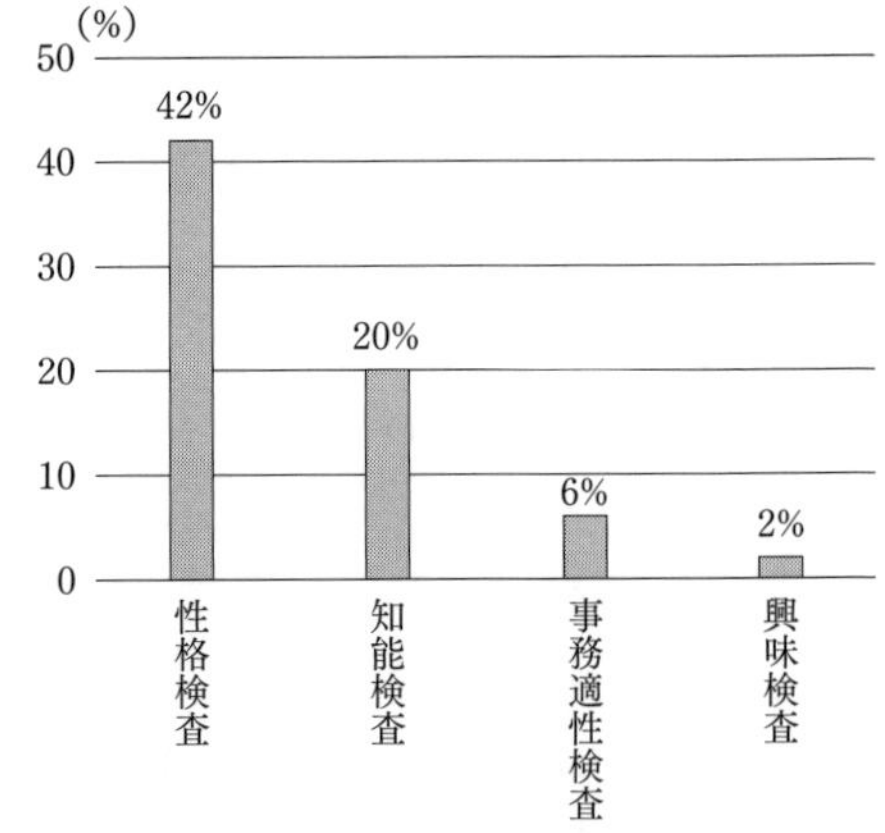

図3-3　心理テストの種類と使用率（調査時点は1967年11月）（筆者作成）
（出典：同誌）

体検査の四つが挙げてある（図3―2）。心理テストとしては性格検査、知能検査、事務適性検査、興味検査の四つを挙げて、それぞれ利用している企業の割合をグラフで示している（図3―3）。
特集は「ことしの就職戦線」と題した取材担当記者の座談会記事である。この年は全体として「二割増しの採用が見込まれる」が「質の面での水準について、よりシビアになっていく」としている（八ページ）。大企業ではなく、「専門的分野での中小企業が、ことしの就職のアナ」であるという指摘は前掲の尾崎での中堅企業への注目[35]と符合するが、どちらも実際に大企業以外への注目が

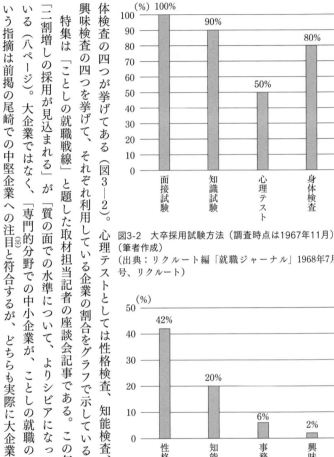

高まっているというよりも、大学卒業者が増えたこと、中小企業の採用ニーズが高まっていることを受け、そちらに就活生の関心を誘導したいという意図の発言とみるほうが適切だろう。

続く「〝量〟より〝質〟の転換に備えよ！」と題した企業採用担当、大学事務職員、新聞記者の対談でも「大企業は〝狭き門〟」として、就活生の過大な期待を戒めるかの発言が続く。

一口に言ってしまえば、従来の大学卒＝エリートといった考え方がまったく通用しなくなった。大学を出たからと言って安閑としてはいられないということでしょう。極端な言い方ですが、一部の企業については、大学卒も高校卒と同じように考えるところが出てきたと言えるのではないでしょうか。大量の採用者のうち、オフィサーはひと握り、あとはクラークのつもりで採っている…。ことしあたりから、その傾向が強くなると思いますね。学生もそろそろ、しっかりと足元を踏みしめてかからなければならないでしょう。（一一ページ）

「オン・シーズンの身のこなし」と題したコーナーでは、面接時の服装や態度のほか、試験時の心得などを具体的に解説している。当時のリクルートスーツは詰め襟の学生服だった。もともと学生服は大学生が通常の通学時に着ていたものだが、この時期には次第にすたれつつあった。一九六〇年に同志社大学文学部社会学科新聞学専攻に入学した山口功二は、入学当時の学生の服装について「当時の学生のファッションは、まだ学生服姿が主流であった。（略）私も一回生の頃は高校時代の学生服に同志社のマークのはいった銅色のボタンを付け替えて着用していた。独特の角度を持った同志社の角帽をかぶっている学生もいた。しかし、六〇年代に入って急速に学生服は力を失い、私も二年目からジャケット姿に変わった[36]」と書いている。

一九六一年一月二十二日付の「読売新聞」のコラム、三池蘭次郎「[流行の裏窓]脱がされる学生服」は、「大学へはいる。きょうからうれしい一年生…と制服、制帽で勇んで出かけるが、半年、一年とたつうちに学生服はだんだんママ子扱いになるのが当節書生かたぎ。やがては学年が進むにつれ、デモと就職試験以外には学生服はとんと姿を見かけなくなってしまう」とあり、一九六四年十一月十五日付「読売新聞」のコラム、今井田勲「[流行の窓]新しい学生服を」になると「近ごろは、新卒の入社試験でも学生服を着ている人は少なくなった。学生服を着ているからまじめそうだといって採用するような経営者は、時代感覚の希薄さをバクロしているようなものだ」とまで書かれるようになっていた。

とはいえ、企業のなかには保守的な会社もあることから、就職雑誌としては学生服一択、というのがこの雑誌のスタンスだったのだろう。雑誌らしく写真を使って、望ましい立ち居振る舞いまできめ細かく描写している(図3―4)。

同じコーナーのなかで縁故(コネ)についてネガティブにふれているのも興味深い。かつて就活のなかで中心的な役割を果たしていた縁故は、就活の機会が開かれていくに従い、日陰の存在へと変化していったのである。

あなたに、もしコネがあったらそれを利用するがよい。しかし、コネを全面的に頼ろうとす

るなら、たとえ入社できたとしても「悪い印象をもたれ（電機メーカーH社・人事課長）てしまうのだ」。（略）

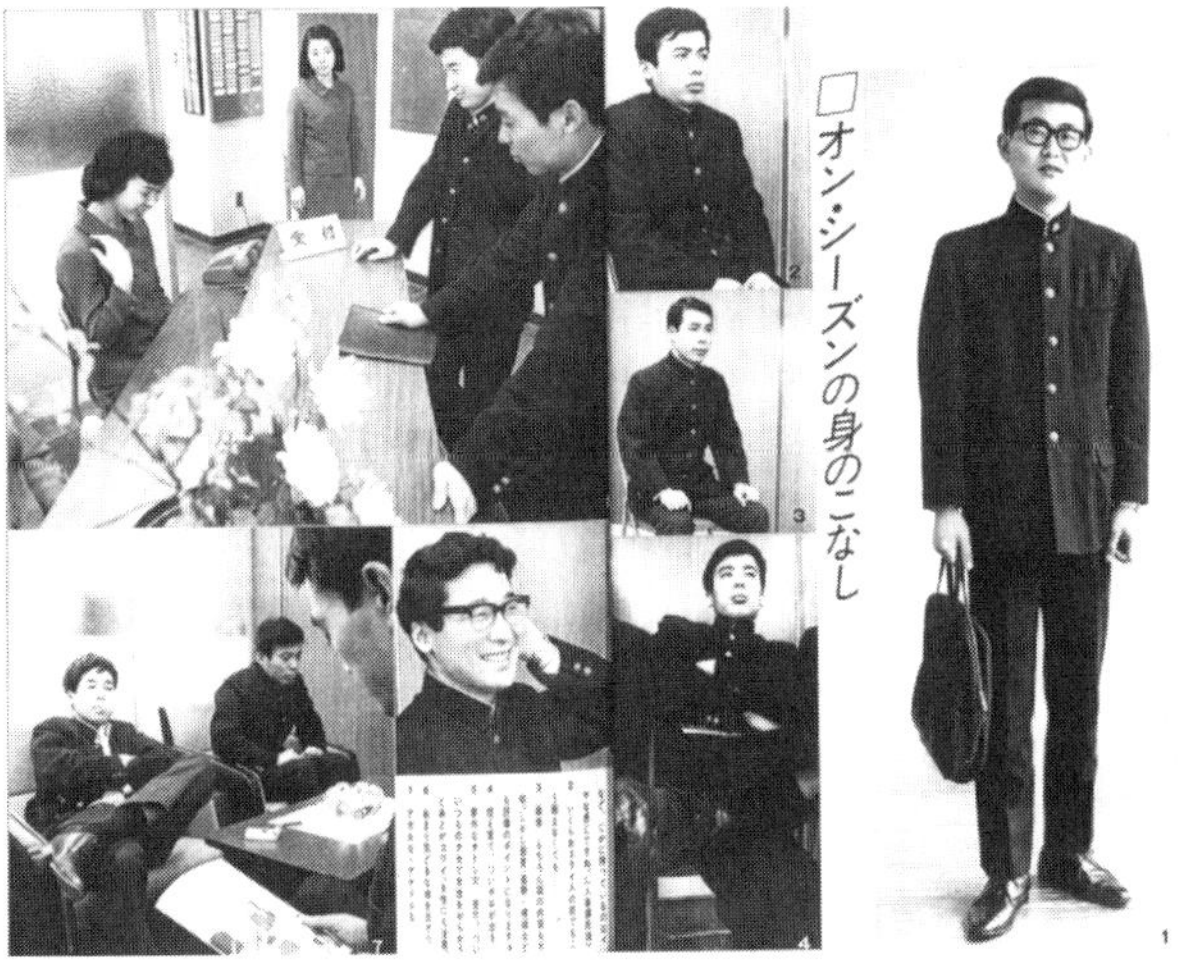

図3-4　リクルートスーツとしての学生服
（出典：同誌）

就職・採用の関係は、就職難時代（買い手市場）の時はコネの力は大きかった。しかし、現代は逆だ。だから、あなたは売り手市場に立っているのだ。だから、コネの全面依頼は絶対にやめよう。同僚や入社後に大きくひびいてくるのだから。　（一一三ページ）

●山本雄二郎編『未来の就職案内——これから就職する人と・今の会社・仕事に不安な人のためのガイド』エール出版社、一九七二年

編者は「サンケイ新聞」東京本社経済部長である。この本の刊行前年の一九七一年、アメリカのリチャード・ニクソン大統領は突然、アメリカドル紙幣と金との兌換一時停止を宣言した。いわゆるニクソンショックである。外国為替の固定相場制を維持してきたブレトンウッズ体制

の崩壊は、この本の「はしがき」の冒頭に「予想を上回る円の大幅切り上げで、日本経済は新しい出発点に立った」とあるとおり、アメリカを中心とする海外への輸出によって高度成長を実現してきた日本経済にとって大きな転換点になった。

こうした経済情勢を背景に、この本で編者は、今後予想される新時代に成長が期待される業界、衰退が懸念される業界と職種ごとのニーズの変化を描いている。衰退する業界としては自動車や家電を挙げていて、これらの産業がそのあとに迎える一九八〇年代の躍進を知る現代の目からみるといささか「微妙」な予想である。また「賃金の高い企業はダメ」といいながら「安い労働力を武器にした企業はダメ」とも書くなど矛盾もみられるが、情報、教育など知識集約型産業の成長や、システムエンジニアのニーズの高まりを予想するなど、的を射た指摘もある。

何より、景気拡大がまだ続いていたこの時期では、「就職案内」と銘打ったこの本が業界や企業、職種の将来の発展性を主な内容としている点に注目すべきだろう。経済が好調な時代には、就活本の関心も「自分はどうしたら就職できるか」のような内向きのものではなく、「今後伸びる業界は」のような外向きのものになるのである。

●ダイヤモンド・ビッグ社編『ダイヤモンド 就職ガイド 1978』ダイヤモンド・ビッグ社、一九七七年

Ａ５判で千百六十八ページという大部の本だが、そのうち千百二十四ページは企業の採用情報である。産業分類別に企業概要と採用情報が一社一ページの統一形式で延々と続く。就活生に無料で

送付されるリクルート「リクルートブック」（リクルート、一九六九年―）などと並んで、就活サイトが普及する以前、さまざまな企業の採用情報を横断的に概観できるのはこうした書籍だった。[37]

各社のページには経営方針や特色、事業内容や今後の展望といった自由記載欄に加えて売上高や従業員構成、採用予定人員数や大学別採用実績、連絡先に地図、さらに初任給や勤務時間、休日、教育研修に福利厚生といった労働条件に関する情報がコンパクトにまとめてある。

冒頭に「企業人事部と大学就職部が語る 今年の就職戦線はどうなる？」と題した座談会記事が掲載されている。参加者は大企業と有名大学の人々であり、そうした大学を暗に想定した話が展開される。この本が刊行された一九七七年は、第一次石油ショックによる景気低迷が回復に向かい始めた時期にあたる。早稲田大学就職課長は「五十一年度（注：一九七六年度）は一昨年に引き続いてあまり良くないのではないかと思っていたのですが、案に相違して五十一年は私どものところは非常に良かった」と語っている。

当時の学生に対する出席者の意見は、「人に頼りがちでバイタリティがない」わりにいざ就職すると「能力主義というものを肯定する傾向がある」、「企画調査とか、人の上に立って相手に命令するということを好む傾向」がありながら「企業に対して社会的責任を追求する」、とおおむね厳しいものになっている。

「人に頼りがち」という点には縁故頼みの風潮も含まれる。日本不動産銀行[38]人事部長代理は、縁故採用を求める学生や、親が子の就職に口を出してくる風潮に対して苦言を呈している。

自分で決定できないというに、昨年は縁故というんですか、紹介が非常に多かったんですね。それに頼っているわけです。親が電話してくるわけです。一緒に会社訪問して、ついていったところもありますよ。そういうものを見ていますから、自分の将来を何で自分で考えていけないんだという感じがしました。私は、無理やりに大臣とか代議士さんを使って入ったとしても、その人が同期に入った人たちから落後していって、はみ出てしまうんですね。それなら自分に合ったところに入って、そこで鶏口となった方が、牛後となるよりよっぽどいいと思うんですけどね。その辺の学生さんの判断力、自分のことは自分で決めていくという気概が必要だと思います。

（三七ページ）

縁故採用や親の口利きがいやなら採用しなければいいだけの話だが、そうはしない。学生に「気概がない」と言いながら、政治家や取引先からの頼みを毅然と断る「気概」はないのである。もし縁故で採用された社員が仕事のできない人物であれば、企業全体にとってマイナスだろう。もしそのマイナスを上回るメリットが縁故採用にあるのであれば、企業として歓迎すればいい。結局、この種の発言は、縁故採用をおこなうことのデメリットの責任を就活生側に押し付けるだけのものになっている。

この座談会でもう一つ興味深いのは学校推薦と自由応募に関する話である。当時は学校推薦による就職がまだ多くを占める時代だったが、ソニーなどは既に自由応募を認めていた。ソニーはその後の一九九〇年代にエントリーシートを採用するなど、幅広い人材を採用するための工夫を先んじておこなう企業として知られるが、そうした姿勢がこの時点で既にみられたということになる。ソニー人事課長は、学校推薦を反故にして別の企業に就職する学生が現れている、と発言していて、八〇年代に主流となる自由応募方式が徐々に浸透し始めていることがうかがえる。

従来まず間違いなく入っておるような学校推薦を持った学生さんが相当いろいろなところで落とされている。私どものところは自由応募ということで広く募集を認めているものですから、よそさんに学校推薦を持っていて、ソニーは自由応募だからソニーに来る。両方入ったらどうするんだという聞き方をしますと、去年までは学校推薦というのは絶対だった、だから学校推薦を採っているばあいは、どうしてもそちらに行かなければならない。しかし今年は様子が違う。自分の囲りを見てもはっきりと、学校推薦だからその学校推薦のところに行かなければならないというふうに考えている人はあまりいない。（三五ページ）

●駒澤大学就職部「就職の手引 1978」駒澤大学、一九七七年

駒澤大学就職部が一九五九年から刊行、学生向けに配布している「就職の手引」の一九七八年版である。七七年十二月と記された「まえがき」は「大学における教育は、従来、直接就職に結びつくものではないといわれてきたが、近年にみられる進学率の大幅上昇による、大量の大学卒業者の社会進出は、いろいろな面で大きな問題を提起している」という記述で始まっていて、まだ厳しさの残る就職状況を反映している。B五判・三十七ページとサイズが大きくなり、さらに体験記や企

業情報まで載せた別冊版が付くなど、情報が格段に充実しているのも同様の理由によるものだろう。一方、一九六〇年版にはみられた面接試験の際の心得のような記述は消えている。

いうまでもなく、こうした変化は、大学にとって学生の就職状況がかつてよりはるかに重大な関心事になっていたことの表れである。特に駒澤大学のような中堅校が想定するライバル校には、就活支援をウリにするところが少なくないことから、関心はひとしおだっただろう。

大学卒業者の就職問題は、卒業する諸君にとっても、また、卒業者をおくり出す大学にとっても、さらに卒業者を受け入れる社会にとっても、それぞれの立場で重要な意義をもっています。

卒業者にとっていえば、職業につくということは、ほとんどその一生を、それに托するということであり、大学にとっていえば、学生の就職状況は、大学の教育目的の達成と、大学に対する社会的信用の確保に関する問題であり、さらに社会にとっては、就職者の素質、能力の優劣はその社会の発展、生産性の向上に決定的な影響を及ぼすものであるといわれています。

（三ページ）

就活のプロセスに関する説明自体は前の版と大きく変わってはいない。卒業予定者はまず就職部による就職ガイダンスに出席、職業安定法に基づく求職登録をおこなう。企業などからの求人票は掲示板に張り出され、大学からの斡旋を希望する学生はそれをみて就職部に応募書類を提出する。

六〇年代から変わったのは就職部による面接で、大学総長名での推薦状の発行を求める場合には就職部で選考されるが、原則として書面による選考であり、面接は必須ではなく「必要に応じて」おこなうものになった。人数が増えたからだろうか。

縁故による場合、自由応募による場合でも企業などが大学の推薦状を求めるケースがあり、その場合は別途申請をおこなうものとされた（縁故の場合は斡旋者の署名と捺印が必要とされる）。

●中西信男／麻生誠／友田泰正編『就職——大学生の選職行動』（有斐閣選書）、有斐閣、一九八〇年

心理学、社会学、教育学などの大学教員らによる、就職に関する一般向け学術書である。第三章「大学生の選職行動」では、就職先選びを大学生の意思決定問題ととらえ、①ハーシェンソンとロスの職業発達モデル、②ジェラットの連続的意思決定モデル、③ヒルトンの進路意思決定モデルなどの職業選択モデルによる分析を紹介している。

それらのモデルからは、たとえば職業選択の幅を本人の進路への関心が熟成していない段階で外的要因によって急激に絞ると職業選択に対する確信の形成を阻害する、いい職業選択は可能な選択肢の分析と個人の価値観に基づく評価のバランスで決まる、理想と現実の認知的不協和の解消に向けた動的プロセスであるなどの知見が導かれていて、なかなかに学術的である。とはいえ、それを実際に生かして「望ましい選職行動のあり方」は何かという段になると、①正確で豊富な進路情報をうること、②自己の職業観を確立させること、といったごく一般的なアドバイスに終始していて、あまり実用的とはいえない。しかも、「進路情報は現在の会社の初任給とか待遇のみでなく、会社

の将来の成長と安定性、また自分自身がどのような昇進の可能性があるかなどの将来の進路についての情報を得る必要がある。しかし、これらについての会社から与えられる情報はほとんどないといってよい」というのである(七七ページ)。

自分がどのような価値観をもち、どのような就職をいいと考えるのかさえ、多くの就活生には難しい問いだろう。結局のところ、著者らはカウンセリング(39)に救いを求めている。より広い機会を志向していったんマスメディアに「進出」した就活指南の機能が再びパーソナルコミュニケーションに回帰していく萌芽とみることもできるかもしれない。

古代や中世の人々にとって進路に関する意志決定はまさに「神の摂理」であり「宿命」とされてきた。現代人は自分の進路は自分自身で決定する自由をもった以上、いかに困難であるとはいえ自分の人生行路に対する計画樹立や決定と実行をしなければならない。これは叡智を必要とするのであり、それを援助するのがカウンセリングであり、意志決定モデルの学習なのである。(八〇ページ)

●大学職業進路研究会編『就職を考える――大学生になったら読む本』オーエス出版、一九八一年

大学職業進路研究会という組織は「主要私立大学」「就職担当者」の会合と説明してある。この時期、日本経済は第二次オイルショックを比較的軽微な影響を受けただけで切り抜け、世界の不景気を尻目に堅調に推移していた。社会学者エズラ・F・ヴォーゲルによる『ジャパンアズナンバー

ワン――アメリカへの教訓』（広中和歌子／木本彰子訳、ティビーエス・ブリタニカ、一九七九年）がベストセラーになったのはこの二年前の一九七九年である。

こうした状況を受け、出版当時の就職状況は総じていいものだった。この本の「はじめに」では「求人ブーム過熱の観さえする」と評されている。しかし著者らの憂いは消えない。書名には「大学生になったら読む本」という副題がついている。大学数の増加に伴って大卒者の就職がかつてより厳しくなってきているという現状認識をもとに「就職を考え」なければならないと説くのである。「最初の就職で人生が決まる」ほど就職は「一生にかかわっている問題」なのであり、「生涯を決定づけるほど重要な問題であるとの認識が、就職を考える第一歩である」という。そんな著者らにとっては、「寄らば大樹の陰」とばかりに企業に依存したがる学生たちの姿勢が我慢ならないようで、就活生たちの心構えの甘さを厳しく指摘している。

就職するということは、自分が入社してその会社の戦力となることであり、自分の能力が生かされてその会社が伸びるように努力することであるということを考えすらしない。自分はさておき、他力本願で会社がよくなれば自分も安泰であるという考え方でしかないことをだれも気がつかないでいる。自分の能力とか適性をよく考えもしないで、スーパーがよいとなれば遮二無二に受けに出かけ、合格して喜んでいる姿をよくみかけたものである。（三六―三七ページ）

就職がさほど厳しくない時代状況でもあり、関心はまず「外部」へ向かう。とはいえ、何か知恵があるというわけでもない。第一章には「就職窓口からみた成長する会社」という節がある。ここでも就活生たちの会社選びに苦言を呈している。

大部分の学生が成長する会社の裏づけを具体的にもっていたかというと、かなり疑わしいといわざるをえない。一般的傾向として有名企業に集中していたし、大企業に入りたいという考え方もしていたのである。もっと具体的な調査をしている学生ですら、その年のマスコミの論調に踊らされていたのが現実であった。スーパーが伸びるといえばスーパーに集まり、外食産業が伸びるといえば「それっ！」とばかり受験に行く。繊維はだめでもファッション産業はよいといわれたり、石油問題が出ればもう車はおしまいだといわれる。

軽挙妄動もはなはだしいとは、このことである。

（三六ページ）

ではどんな会社を選べばいいのかというと、著者らも答えをもっているわけではない。

成長する会社とは、結論からいうとわからないというのが正直なところである。運がよいか悪いかの違いであり、理論的にこうだといったところでそのとおりにならないが実態である。

（三五ページ）

結局、「企業選びに正解はないがすべて自己責任だ」と言いたいようだ。自分が入社して成長させればどんな会社も「成長する会社」になるという、きわめて当たり前でかつお気楽な精神論である。

大切なことは、自分が入ることによって会社を成長させてやるのだ、という意気込みがほしい。そして、そのような能力とか考え方を身につけてもらいたいのである。〝成長する会社を自分で創り出すのだ〟という考え方がほしい。（四〇ページ）

成長する会社とは、すべて自分の能力であり自分の努力にかかっている。なぜなら、要件を満たす会社は自分で選ぶことであり、自分でこの会社ならと決断したのなら、あとは自分の責任ではないだろうか。（四一ページ）

とはいえ、精神論ばかりというわけでもなく、職業適性に関しては明治大学が採用している「矢田部・ギルフォード性格テスト」が紹介されている。「YG性格検査」として知られるこの検査は現在でも企業が採用時におこなうことがしばしばあるもので、一定時間内に三択式の百二十の質問（十二尺度×一尺度あたり十問）に答える。十二尺度は六つの因子に分類され、結果として五つの類型に基づきプロフィルが判定される（表3―2）。

このテストは採用に直接つながるものではなく、就活で本人の性格を把握するためにおこなわれるという建前だが、ウェブには「性格検査で不合格になった」といった体験談が散見され、また

表3-2　YG 性格検査によるプロフィル類型

類型	説明
A 型：平均型	平均的な性格
B 型：不安定積極型	情緒不安定で社会的に不適応だが活動性高く外向的
C 型：安定消極型	情緒安定で社会的に適応的だが活動性低く内向的
D 型：安定積極型	情緒安定で社会的に適応的で活動性も高く外向的
E 型：不安定消極型	情緒不安定で社会的に不適応かつ活動性低く内向的

（出典：大学職業進路研究会編『就職を考える――大学生になったら読む本』オーエス出版、1981年、77―78ページ）

「試験対策[40]」を伝授するサイトも少なからず存在するなど、採否にも一定の影響があるとされる。この本でも試験への影響について書いている。

入社試験でも、明るく積極的な人と消極的な人とは、大きな隔たりがあるようである。入社試験の受験回数・規模別調査においても、積極型のD型及びB型が受験回数も少なく、早い時期に合格している。それに対して消極型のE型およびC型は受験回数が多く、規模別にみても中小の企業に入社する傾向がうかがえる。それは、自分の能力を積極的に売り出すことが苦手であり、また他人に与える印象も少し明るさが不足しているからであろうか。消極派は損をしている。

（八一ページ）

バブル期の就活メディア

一九八五年のプラザ合意以降の円高は、輸出の落ち込みによるいわゆる円高不況を引き起こしたが、同時に原油などの輸入コスト減少というポジティブな変化をもたらした。「朝日新聞」一九八六年三月一日付記事の「景気はどうなる　警戒論と楽観論」は「一ドル＝百八十円なら、輸出の手取り金額は約二兆円減る。しかし、一方で原油価格が一バレル二十ドルの水準まで下落すると、円高効果と合わせて産油国への支払いが約二兆円減る。つまり、日本経済にとっては収支トントン」という富士銀行（現みずほ銀行）の試算を伝えている。

当時の日本経済の重要課題だった日米貿易不均衡問題への対処もあって日本は内需拡大を図る必要があり、金利が引き下げられたことによって不動産や株式などの資産価格バブルが発生し、やがて経済全体が活況を呈するバブル景気へとつながっていったのである。

大卒の就職市場も、内需セクターを中心に、バブル初期から拡大の傾向をみせていた。人材採用ニーズの増大によって、就活がかつてないほど「楽」なものになっていたことは、現在でも伝えられる数々の就活都市伝説によっても知られる。

●編集グループキャンパスライフ・トゥデイ編『大学生講座 PART 3 就職術』大月書店、一九八五年

キャンパスライフ・トゥデイは大学教員、経済評論家、新聞記者、労組関係者などからなる編集グループである。

この本は「社会人への旅立ち」と題したエッセーめいたコラムで始まるのだが、二段落めに唐突に「もちろん、今日でも、「女の一生」はやはり山あり坂ありである」という文章が出てくる。そのほかの章にも折にふれて女性を想定したかのような部分が散見される。この本が刊行された一九

八五年は男女雇用機会均等法が施行された年でもある。明記はしていないものの、女子大学生を主なターゲットとして書かれ始めながら、途中で男子大学生もターゲットに入れるべく無理やり路線変更した書籍のように思われる。

続く第一章は「職業ガイド――おもな仕事の現場から」と題して、主な業界や職種の概要や近年の動向などを説明するものになっている。外に向かう視点や、「就職は厳しい」といった色彩の薄さはいずれも、当時の就職状況が悪いものではなかったことをうかがわせる。

著者陣が必ずしも就活と近い人ばかりではないせいか、全体として、この本には書名にある「就活術」と呼べる要素があまり多くない。少なくとも「日本経済と就職問題」「行政改革と職業の変化」「フレッシュマンの法律基礎知識」「職業人のライフステージ」「職業人の健康を考える」などの章からは、就職に直接的に役立つ知識を得ることは難しい。強いていえば「大学の就職部の役割と利用法」あたりがそれにあたるのだろうが、通り一遍の説明のあとは「自分の力で自分の人生をかちとる作業」であると放り投げている。

この本での就活に臨む大学生像は、「「身の回り主義的な生活」を楽しみながら、結局「食うために働く」青年」、といったものである。これが「青年の「活力・組織力」の回復を日本企業の発展と生き残りのための重要な課題として位置付け」る経営者たちには「笛吹けど踊らず」と映り、「いらだちを感じる」というのである。

こうしたいらだちは、巻末近くの「就職する女子学生たちに」に顕著に表れている。

ここに見られるのは、人間としての自立性のよわさや欠如、社会科学的観点の狭さや欠如である。また流行の「ブランド志向」が顕著にあらわれている。（略）

第一に指摘されることとは、人生への展望が欠けていることである。彼女らはこれまでいわばトコロ天式に生きてきた。（略）いわばすでに敷かれてあるレールの上をたいした故障もなくすすんできたのである。そこでレールはその先にいつまでもつづいていて、その上を走っていけばよいのだと思っている、あるいは思わされている。（略）

つぎに、これと関連して言えることとは、人間としての自立性のひよわさや欠如である。（略）こういう意味での自立性を喪失した青年が顕著に登場しだしたのは、私の勘だけでいえば、一九七〇年代中葉からである。これが就職についてあらわれると、受験先を決定する基準が、マスコミや友人や情報誌からの情報であり、教師や両親、とりわけ母親の意見である、ということになる。だから、相談のたびに内容がくるくる変わったり、ある企業に合格しながらまた他の企業を受験したくなったりするのである。もっとも極端な例は「私はどこを受けたらよいでしょう」と相談にくる学生がたまにいることである。（略）

第三に指摘することができるのは、社会的視野、社会科学的視点の狭さや欠如である。つまりあまりにも社会のことを知らなすぎる。その程度はあきれるほどひどい。企業についてのイメージの大半はテレビドラマから仕入れる。労働のきびしさ、企業の非情さはまるで念頭にない。

（二九〇―二九二ページ）

このような評価は、一九八〇年代半ば当時の若者を特徴づけるとされる「新人類[41]」という概念と符合する。従来にはなかった価値観や感じ方をもつ若い世代という趣旨でのネーミングだが、学生運動に明け暮れた上の世代のような政治的主張がなく無気力な傾向をもつという揶揄を含む表現であり、広い意味では「最近の若い者は」という年配者の若者論の系譜に属するものともいえる。

●就職問題研究会編『就職／採用事典』コア出版、一九八八年

書名のとおり、事典形式で就職や採用に関する情報を伝える本である。「まえがき」に「この事典が、企業、学校をはじめ、各方面で活用されることを心から願っている」とあり、就活生個人ではなく大学や企業などの組織を想定顧客と考えていることがわかる。編者の就職問題研究会がどのような人々なのかの情報はまったくないが、出版関係者だろうか。専門性や権威をもって就職を語れるタイプの人たちではないだろうことは想像にかたくない。

全六章からなり、「就職協定」「企業の採用戦略」「就職の動向」「就職活動の実践」「企業の採用実務」「企業をとりまく諸環境」というテーマごとに重要な用語を短い文章で解説する形式になっている。

第二章「企業の採用戦略」では、指定校制度なども含めた企業側の「ブランド志向」についてふれているのが興味深い。「ブランド志向」は学生側だけではないというのである。

一流校主義

一流の大学・短大、すなわち在学校や出身校の〝ブランド〟を採用基準の一つに置く企業がある。ビッグ・ビジネスの採用実績を見ると、一流の国立大学や私立大学の校名が目白押し。採用基準にはしていないが、こうした一流校主義的傾向があるのは、周知の事実である。

指定校制度

約八割もの企業が「自由応募」をうたっているが、大企業を中心に、国立大学や一部私立大学を対象とした指定校制度あるいはこれに近い採用方式が実施されているのも事実である。

（四〇ページ）

一方、学校推薦については、超売り手市場を反映してか、その位置づけが変わってきたと書いている。

学校推薦

文科系の四年制大卒者が、〝自由応募〟が主流であるのに対し、短大卒の女子などは〝学校推薦〟が主体となっている。いくつかの会社を訪問後、一人一社に絞り込み、学校からの推薦を受けるというものだ。しかし、ここ二〜三年〝学校推薦〟の意味合いが変わってきた。企業側が訪問してきた短大生を選別して、採用したい人の推薦を学校に依頼するようになってきたのだ。〝逆推薦・逆指名〟といわれる現象である。

すなわち、学校からの推薦状こそ、企業側にとって採用内定した短大生が他社に逃げるのを防ぐ役割。（七八ページ）

就活が最も楽だった時代らしく、面接対策に関する記述はあっさりしたものだった。通り一遍のマナー解説のほか、自己ＰＲに関するアドバイスは次のようなものである。

自己ＰＲ
面接で、あらかじめ時間を決めて、学生に自己ＰＲをさせる企業が多い。時間は二〜五分で、いわゆるスピーチ形式。事前に原稿を用意しておく必要がある。
基本的な構成としては、以下三点。①どういう長所があるか、②その長所をつくりあげるためにどういう努力をしてきたか、③自分の長所は、その会社にとってどんなメリットがあるか。長所は一つだけに限らず、時間の許す限り、いくつかあげていきたいものだ。ただし気をつけたいのは、具体的な証拠、エピソードを交えて話さないと、信ぴょう性が薄れるという点である。たとえば「人をまとめるのがうまい」といったら、学生時代の経験、そして失敗談などを交える。どういう経路をたどって現在のその長所をつくってきたのか、より説得力を持たせるためだ。
そして、あくまでも「……ではないかと思います」といったソフトな表現で、会社における自分が果たす役割、メリットをさりげなく付け加える。企業側も、自己分析と適性自覚をきち

んとしている学生には好感を持つはずだ。（一一四ページ）

全体として視点は外部に向けられたものであり、売り手市場の時代らしさをうかがわせる書籍である。

3　就活メディア小史：3――現代

エントリーシートと内定と祈り

前述のとおり、エントリーシートが登場したのは一九九一年だった。「これまでは、大学ごとの「リクルーター制」により、有名大学でないと採用ルートに乗りにくいといわれた。エントリーシートを使う企業が増えれば、どの大学でもどこに住んでいても、採用のチャンスがあることになる」(42)

エントリーシートの登場はまた、就活生がこれまでより多くの企業の採用プロセスに挑戦できるようになったことをも意味した。その後ほどなく訪れたインターネットの普及と就活サイトの登場によって、この傾向に拍車がかかることになった。「マイナビ」調べでは二〇〇〇年代の就活生は約七十社から九十社にエントリーしている（図3―5）。

この時代の就活本の大きな特徴の一つは、コンサルタントや就活支援塾講師などが著者になって

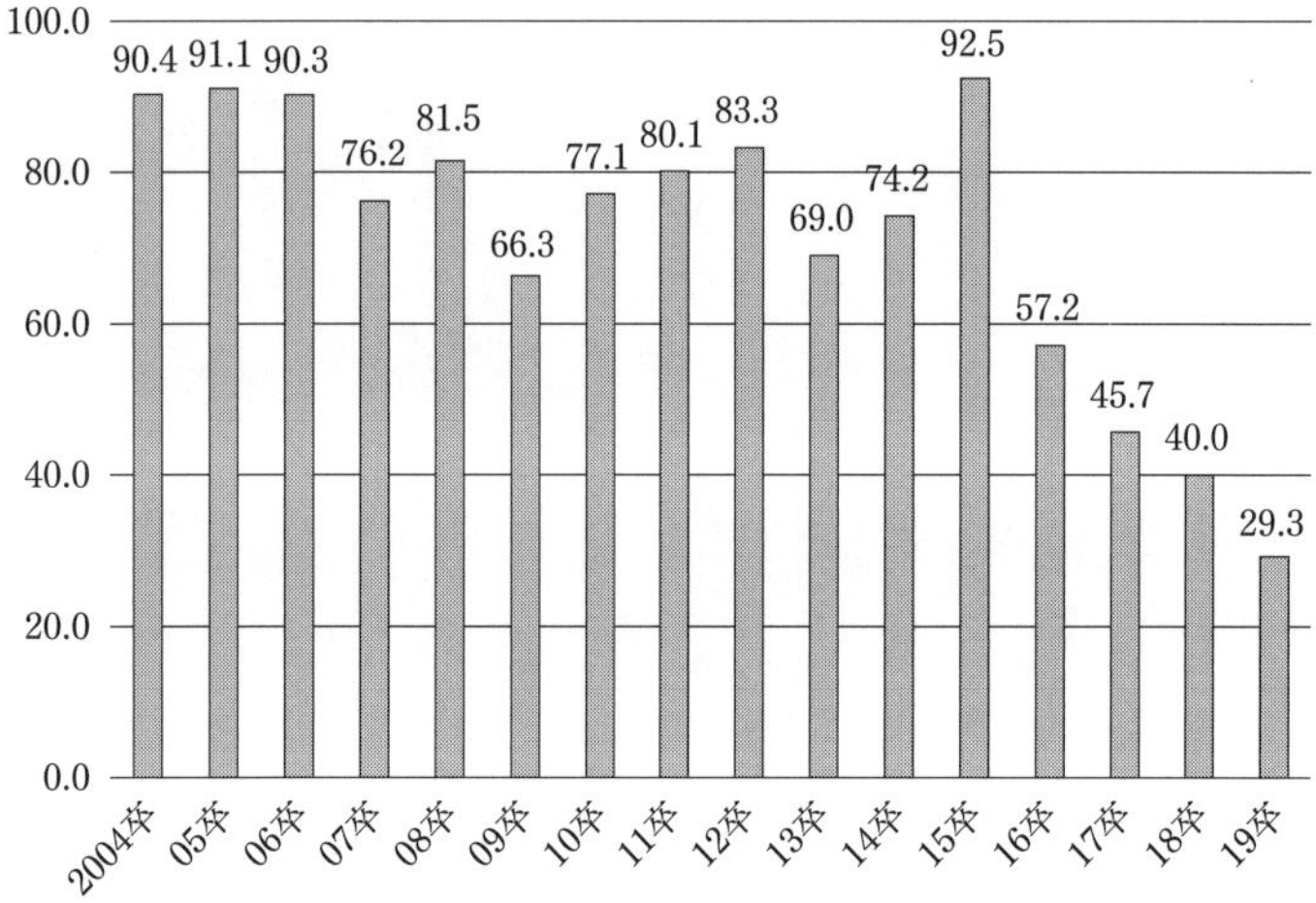

図3-5　累計エントリー社数（単位：社）
（出典：「マイナビデータ集「2017年卒〜2019年卒マイナビ学生就職モニター調査」」〔https://saponet.mynavi.jp/wp/wp-content/uploads/2018/09/2019sotsumynavisoukatsudatehen.pdf〕［2020年1月13日アクセス］から著者作成）

いったことである。景気後退で就活が厳しいものになっていったこの時代、就活は「専門家」による指導を必要とするものになって数多くの「専門家」が生まれた。それまでの就活本は、その多くが大学教員や就職部など「現場」の人々が書いたものだったが、この時期以降、就活本の主な著者はこうした就活の「専門家」になっていく。就活本は彼らのいわば広告あるいはショーケースであり、就活指南はより精緻に、そして独自性を強調するものになっていった。

もう一つの変化は、就活本のなかに「内定」を書名にもつものが増加してくることである。国会図書館収蔵資料のうち就職関係で「内定」を書名に含む書籍で最も古いものは Tokyo 通信編著『がんばれ！入社試験——内定までの必勝のスケジュール　就職テキスト 改訂版』（雪渓書房、一九八〇年）だが、一九八〇年代には二十五冊しかなかった「内定」を書名にもつ書籍は九〇年代には三百五冊、二〇〇〇年代には三百六十冊にまで増加した。

就活で内定という言葉自体は以前から使われていたが、就活本の書名には「内定」ではなく「就職」が使われていた。それが書名に「内定」を含む書籍が増えたのは、そのほうが想定読者層である就活生にアピールするからと考えるべきだろう。すなわち、就活生がめざすものがこの時期、「就職」から「内定」に変わったのである。

この背景には、エントリーシートの普及などによって、求人に対する就活生の応募数が激増し、結果として複数の内定を得ることが当たり前になったという変化がある。法的には雇用契約の予約である内定を出した企業はやむをえない場合以外は内定を撤回することはできない。したがって「内定」つまり「採用の内定」は、就活生にとって就職先の決定を意味するはずだった。しかしこの時期には既に、複数の企業から内定を得ることは、それが可能な就活生にとっては当然のことになっていた。

「朝日新聞」記事に「重複内定」という言葉が初めて登場するのは一九八六年八月二十六日付の「重複内定 激しい人材の争奪戦（’86就職ノート）」である。「「滑り止め」を決めてから、だんだんと難しい会社に挑戦する学生が多いのが、近年の就職戦線の特色である。協定順守懇談会では、十月三十一日までは学生の訪問を拒否しないことを申し合わせていることもあって、今年は優秀な学生の「重複内定」が増えるかもしれない」とある。また一九八七年九月八日付「高学歴化、今や大卒が金の卵（87就職ノート）」では、文系学生の過半数が「複数内定」をとっている、と報じている。

バブル期以前から、複数企業から内定を得ること自体はあり、企業側から問題視されていたが、バブル期の超売り手市場を背景に一般化したものだろう。

重複内定が当たり前になる状況は、バブル崩壊後も残った。エントリーシート方式の普及によって、数多くの企業に同時に応募することが一般的になったからである。二〇一一年八月一日付「(就活歳時記)就職難と採用難が同時進行」では、リクルートの調査結果として「内定を得たと答えた学生に獲得社数を聞いたところ、一社が五八・一%、二社が二三・七%、三社が一一・三%、四社が三・三%、五社以上が三・六%となり、二社以上から内定を得た学生の割合は、昨年の同時期より三・五ポイント高くなっていた」と報じている。

もちろん、就職氷河期には内定を一つも取れない就活生も少なくなかった。内定状況は二極化していたのである。そんななかで複数社から内定を得ることは、より望ましい就職先を選ぶチャンスを得るというだけでなく、就活生たちの間でより高い「ステータス」にあるものとして自らを差別化できることを意味する。全体として、「就活とは内定を得ることである」という色彩が強まっていったことは、就活自体が自己実現の場になったことをも示唆するのである。

●中谷彰宏『面接の達人――面接で通る奴 面接で落ちる奴 1991』ダイヤモンド社、一九九〇年
著者はコマーシャルプランナーとして知られ各方面で活躍した人物である。就活のいわゆるマニュアル本としては最初期のものにあたる。副題に「面接で通る奴 面接で落ちる奴」とある。自らがOB訪問で訪ねてくる就活生の応対をするなかで、「面接＝自分自身のプレゼンテーション」と

いう視点に立ったマニュアルを作り、OB訪問に来た学生たちに渡していたものが原型になっているという。[43]

刊行当時はバブル期で就職状況もよかったが、出版後大ヒットして毎年改訂版が刊行される人気シリーズになった。その後バブルが崩壊し就職が一転して厳しくなると、このシリーズへの注目はさらに高まり、就職の「バイブル」として普及することになった。しかしその内容を形式的にまねる就活生が続出、マニュアル化した就活を批判する文脈のなかでこの本への批判も高まっていった。

実際、内容をみると当時でも首をかしげただろう記述が少なくない。基本的に「就職は面接で決まる」「筆記試験の勉強はしなくていい」というかなり振り切った路線で、一九九〇年ごろにはだいぶ普及しつつあったSPI[44]などの検査についてもほとんどふれていない[45]のだが、ではその重要な面接でどうすればいいかというと、「面接で言うべきことはたったの二つ」、それは「自己紹介」と「志望動機」だという。しかも「ベストの自己紹介、志望動機を一つ作ればいい。どんな会社、業種にも通用する」「どんな質問がこようが、家で準備した自己紹介と志望動機だけ言う」というのだ。

大学の試験で、

「今日はどんな問題が出ても、「おいしいカレーの作り方」を書こう」と、試験に臨んだことがあるだろう。

面接でどんな質問がきても、

「それはですね…」とつなげば、何だってつながるのだ。

（一三八ページ）

この本の著者が卒業した当時の早稲田大学第一文学部演劇科はそうだったのかもしれないが、ほかの大学では普通そんな乱暴な話が通るわけもなく、それで著者が当時の博報堂に受かったのだとしても、とても万人が使える方法でもない。とはいえ著者はこの手法がことのほかお気に入りのようで、時事問題でも「自分が本当に興味ある事件」を一つだけ選んで詳しく調べておいて、何を聞かれてもそれを答えよ、と書いている。

たとえば、「東欧問題」についてなら、「国際情勢」についてだけでなく、「セクシャル・ハラスメント」とも、「オゾン層の破壊」についても、「中森明菜問題」についても、「消費税」についても、「イカ天」についても、「ドラフト制」についても、いろんな事件を「東欧問題」とからめて話ができるということが大事なのだ。

別の事件をからめて話をするときは、できるだけ距離の遠い事件と結びつけて話したほうが、ダイナミックな発想をアピールすることができる。

芸能記事から経済問題を論じたり、国際問題をスポーツ問題から論じたり、堅い記事と、柔らかい記事を混ぜながら話ができることが必要だ。

（一六六ページ）

一九九〇年時点での「東欧問題」とは、その前年のいわゆる東欧革命によって東欧諸国の社会主義体制が次々と終焉を迎えた件を指すのだろうが、それを面接担当者が振ってくる任意の話題、たとえば「中森明菜問題」やら「イカ天」[46]やらとからめて何か意味がある話ができるような臨機応変な対応ができるような学生なら、この本を読まずとも難なく面接を突破できるだろう。[47]自由な発想が評価されやすい広告業界のようなところ以外ではあまり有効な戦略ではなかったかもしれないが。

とはいえ、この本に出てくる、より「現実的」なアドバイスの数々、たとえば

どこの会社に行っても「御社第一志望」。理由は「会った人で決めた」（五三ページ）

自己紹介で言うべきことは、「①今までしてきたことの中で②一番最近の③自分のクライマックス」だ。（六九ページ）

短所を聞かれたら、短所を言うふりをして長所を言え。（七六ページ）

といったあたりは確かに、現代に至るまで半ばマニュアル化するほどに幅広く普及している。百人が百人こうした答え方をしたら面接担当者もさぞかしうんざりするだろうが、そうした面もあわせて、就活本としての存在感は絶大だったといえる。

●置塩道彦『大学生のための就職に成功する本――自分の売り込み方から試験対策まで 1992』ダ

イヤモンド社、一九九一年

この年、日経平均株価はピークになった一九八九年末時点の三万八千九百十五円から一万円以上下落し、おおむね二万円台半ばで推移するなど、経済の変調は明らかになりつつあったが、むしろ景況感は過熱の度を増して爛熟の感があり、感覚としての「バブル」はピークに近いものになっていた。

大学の就職部長だった著者も、「企業の好景気は永遠ではない」「いずれ近い将来、忍び寄るであろう景気の停滞」と若干の警戒感を示しているものの、旺盛な採用需要の前ではあまり強調もしかねるようで、全体としては就職先選択といった外向きの関心に対応する記述が多くを占めている。第二部第八章「こんな企業へは就職するな」では、就職すべきでない「不良条件企業」として以下の十一類型が挙げられている。それをどうやって見分けるかの問題はあるが、基準自体はおおむね妥当と思われる。

①求人要項と実際とに大きく差がある企業
②独裁的、暴力的な企業
③常識的に見て酷すぎるノルマを与える企業
④反社会的な業務内容の企業
⑤すべてに差別意識のある企業
⑥離職者の多い企業

⑦内定取り消しをする企業
⑧採用方法がいい加減な企業
⑨大卒女子を〝職場の花〟的存在とする企業
⑩現在の社員数に比べ、過多の求人をする企業
⑪初任給の高すぎる企業

（一〇二―一〇六ページ）

この本でも「現代」の若者は批判の対象である。批判の内容はそれ以前の時代ともそれ以後の時代ともおおむね共通である。

過保護と高知識の一見アンバランスな若者は、大きな価値観の変化で軌を一にし、自己中心的な発想に陥り、社会を見る視野が狭くなり、没個性均一化し、家庭教育の欠如も原因して社会常識の欠如をもたらしているのが現状です。

（九ページ）

この本で興味深いのは、就活に際しての心得の一つに親対策が挙げられていることである。そのあとの時代になると、「オヤカク」として企業が就活生の親の意向を確認するようになるが、この時点では親の説得は就活生本人の責任とされていた。こうした親の行動への言及はこれ以前の就活本にもみられたが、この本ではそれを「親の虚栄心」とばっさり切っているところが新しい。

家族の虚栄心の払拭

とくに母親に限ったことでもないのですが、よく耳にするのが、〝加害者は母親〟だということです。君の家庭はいかがですか。えてして親というものは、子供の能力を過大に評価します。過保護のせいか、親の話を聞いていると皆が好青年に思われ、その子供の就職先をたいへん気にします。

そして、誰から聞かれてもうらやむような企業への入社を願い、そのことで自分たちの成しえなかった望みをかなえさせ、自分の虚栄心と自尊心を満足させます。この段階では、いちばんかわいいはずの子供の将来よりも、自分中心の満足感を得るのに懸命になります。その結果、子供は親の犠牲となり、親の被害者になってしまうというケースを見かけます。（一二〇ページ）

●杉村太郎『絶対内定――完全就職の極意 1995』マガジンハウス、一九九四年

著者と出版社を変えながらも現在まで続く就活本の人気シリーズの第一作である。[48] この本の著者は就活予備校を主宰する、いわば就活専門の講師である。[49]

『絶対内定』という書名からしてむやみにアツいが、では「絶対内定」するためにはどうすればいいのかというと、「その会社で、将来シゴトがデキル人間になってしまえばいい」のだそうである。何しろ「デキルヤツは必ず通る」のだ。ではその「デキル人」とはどんな人かというと、こんな具合になる。

業界・業種・職種ごとに、「デキル人材」の能力・キャラクターに若干違いがあることは前に述べた通りである。

しかし、「デキル人」の人間的な〈本質〉は、どこに行ってもほとんど同じである。僕は仕事や遊びを通じて、いろんな業界の人と接してきたが、金融においても音楽業界においても、芸能界においても、〈デキルヤツ〉の〈本質〉は同じだと痛感している。

それは、一言で言ってしまえば、

「デキルヤツ＝自分のものさしで主体的に生きる自立した人、かつ人間的にできた魅力のある人」

である。シゴトを「やらされているもの」ではなく、〈自分から取り組むもの〉として、主体的にとらえている人で、しかも人間的にできた魅力ある人である。給料をもらっているから、その分しかたなくシゴトをするのではなく、義務でなく権利として、〈前向き〉にシゴトに立ち向かう、精神的に自立した人である。

そういう人は、シゴトに気持ちが入っている。本気でシゴトをしている。気持ちが入っている本気のシゴトはうまくいくことが多い。気持ちが入っていないシゴトは、どんなに一生懸命やったふりをしていても、ほとんどうまくいかないものだ。学生時代の遊びやサークルなどでもこのことは言えるので、きみにもなんとなく解ると思う。（七七ページ）

「主体的」で「魅力のある」人。別のところでは、「将来その会社で大活躍できる人」、かつ「面接官をはじめ、多くの人に好かれる人」と言い換えられている。前者はともかく後者はなかなか難しいが、著者の企業人事担当者の選択眼に対する信頼は揺るぎない。まるで神扱いだが、読者である就活生はそのぐらいに思っておけ、ということだろう。

面接官は、ほとんどの人が学生を何百人と見てきた面接のプロだ。人を見抜くプロなのだ。その面接官が、本気で、気合を入れて面接するのだから、一朝一夕に武装したところで、たとえマニュアル本を一冊丸暗記したところで、内定できるほど甘くない。自分をどう飾っても、演じても通用しない。何をしゃべるか、小手先のテクニックはまったく通用しないものだと思っておいてほしい。（八五ページ）

面接の際に就活生の「盛った」部分が見えることはもちろんあるが、「将来その会社で大活躍できる人」を選び出せる目があるというのは正直いささか盛りすぎだろう。企業がそんな人材ばかりなら、日本経済の現状がいまのようであるはずがない。これも著者が本気でそう思っているというよりは、「そのぐらいの覚悟で就活に臨め」という趣旨かと思われる。

妙なカタカナ遣いと繰り返しが多い冗長で独特の文体だが、読み手に熱意とリズムを感じさせる文章ではある（口述筆記なのかもしれない）。少なくとも著者のアツい想いは伝わってくる。読者である就活生の心を動かすには十分だろう。就活生を「本気」にさせるだけでも、この本の効果は大きいと認めざるをえない。

この本はいくつかの意味で就活本として画期的である。その一つは前述のように「就職」ではなく「内定」を前面に打ち出したことで、もう一つは就活の中心を自己分析に置き、そこに集中したことである。[50] 四百五十ページを超えるこの本の内容のほとんどはエントリーシートの書き方と面接での答え方で占められている。企業分析にあたる部分は「会社研究はどうするか」と「社風はどうやって見抜くのか」の二つで、合わせても一ページちょっとしかない。しかもその内容は、いずれも「ＯＢに聞け」の一言ですまされている。もちろん企業によってエントリーシートに書くべきことや面接で答えるべきことは違うわけだが、それが知りたければ著者の就活予備校に来い、という構造で作ってあるわけだ。[51] 実際、この本には、著者らの就活予備校が独自に開発したものだろうワークシートなどを使って就活生たちが実際に書いた自己分析と、それに対する著者コメントの実例が数多く所収されている。

これは、業界や企業の特性にも経済状況にも依存しない、一般化された就活の専門的「技術」がある、という主張にほかならない。学問としてとらえられる類いのものであるかどうかは別として、就活を、職能としての専門家が成立するほどに専門化した技術と位置づけてその指導法を開発し、書籍による拡散と、専門家による対面指導を受けられるというより高価なサービスとのいわばメディアミックスのビジネスモデル[52]を確立したという点で画期的というほかない。これは、対人コミュニケーションに長けた著者の余技の伝授といった色彩を帯びていた『面接の達人』とは明確に異なる。

そしてこの本の最も画期的な点は、「絶対」を謳ったことである。いうまでもなく、この本を読んだだけで第一志望の企業の内定がとれるなどということはありえない。アツく語りかける著者の文章は就活生の熱意を奮い立たせ、自信を与えてはくれるが、もちろん結果の保証はない。実際、この本にも「絶対内定する保証はどこにもない」と明記してある。しかし、だからといって、著者が「うそつき」と批判されるおそれはない。うまくいかなければ、それはこの本の内容を真に理解し実践しなかった本人の責任になるからである。


本当に厳しいことを言うけれど、彼に限らず、誰でも落ちるからには理由がある。

「その会社で将来活躍するために必要な能力やその他のうち、何かが足りなかった」

あるいは、それらが十分あったとしても、

「もっと活躍できるだろう学生に負けた」

これが落ちた理由の九九パーセント、ほとんどのケースだ。（略）

就職に限らず、シゴトも恋愛も、思ったとおりにうまくいかない時は、誰にでもある。そんな時、環境や相手のせいにするのは簡単だ。しかし、相手のせいにした瞬間、自分は伸びなくなるものだと思っていて間違いない。人間は誰だって、自分が完璧のはずがないのだから。

「自分に何かが足りなかったのだ」

と思うようにしていよう。自分の力の足りなさに、自己嫌悪に陥るのではなく、足りないところを身につけたり、また、足りないところを補えるだけのモノを別に身につけていくのだ。

そう思える人は、必ず伸びる。

シゴトにしても、就職活動にしても、もしその時うまくいかなくても、頑張っていれば次は必ずうまくいくものだ。そう信じていこう。（三四―三五ページ）

それまでの就活指南本には、こうすれば絶対就職できるとしたものはない。それ自体はこの本でも同様である。しかし、うまくいかなければ「九九パーセント」[53]本人のせい、もっと努力すれば次は必ずうまくいく、とまで言い切った本はほかにはみられない[54]。もちろん最終的に第一志望に内定できなかった就活生も必ず出てくるが、最後は「頑張ったヤツしか内定できない[55]」というロジックに落とし込まれる。「絶対内定」できるのは「頑張ったヤツ」だけというのは、「頑張れば絶対内定」という就活生が期待するロジックをひっくり返しただけのもの[56]だが、自信たっぷりの著者のカリスマ性で読者は納得させられる。「頑張った」かどうかは、望む内定が獲得できたかどうかで検証されるので、「頑張れば絶対内定」というロジックが揺らぐことはない。これに「〝絶対〟内定」という書名をつけた「大胆さ」こそがこの本の最大の「イノベーション」なのである。

「やれば成功するかもしれない」を「やらなければ成功しない」と言い換えるようなロジックの転換は自己啓発セミナーなどでもしばしば用いられる方法だ。これをカリスマ性がある講師にアツい口調で繰り返されれば「洗脳」に近い状態を作り出すこともできる。安くない金を支払って自らそれにコミットすることで、自らをその思想に染め上げていく。

いわゆる就活セミナーのなかにもこうした自己啓発セミナーに近いものが存在する。問題になるのは価値が低いものに大金を払わせるなどの被害を生むケースであって、この本の著者や多くの就活講師たちはそうではないだろうが、人を引き付ける手法としてやや近いところにいることは否定できない。さらに踏み込むと、ここに至って就活術は、絶望の淵にいる就活生に「内定」という現世利益の到来を約束する宗教のような存在へと変貌したといえるかもしれない。そのような就活セミナーの問題を取り上げた記事もある。

就職活動中の学生を、就活セミナーなどに勧誘し、言葉巧みに契約に持ち込むなどのトラブルが増加しているとして、国民生活センターが注意を呼びかけている。

就活セミナーに参加したところ、「自己流の対策では就活に落ちる」と脅されたり、「金融の知識を就活で生かせる」として投資セミナーの契約をさせられたりと、就活生の不安につけ込む手口が目立つという。

就活セミナーに参加した二十代女性は、「本気の人にだけ聞いてほしい」と、別会社のセミナーを案内された。そのセミナーに出向いたところ、「就活対策をしないと失敗する」などと言われ、就活に失敗した学生の動画を見せられ不安になったという。さらに、「入会金約五万円はセミナー当日なら無料」と迫られ、約四十五万円のコースを申し込んだ。だが、塾生同士でエントリーシートを添削し合うような内容で、役に立つものではなかったとしている。(57)

●島野清志『就職でトクする大学・ムダな大学 1998』エール出版社、一九九七年
著者は経済評論家、ジャーナリストであり、「この会社が危ない」シリーズ（エール出版社、一九

九三年―）という著作で知られる。「そっち方向」のネタが得意な方のようだ。この本の基本的なテーマは大学選びであり、就活そのものではないが、就職を基準に大学選びをせよという意味で関連するものとして取り上げた。

一九九七年六月に書かれたらしい「はしがき」には「バブル崩壊以後続いた不況もどうやら終わり、就職氷河期の時代も終わったようだ」とある。この年四月の消費税率引き上げの影響も、まさにこの時期に火を噴き始めていたアジア通貨危機の影響も、わずか数カ月後に始まる日本の金融危機の予兆もあるなかでの「卓見」である。

就職に「トク」かどうかを判定する具体的な手法は上場企業の役員(58)の出身大学とその偏差値を比較するというもので、役員の出身大学だけみても意味がないだろうという点でも、役員になるくらいの人が入社したのはかなり以前であるという点でも、およそ就活にも大学選びにも実用に堪えるものとはいいがたい。

では、「ムダ」かどうかの判定はというと、就職実績や教育内容ではなく、経営面で「危ない」大学の指摘におおむね終始していて、なぜそれが「ムダ」なのかも特段説明されていない。「この会社が危ない」シリーズのスタイルを踏襲したものだろうが、大学生や大学受験生本人というよりも、自身が負担した学費などが大学の経営破綻で「ムダ」になってはかなわないと考える親などをターゲットにした書籍と思われる。

精いっぱい善意的に考えるならば、経営状況が悪化した大学では教員の異動など教育内容に影響が出ることもありうるので、そうした用心のためには役立つ、といったところだろうか。確かに、二〇〇〇年以前には珍しかった大学の経営破綻は〇〇年以降一九年までに十四校発生しているが、[59]全体からみればごく少数である。

専門化と分化

就活講師など「専門家」たちが主な著者になったことで、就活本はさらに変化を遂げた。「専門化」である。内容が緻密に、説明がより懇切丁寧になっただけではなく、実際に手を動かして就活準備作業ができる具体的な手順と方法を示すようになった。就活にもいくつかの分野があり、著者らもそれぞれの「専門性」に基づいた得意・不得意がある。それらを網羅的にカバーするものだけでなく、そのなかの一部、たとえばエントリーシートの書き方、面接での受け答えのやり方、企業分析のやり方など、「専門性」に基づいた就活本も数多く出版されるようになった。

それ以前での就活本では、業界ごとの就活対策を指南するものが多かったが、それはそれらの著者の専門性が業界に関する知識だったことを示唆するものである。技能としての就活術に「専門性」が問われるようになれば、技能にフォーカスした就活本が生まれるのはむしろ当然ともいえる。業界や企業に関する情報などを就活サイトその他ウェブで取得するようになっていったことも影響しているだろう。採用側企業にとってみれば、そのほうが就活生への必要な情報の伝達が楽であることはいうまでもない。

だとすれば、就活本に残された役割は就活のやり方自体ということになる。本が売れれば就活塾の門を叩く就活生が増え、講演依頼も増えるという立場にある就活講師たちの広告媒体としての就活本は、彼らの独自性と優位性を競うものになって、さらに分化していった。

●佐藤孝治『内定の原則――就職活動で成功する人だけが持つ、たった一つの原則がここにある』英治出版、二〇〇四年

著者は就職支援・採用支援をおこなうコンサルティング会社の社長である。「「就職活動」って何だろう？」という問いに対して、就職活動というのは「会社に入るための活動」ではなく、「自分の生き方を考えて、それにふさわしい活躍の場所を探す活動」であるという答えを導いている。「まず「会社探し」を前提に始めるのではなく、自分にふさわしい生き方とは何かを考えよう」「どうしても自分に納得できなければ、会社に入るのは後回しにしてもかまわない」（二四ページ）とまで書いているのは、希望する就職機会に恵まれなかった学生が留年、就職浪人、大学院進学などの手段をとることが珍しくなかった時代ならではかもしれない。

この本のポイントの一つは、内定の決め手を「ＰＤＣＡサイクル」である、としている点である。経営コンサルティング業界出身の著者らしい視点である。企業がほしいのは「入社してから確実に活躍できる人」だけであり、その「活躍できる人」とは「利益をあげるために貢献できる人」であり、それはすなわち「自分で考えて行動できる人」（これを著者は「仕事人としての即戦力性」と呼んでいる）かつ「成功を導く自分独自の戦い方を持っている人」なのだという。そのうえで、その「勝ちパターン」をもつために、「自分自身の行動原理をしっかりと持ち、それにしたがってものごとに挑戦し、結果をきちんと把握して次の挑戦に生かすという行動を繰り返す」（四八ページ）、す

なわちPDCAサイクルを自分で回すことができる人が求められる、というロジックである。

この考え方は現在多くの採用面接で用いられるいわゆる「コンピテンシー面接」の考え方と通底する。実務経験がない学生のコンピテンシー、すなわち「レベルの高いパフォーマンスを維持し、業績に貢献する社員が持つ行動特性」を「問題が起こったときどのように対処したか」など、過去の経験から聞き出す手法である。「Google」が採用していると巷で語られる「行動面接（STAR面接）」もこれにあたる。行動面接（STAR面接）とは、応募者が回答した一つの場面に対して、状況（Situation）→課題（Task）→行動（Action）→結果（Result）をヒアリングしていくことで、コンピテンシーレベルを客観的に見て判断していく手法である。

これらは、将来の志望や熱意ではなく、過去の経験を問うものであり、これに対応するためには、自らの過去の記憶の洗い出しや分析など、事前の準備が必要になる。

では、PDCAサイクルをどのようにして身につけるかというと、まず「Do（実行）」から入れという。


とにかく「動く」ことは本当に大切だ。

というのは、人は動くことによって初めて「変われる」からだ。

人は過去に自分の経験したこと、現時点で自分で見えている事実をもとにすべての判断を下す。これから先、まだ見えていないことを根拠に判断することはできない。

しかし人は動けば、日々新しい経験に直面する。昨日とは違う位置に移動すれば、見える風景は変わる。そうすれば昨日とは違った判断が出てくるものなのだ。だから動いてしまった方がいい。

（一〇二ページ）

もう一つは、「常に問題意識を持ち、「なぜそれをするのか」を考えながら行動せよ」だという。

コンピテンシー面接で、人事が何かにつけ「なぜ、なぜ」と過去の行動の理由を聞くのはそのためだ。それによってPDCAサイクルを回せる人かどうかを判断しているのである。（略）すべてのことに「なぜ、なぜ」を連発することで、自分の行動を決めている原則のようなものが少しずつ見えてくる。その原則が把握できれば、人にも自分のことを伝えやすくなるし、自分自身の選択の正確度も高まってくる。

自分という人間を知る出発点は、「なぜ、なぜ」という問いかけから始まる。

（一〇五―一〇六ページ）

一方、会社選びについては、シンプルに「自分が最も成長できる会社」であると言い切っている。当時の氷河期を反映したものだろうが、それ以前の就活本にみられた、会社に貢献することや社会の発展に寄与することという大きな視点はここにはない。

「まず先に『自分がこうなりたい』という姿があり、それが実現できそうな会社（ステージ）を選ぶというスタンス」（一一三ページ）、言い換えれば「私はこういうことがやりたいのですが、御社の職場を貸してもらえませんか？」という発想である。

自分はこういうことがやりたい（自己分析）
←
この会社にはこんな仕事がある（会社選び）
←
私にこんなことをやらせてください（面接）
←
内定

（一一四ページ）

しかし、現代の普通の大学生は、やりたいことがわからないほうがむしろ普通である。「やりたいことがわからない」という疑問は学生からよく聞く。そこでこの本が推奨するのが、「自分が最も成長できる会社」という基準で選べ、という方法である。では「自分が成長できる会社」とはどんな会社かというと、

責任ある仕事をさせてくれる会社か
目指すべき先輩（キャリアターゲット）がいるか

考えること（頭を使うこと）が多い会社か
人を育てようという風土があるか
トップは魅力的か
自分の身の丈に合った会社か
業績は伸びているか
（一一三ページ）

といった基準で見極めよということらしい。実際のところ、このなかで客観的にわかるのは業績だけだが、そこで「Do（実行）」から始めよ、が生きてくる。就活関連イベントへ行け、OB・OGを訪問せよ、「いつから始めればいいか」ではなくいまから始めよ、という具合である。「自分が成長できるか」は近年の就活生の企業選択の重要な要素になっているだけでなく、即戦力とはなりえない新卒採用で企業が重視する要素でもあり、それなりに納得感がある考え方ではある。とりあえず行動してみろというのも、「やりたいことがわからない」普通の学生にとっては有益なアドバイスだろう。二〇〇四年は景気が一時的に上向き、就職氷河期が多少はゆるんだ時期でもあり、求人動向も回復していたという事情はあるのかもしれないが、全体として「絶対内定」を謳うよりはよほど健全である。

●矢下茂雄『大卒無業　就職の壁を突破する本』文藝春秋、二〇〇六年
親向けの就活指南本である。著者はリクルートＨＲマーケティングのエグゼクティブマネージャ

ーで、新卒採用セクションで就職支援をおこなっていて、「早い時期から子どもの就職に親が関わることを提案」したそうである。

二〇〇六年は就職状況も比較的堅調だったが、あくまでそれはマクロの話であり、個別にみれば卒業しても就職がかなわない学生は少なくなかった。まさに「大卒無業」である。こうした事態には親が役割を果たすべきであり、「就職活動は、親が子どもに教えるべき最後の社会勉強」だ、というのが著者の主張である。

なぜ親が出ていく必要があるのか。それは学生（子ども）たちの力が足りないからであるという。再び「今どきの若者」論が顔を出したようだが、問題を「意欲」や「気概」に求めるのではなく「力」に求めたところがこの時代ならではといえる。「意欲」や「気概」は本人の内面から出てくるのを期待するしかないが、「力」は外部から（おそらく有料で）与えることができるからである。

…九〇年代中盤から、あるはっきりとした傾向が出るようになりました。

それは、子どもの就職する力＝就職力の低下です。

はじめは就職の意志を持っていた学生が、就職活動中の困難や挫折から、何となく職に就くのを諦めてしまったり、いったんは就職したもののすぐに仕事を辞めてしまったりするケースが増えてきたのです。

そして結果、フリーター化してしまう。(61) 共通するのは、やりたい仕事が見つからない、自分が納得のいく職場が見つからないといった、就職活動の挫折や失敗からくるドロップアウトな

のです。　　　　　　　　　　　　　　　　　　　　（一五ページ）

しかし、この時期の就職状況のひどさは著者自身も認めている。親に対して「ちょっと想像力を働かせてあげてほしい」というのであれば、「子ども（略）就職力の低下」などという言葉が出てくるはずもないのではないか。

平均して今の大学生は、五〇～六〇社ほどエントリーします。一〇〇社以上送っている子も一五％はいます。それだけの数の企業を調べ、ある程度は準備し、自分のやりたいビジョンなどを書いて送っても、大部分の学生にとって、返事が返ってきて何度かのプロセスを通じて最終選考に進めるのは、わずか数社です。

さらに学生たちは優先順位の高いところから、三〇社ほど会社訪問や企業セミナーなどにも行っています。友だちに相談し参考書を見ては何十時間も自己分析をし、自己ＰＲを練ります。

そんな自分の長所・短所を必死に考えて送ったエントリーシートは、

「このたびは弊社に応募いただきありがとうございました。今回は応募者が多く書類選考させていただきましたが、残念ながら不合格ということになりました。〇〇さんの就職活動が成功することを心よりお祈りいたします」

と、こんな文面ひとつで終わってしまうこともあるのです。書面ではありません。メールでです。しかもこんなメール一通でも、送られてくればまだいいほう。

「二次選考に進む方は明日の一二時までにご連絡をいたします。連絡がなければ縁がなかったとお考えください」

このように選考を進める会社もたくさんあります。

子どもたちは先の知れぬ不安を抱えたまま、部屋で一人連絡を待っているわけです。こんな状況が何十社も続いたら、どれだけ自分の人間性が否定された気分になるか、どれだけ自分が社会から必要とされていない存在ではないかとふさぎ込むか、ちょっと想像力を働かせてあげてほしいと思います。

（二九―三〇ページ）

実際に書いてある内容にそれほど目新しいものはない。学生が直面している就職に関する情報を親は知らないことが多いので、まずはそれを知ることから、ということだろうか。各業界の動向など、学生なら大学の授業や就職セミナーなどで知っているはずの情報もかいつまんで掲載されているさまは、ネット以前の就活本のようでもある。

親向けに最も重要な第四章「子どもの就職を成功させる五つの条件」に挙げてあるのは次の五点だ。

①子どもと正面から向き合う
②働くことの意味と喜びをきちんと伝える
③オフィスでアルバイトをさせよう

④行き詰った時こそ聞くことに徹する
⑤思い込みの後押しこそ、最後に親がすべきこと

全体に通底するのは、親の仕事は子どもをサポートすることであって、自分の好みに従わせることではないという、一般的な親に対するアドバイスと共通する主張である。子どもの就職が決まらないと悩む親の不安に寄り添う内容といえるかもしれない。

一つ興味深い指摘は、「人事担当者の魅力だけで決めてはいけない」というアドバイスである。人事担当者は各社のなかでもよりすぐりの人材であり、その個人的魅力で就職を決めても会社全体の印象はまったく違う、というのは考えてみれば当然であり、ほかの就活本にも散見される指摘ではあるが、親のような身近な年長者を通して言われることでより強い説得力をもつのだろう。

●石渡嶺司／大沢仁『就活のバカヤロー——企業・大学・学生が演じる茶番劇』（光文社新書）、光文社、二〇〇八年

著者はいずれもライター。「大学ジャーナリスト」「人事ジャーナリスト」だそうで、就活に直接関わる人ではないが、「企業の人事担当者、大学教職員、学生、就職情報会社、就活コンサルタントなどへの徹底的なヒアリングから得た「生の声」で構成している」とのことである。就活業界に身を置く人々でないからこそ、就活に対して忌憚ない意見が言えるということだろう。

この本は、いわゆるリーマンショックの引き金を引いた二〇〇八年のアメリカの証券会社リーマ

ン・ブラザーズ経営破綻の直後に刊行された。それまで数年間続いてきた景気拡大は後退に転じ、求人倍率も減少へと向かった時期である。

このような時期の就活状況がよかろうはずもないが、書名の「バカヤロー」は単に足元の景気後退への恨みだけを指しているのではない。「企業・大学・学生が演じる茶番劇」という副題が示すように「就活の裏側をすべて曝す」ことで就活をめぐるすべての当事者（副題にはないが、このなかには就活情報業者も含まれる）、あらゆる状況に「バカヤロー」を突き付けるものである。

もとより就活指南本ではなく、全体として露悪的で下世話な興味に訴えかける書きぶりで、就活面であまり参考になる部分はないが、古今の就活指南本の内容を否定する部分は注目に値する。たとえば、学生については「自己分析」をやり玉に挙げている。「今まで大した挑戦をしていないのに、自己分析などを行っても、何も生まれない。むしろ、小さな殻に閉じこもってしまう」というのである。

学生たちは「就活＝選考に通ること」だと思い込んでいる。だから選考を通過するために、自分たちのウリとなる部分を必死に探す。ゼミやサークル、アルバイトなどを振り返り、自己ＰＲのネタを探すわけである。なかには、大学生活においてこれらを選ぶ段階から、「就活に有利か？」「アピールポイントになりそうか？」という点で決める学生さえいる。（略）

このようにして、「就活のための学生時代」ができあがっていく。（三二―三五ページ）

回答がある、点数がつく。そう思い込む前に考えるべきことは山ほどある。

「各業界に何が起こっているのか？」

「どのような企業があるのか？」

「自分はどんな社会人になりたいのか？」

このようなことを考える前に、まず「選考を通るにはどうすればよいのか？」ということに議論が集中する。本末転倒としか言いようがない。

そして、就職情報誌や就活マニュアル本、就活サイトなどで共有される「過去に面接を通過した人」のエントリーシートや面接でのトークが「複製」されていくのである。


（四二—四三ページ）


むろん企業に対しては「企業の入社案内や採用ホームページは企業の立場からつくられた「広告」」であり、「事実であることはたしかだが、企業の都合で見せ方を加工された「事実」」である、大学に対しては就活を「いい迷惑」と考えているが「就職支援に力を入れなければ受験生が集まらない」」、就職情報会社に対しては学生と企業の双方をあおってマッチポンプ式に儲けている、と全方向に容赦がない。

ではどうすればいいかといえば、「学生も企業も「ありのままをさらけ出す」ことが、互いの幸せへの近道」なのだそうだが、それではすまないから現在の状況が生まれているわけで、何の解決策にもなっていない。したがって、全体として「バカヤロー」と悪態をついて留飲を下げる、あるいは逆に怒りに火を注ぐ以外のなにものでもない本だが、最初からそういう本だということが書名に表れている分、正直であるといえばいえる。

就活生にとって役立つ内容とはあまりいえず、どちらかといえば就活をネタにした一般向けの世相批判とみるほうが適切だろう。見方を変えれば、このことは、就活がそれほど多くの人々にとって関心の対象になっていたことを示唆する。この時点で既に多くの企業人は、経営者や管理職も含め、戦後に大学を卒業して就活を経験した人々になっている。一九九〇年代の第一次就職氷河期に新卒で就職した人も三十代に達していただろう。これらの人々にとって、就活は入試と同様、幅広い世代の大卒者が自らの体験と照らし合わせて世相について語ることができる格好のテーマだといえる。居酒屋談義にこれほど適した話題はそう多くないだろう。

●梅田幸子『あなたの天職がわかる最強の自己分析――内定への最短の道』中経出版、二〇〇九年

著者はキャリアコンサルタント、採用育成コンサルタント。自己分析をテーマにした本である。二〇〇九年はリーマンショックの影響で世界経済は深刻な景気後退に陥っていた時期である。厳しい経済情勢の下、内面に目を向けるこの本のポイントは「天職」の強調にある。「天職」へのこだわりはわがままではなく、「自分らしさを生かして心が喜ぶ仕事をする人のほうが、成長が早く実績が出」るからだそうである。

天職とは、本書では二つの意味を込めています。ライクワーク（like work）とライフワーク（life work）です。

ライクワークは、大好きで「向いている」し「やりたい」と思う仕事です。仕事を楽しむことができ、やる気も高く維持でき、パワフルになれます。

ライフワークとは、生涯を通して取り組んでいきたいと思える夢や使命、志に生きる仕事。本来の自分らしさを活かして人の役に立ち、喜びを共有する働き方です。

本書ではライクワークとライフワークを含めて天職とし、「心が喜ぶ仕事」と呼んでいます。あなたにしっくりくる意味を当てはめながら読み進めてください。

これらに対するのがライスワーク（rice work）。生活費を稼ぐために、ストレスを抱えながら嫌々する仕事です。（二―三ページ）

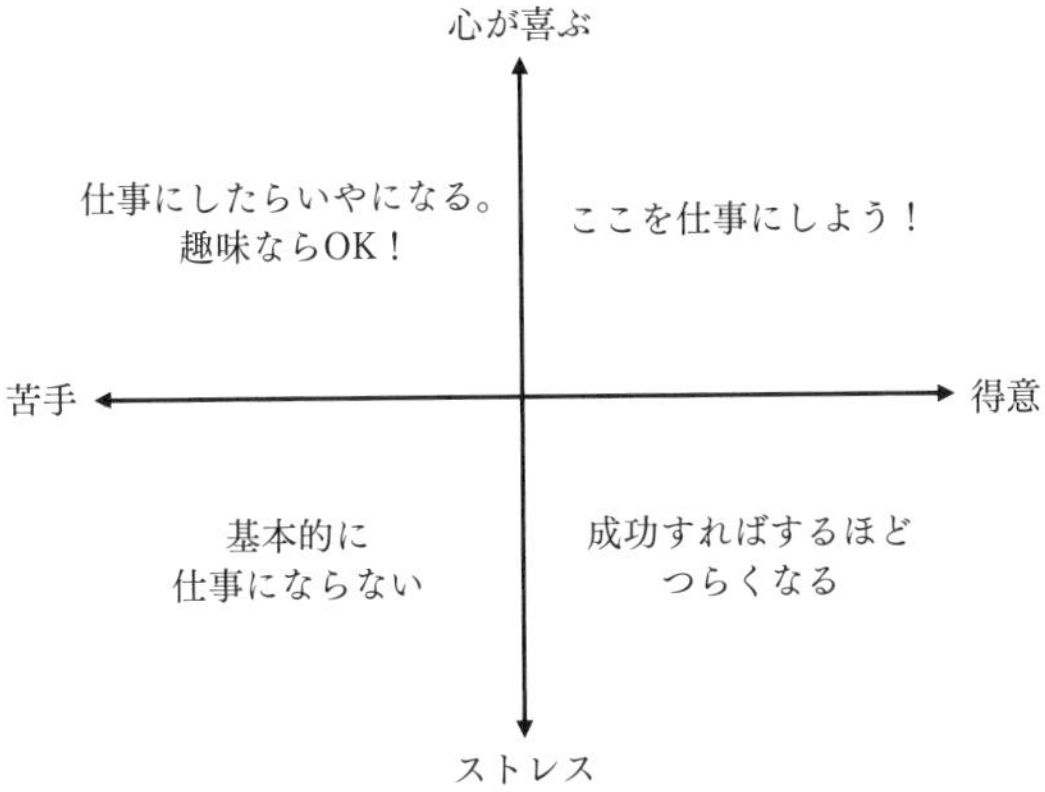

図3-6　頭の中すっきり分類チャート
（出典：梅田幸子『あなたの天職がわかる最強の自己分析――内定への最短の道』〔中経出版、2009年〕13ページをもとに筆者作成）

「ライクワーク」「ライスワーク」といった和製英語の語呂合わせはいかにもコンサルタントらし

いが、コンサルタントとしての本領は読者が「天職」を探すために用意されている数々のワークシート類に遺憾なく発揮されている。最初に登場する「頭の中すっきり分類チャート」は、「天職」を見つけるために「心が喜ぶ」と「得意」を兼ね備えた仕事を探すものだ（図3―6）。

もちろん、これだけ渡されても使うのは難しい。そこで著者は、ここに記入するべき内容をシステマチックに見いだすことができるよう、この「頭の中すっきり分類チャート」を含めて三十一ものワークシートを用意している。

シート1：「心が喜ぶことリスト」
シート2：なぜなぜマップ
シート3：ハートと対話したあとの喜びの源泉
シート4：「5W3H法」
シート5：わたしの喜びの源泉
シート6：喜びの源泉をさらに掘り下げる
シート7：誓約書にサインしよう
シート8：成功体験を振り返るシート
シート9：自分らしさを抜き出すシート
シート10：「まんだら100個出しワーク」
シート11：特性を分類するワーク

シート12：「再現性チェック」シート
シート13：苦手な労働時間を考えるワーク
シート14：好きな人間関係と苦手な人間関係を考えるワーク
シート15：どんな職場環境がいいかを分析するワーク
シート16：耐えられない会社の文化、ルールを見つけるワーク
シート17：不満の原因になる給与制度を分析するワーク
シート18：組織への誇りが必要かどうかを考えるワーク
シート19：社長への共感が必要かどうか考えるワーク
シート20：生きていくのに必要な最低限の金額を計算する
シート21：心にゆとりをもって生活できる金額を計算する
シート22：ぜいたくをしても十分な金額を計算する
シート23：求める評価の形を考えるワーク
シート24：最後の苦手分析のワーク
シート25：「頭の中すっきり分類チャート」
シート26：仕事リストアップ表
シート27：「会社サーフィン分析」
シート28：「喜びの源泉」を再確認するワーク
シート29：「特性」を再確認するワーク

シート30：情報収集準備シート
シート31：「どうありたいか」を考えるワーク

実に濃い内容で、これだけのワークシートをすらすらと埋められたら自己分析などそもそもいらないのではないかと思わせるほどだ。実際、新卒の就活生には「耐えられない会社の文化、ルール」や「社長への共感」のような項目を実感をもって記入することは難しいだろう。転職など既卒者向けの色合いがやや濃いようにも思われる。

これほどの力を自己分析に注ぐのに対して、肝心の仕事探しについては「Google」検索情報ソースのリストを挙げるだけである。大学新卒の就活で一般的な「会社四季報」（東洋経済新報社）、求人サイト、就職課などのほか、電話帳、ハローワーク、ビジネス誌、企業小説、人に聞く（「OB・OGに聞く」ではない）、「Google」検索など、多様な情報源を挙げている点も、既卒者向けとおぼしい要素ではある。

●常見陽平『くたばれ！就職氷河期――就活格差を乗り越えろ』（角川SSC新書）、角川SSコミュニケーションズ、二〇一〇年

著者は人材コンサルタントであり、企業の採用活動支援、学生の就活支援講座の講師などをしている。この本も典型的な就活指南本ではないが、関連するものとして取り上げる。

著者は二〇一〇年時点でも続く就職氷河期を「学生と企業が断層により分けられ、出会えない構

造になっている」「就活断層」時代と評している。「断層」とは、企業が一部の学生しか採用ターゲットにせず、学生も一部の企業しか受けようとしないという状況を意味する（図3―7）。そして「本来彼らを結びつけるはずの就職ナビが学生と企業の溝をさらに深くしている」という。

本書では企業が採用ターゲットを一部大学に限ろうとする理由は、「学生の質に対する不安と不満」だという。要は「最近の若者は」論である。当時社会問題として指摘されていたもののなかにいわゆる「ゆとり教育」がある。授業内容の削減などでそれより上の世代よりも学力が低下しているのではないかといわれた世代であり、「狭義の「ゆとり第一世代」と言われるのは、二〇一〇年度の大卒新入社員である」（二六ページ）。実際には必ずしも学力が低下しているという事実はなく、マスメディアが作り出した虚像という要素が強いが、この「ゆとり教育」批判に加え、大学が増えすぎたことへの批判、AO・推薦入試への批判などがあいまって、企業のターゲット採用につながっているのではないかと著者は指

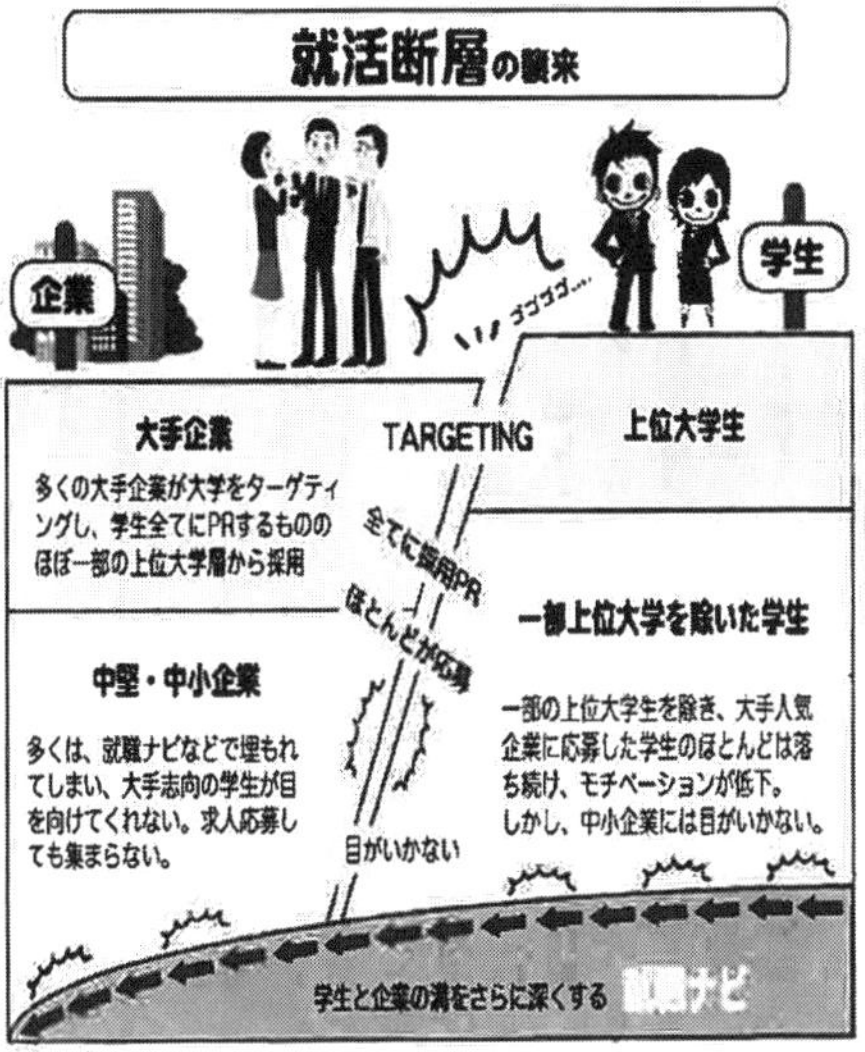

図3-7　就活断層の襲来
（出典：常見陽平『くたばれ！就職氷河期——就活格差を乗り越えろ』〔角川SSC新書〕、角川SSコミュニケーションズ、2010年、13ページ）

摘している。

また、企業が求める人材像がどの会社も「自立（自律）」「成長意欲」「コミュニケーション能力」「チャレンジ精神」などほとんど変わらず、したがって同じような人材の奪い合いになり、その対応のために学生もまたマニュアル本で武装し画一化するという問題も指摘している。全体として企業側の問題への批判が多く感じられるのは、著者のスタンスが表れているのだろう。

企業での人材育成の課題は「人材を育成する人材がいないこと」だ。自らの責任を放棄し、「神様スペック」の人物像を求める企業は傲慢だ。

就活は理不尽だ。茶番だ。そして、就活の先にある企業社会も、それ以上に理不尽であり、茶番である。常にお伺いを立てる、決められない中間管理職。「創造的破壊を」と言いつつ、社内では「前例はあるのか？」と聞く部長。取引先に無理難題を言った人が評価され、「怒られない」ことが目的化している。既得権があるから、自分より優秀な若者が絶対這い上がれない仕組みを構築する。優秀な若者を上手い具合に、お得料金でこき使う。（二〇〇ページ）

著者の批判は就活と就活本にも向けられている。なかなか「大胆」な提案で、ある意味では本質を突いた指摘ともいえる。

現在のように企業にとって見栄えのよい情報しか開示しない状態ならば、志望動機を聞くこ

とすらやめてみてはいかがだろうか？　（二〇一ページ）

極論すると良書を読めば就活講座も就活本もいらないのである。ぜひ、長い年月読みつがれている良書を読んで頂きたい。　（一九七ページ）

とはいえ、企業に評価される（されない）就活生のタイプの説明になると、多くの就活本と大きく変わるところはない。文句を言ってみても、結局現実は変わらないということだろうか。

こんな学生は要らない！
①社会貢献志向、エコ大好き人間
②単なるファン
③福利厚生をやたらと気にする人
④安定を期待する学生
⑤配属先や部署や勤務地に異常にこだわる学生
⑥研修制度についてしつこく聞く学生　（五六―五九ページ）

就活が上手くいく学生の10の法則
1、働く覚悟はある

2、学生生活が充実している
3、「異なる者」との接点がある
4、情報源が広く、深い
5、企業・仕事に対する具体的なイメージを持っている
6、ミーハー感覚で仕事を選んでいない
7、自分の言葉で自分を語れる
8、質問力がある
9、適切な就活対策をしている
10、保護者との距離がちょうどよい

（六二―六三ページ）

●佐藤孝治『〈就活〉廃止論――会社に頼れない時代の仕事選び』（ＰＨＰ新書）、ＰＨＰ研究所、二〇一〇年

著者は就職支援サービスのジョブウェブ代表取締役社長。学生時代にサービスを立ち上げ、アンダーセン・コンサルティング（現アクセンチュア）入社後に法人化した人である。「就職活動を「企業にふるい落とされるプロセス」から「自己成長するプロセス」に変える」ことをめざすとしている。リーマンショック後の第二氷河期という時代背景もあるのだろうが、各章題も「なぜ学生は就職できないのか」「出現率五％の優秀人材になる方法」「できる人材は自分で作れ」などひたすらにアツい。

優秀人材が「出現率五%」だという話は企業人事担当の感覚的な数字だけでなく、二〇〇九年に日本経済新聞社とNTTレゾナントが実施した調査で、四年次四月時点で三社以上の内定を獲得していた学生が三・六%だったなどのデータに基づくものだという。そうだとすると、この本の読者もおそらく九五%はそれ以外の人ということになるのだろうが、その「五%」には努力次第でなれるというのがこの本の主張である。それはどういう方法かというと、経済産業省の「社会人基礎力」、PDCAサイクルの実践という比較的常識的なもののほかは「大学一年次から就活は始まる」「自分の頭で考えよ」「勝ちパターンを作れ」「まず行動せよ」のようなよくある精神論的アドバイスに終始する。

全体として、就活生に対するアドバイスというよりは就活をめぐる社会情勢の解説と就活慣行に対する独自の提言が内容の多くを占めていて、就活生というよりはビジネスマン向けという印象を受けるので、「就活本」として取り上げるのは公平でないかもしれない。ゴルフの石川遼選手や野球のイチロー選手の子どものころの作文を紹介して称賛しているあたりも含めて、読後になぜか居酒屋の風景が頭に浮かんできた。

●海老原嗣生『2社で迷ったらぜひ、5社落ちたら絶対読むべき就活本――受ける「順序」を変えるだけで内定率アップ!』プレジデント社、二〇一一年

著者はリクルート出身で専門は人材マネジメントなど。独立し、ドラマ化もされた漫画『エンゼルバンク』(三田紀房、講談社、二〇〇七―一〇年)の〝カリスマ転職代理人〟のモデルということ

表3-3　仕事の進め方5つの軸

悪くいうと	よくいえば	対立軸	よくいえば	悪くいうと
意思がない	気を使う	協調⇔競争	引っ張る	支配的、勝手
前例主義	秩序を守る	伝統⇔革新	明日を創る	新しいもの好き
ドライ、非情	理性的	理⇔情	思いやりがある	道理に合わない
考えていない	活動的	行動⇔思考	深みがある	理屈っぽい
慎重	緻密である	緻密⇔スピード	結果を早く出す	間違いが多い

（出典：海老原嗣生『2社で迷ったらぜひ、5社落ちたら絶対読むべき就活本――受ける「順序」を変えるだけで内定率アップ！』〔プレジデント社、2011年〕35ページをもとに筆者作成）

である。この本は、「転職エージェント」が使う「自分のスタイル」を知るための方法である「五軸分析」を応用したものらしい。

「五つの軸」とは、仕事の進め方に関する五つの対立軸のそれぞれについて、どちらを優先するのか、ということだという（表3―3）。「会社研究とは、たったこの五つを知るだけで大半が終わり」なのだそうだ（三六ページ）。

とはいえ、企業がこれらの軸のどちら側なのかを自ら明かすことはない。そのための判断基準や判断に必要な情報を聞き出すための質問の仕方も示されているが、これらは業種によって異なる。

これらのうち、「伝統⇕革新」と「理⇕情」を軸として二次元マトリクスに展開したものを会社が重視する「心の持ち方」を表す「内面マトリクス」、「協調⇕競争」と「行動⇕思考」を軸とした二次元マトリクスを「あなたの行動に合うか」を示す「外面マトリクス」と呼ぶ。この「五軸法と二軸マトリクス法により、生業を見れば大体、その会社の社風・カラーが読めるようになる」というのである。さらに、同業内での差を見分けるには「六つのスクリプト」を使う。これで、自分に合った企業かどうかを見分けられる、という。

全体として「会社選び」をテーマとした本であり、自己分析や面接突破法などの内容はない。リーマンショックの影響でぶり返した就職氷河期のまっただなか（刊行は東日本大震災の一カ月ほど前である）でこうした「外面」に注目した本は珍しい。この方法で「内定がまったく取れない」と悩んでいた学生が二週間で「地獄から生還」したのだそうだから、まあ効果があったのだろう。

●武野光『凡人内定戦略――自己ＰＲするネタがない就活を複数内定で終わらせるために』中経出版、二〇一二年

著者は「元・凡人学生」のサラリーマンだが、就活中に百回以上の選考を経て「凡人でも内定がとれる方法」に気づき複数社の内定を獲得し、そのあと大学生による出版コンペティション「出版甲子園」で準グランプリを獲得しこの本の出版に至った、とある。「凡人学生のために特化された、内定を取るための戦略と戦術」を伝授してくださるというわけだ。

よくわからないが、著者は「三千人と勝負してたった一人、内定を手にしています」「さらに他に二社の企業から内定を受けました。複数内定です」などとあるように、「凡人」である自分が複数内定をとれたことがたいへん自慢であるらしい。屈折したプライドである。

複数内定している状態が最強なのです。（略）
複数内定をしている状態には、二つの強みがあります。
まず一つ目が『進路の選択肢がある』ということです。（略）
二つ目の強みは『内定はその就活生の価値の証明になる』ということです。　（一九ページ）

二つ目の点が重要であるという。すなわち、どこからでもいいから内定をとることで自分の「価値」を証明でき、その後も就活を続ける際にそれが武器になる、ということである。そのためには企業分析や自己分析などに時間をかけるのではなく、「興味のあるなしに関係なく、できるだけ企業説明会や選考に参加」せよ、という。この考え方を著者は徹底している。

第一志望の企業など設定するべきではない　（四一ページ）

とまで言い切るのだ。そもそも凡人は「高確率でその企業には入れないから」だという。それよりはさまざまな企業の説明会や選考に参加して、自分の世界や興味を広げておくべきという考え方は、確かに自分が何をやりたいかわからないという多くの就活生にとっては「実戦的」ではある。また、企業の人事担当者の「人を見る目」なるものをはなから信じないニヒリスティックな態度ともいえる。
自己ＰＲに関しては、凡人学生には、人間性を面接担当者に気に入ってもらえるかが勝負で、個人の人間性とは自分を「象徴的にあらわす行動」、言い換えれば「一般的にとらない行動以外の行動」に表れるという。

資格や実績のPRは相対評価で判断され、人間性自己PRは絶対評価で判断されるということです。相対評価ならば凡人学生は多くの有能学生に勝てませんが、絶対評価ならば勝機はおおいにあります。

（六五ページ）

「凡人」、すなわち志望先にアピールできるものがこれといってない（以前から就活生からの声によくみられた）と悩むあまたの就活生にターゲットを絞った就活テクニックを指南する就活本は、それまでありそうでなかった新鮮なアプローチといえる。同時に、著者が経歴や社会的地位ではなくその個人的経験だけをもって書籍を出版するという、ソーシャルメディア時代らしい動きであるともいえる。

●秋庭洋『既卒なんてこわくない！――本当に出来る人は社会が放っておかない』飛鳥新社、二〇一二年

著者は既卒や第二新卒者（新卒就職後三年以内に離職した者）の正社員就職を支援するいい就職プラザ代表。自身も高卒フリーターからキャリアをスタートさせ、リクルートなどでの経験を経て二〇〇一年にブラッシュアップ・ジャパンを設立した、とある。副題には「本当に出来る人は社会が

放っておかない」とあって期待は高まるが、そのすぐあとに「「仕事が出来る人材」というのはせいぜい二割程度しかいない」（五〇ページ。いわゆる「パレートの法則[62]」だと説明されている）ともあるので、結局、残りの八〇％は放っておかれるのだろう。こうした本を手に取る就活生の大半はその八〇％に入るのではないかと思われるが、その点とどう折り合いをつけているのかは明らかではない。

書名のとおり、新卒ではなく既卒やいわゆる第二新卒者の就活がテーマの本である。著者自身の経験でもあって、「ひどい会社に入社するぐらいなら既卒でＯＫ」「とりあえず就職した第二新卒が、既卒より有利とは限らないわけ」（第一章）と最も力が入っているのは既卒推しである。とはいえ、当時新卒で希望の企業に就職できなかった人は多いはずで、新卒就活者にも身近な内容だろう。

もっとも、具体的にアドバイスらしきものとして挙げられているのはよくある精神論ばかりである。

覚悟を決めろ～勇気を持って「漠然とした不安」を拭い去れ～
常識を疑え～そろそろ誰かに刷り込まれた「幸せの方程式」を捨て去れ～
肩書で勝負するな～自分を制約するものがない中でこそ見えてくるものがある～
目的を持て～未経験者を採用する際のチェックポイントとは～
目線をあげろ～単なる「願望」と「夢」との違い～
結果だけを見るな～「ゴール」ではなく「プロセス」にこそ人生の醍醐味がある～

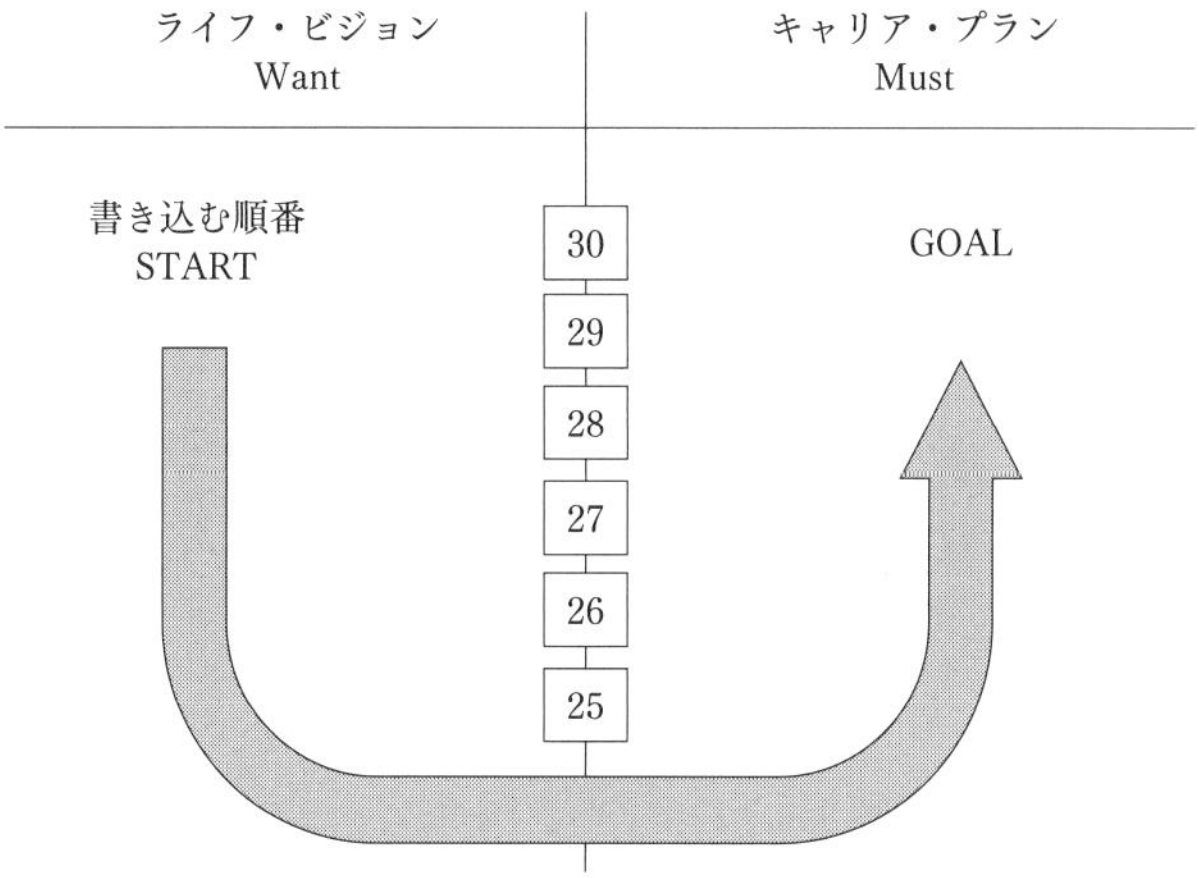

図3-8　アプローチ・マップ
（出典：秋庭洋『既卒なんてこわくない！――本当に出来る人は社会が放っておかない』〔飛鳥新社、2012年〕121ページをもとに筆者作成）

人の評価を真に受けるな〜最後の砦は自分自身だ〜
自信を持て〜自分のことを信じるに足る根拠を創り出せ〜
愚痴をいうな〜野生のライオンが文句をいわないのはなぜ〜
自ら機会を創り出せ〜「セルフ・モチベート」出来る人材になれ〜

かろうじてオリジナリティを感じられるものは「アプローチ・マップ」と呼ぶ図だろうか（図3―8）。「未来を整理する」図である。左に「手に入れたいもの、こうなっていたいこと」、右にそのために必要なキャリアプランを、まんなかの数字で表される年齢ごとに書く。既卒者を想定して二十五歳から三十歳までになっているのだろう。ポイントは「U字型に記入する」、つまり自分の目標は未来から現在へ、行動は現在から未来へと考えていくことであるという。五年後の未来から逆算して現時点からやるべきことの計画を作っていくということだ。もう一つ、具体的にやるべきことの計画が作れないような未来像を描いてもむだ、という意味もあるだろう。
やたらに荒い鼻息は入社後についてのアドバイスで最高潮に達するのだが、それは著者が経験を積んだリクルートの社風を彷彿させる。いわく。

二十代で「働くを楽しむ」なんて図々しい？〜入社後は「基礎づくり」と覚悟せよ〜
「何のために働いているのか」を忘れるな〜周りに流されるぐらいならKYでOK〜
「みんなと同じ」を喜んでいる場合ではない〜人と違うから存在価値がある〜
居心地の悪いポジションを見つけよ〜みんなが避ける上司に喰らいつけ〜
仕事とプライベートなんて分けようがない〜週末だけ別人になるなんて無理〜
出来もしないことを出来るといえ〜不言実行よりも有言不実行のほうが成長の近道〜
つまらぬノウハウ本を乱読するな〜「答えのない」本を読み、脳みそを鍛えよ〜
師の言動不一致問うべからず〜自身を成長へと導く究極の教え〜

既卒や第二新卒にこれが求められるのだとすれば書名に反して十分「こわい」のではないかとはたからはみえるのだが、こうしたアツい言葉で就活生を勇気づけるのが目的ということであれば、納得がいかないこともない。なにせ東日本大震災の翌年、就活生がひときわ苦しんだ時代の出版である。

●中谷充宏『最新！ 面接官の本音がわかれば30日で必ず内定がとれる！』秀和システム、二〇一三年

著者は「キャリアカウンセラー&社会保険労務士」で就活の家庭教師主宰、とある。

ここでも目的は「就職」ではない。「内定をとること」自体が目的なのであって、そしてそのためには「面接をうまくやること」が必要で、そのために重要なポイントは①「面接官の本音」を読むこと、②「等身大の自分」を表現すること、だそうである。

この本がターゲットとするのは、「超一流大学に通っていて成績も超優秀」「海外経験が長い、もしくは帰国子女でネイティブクラスの語学力」「体育会の主将、部長をやっていた」「TOEICスコアが九百点以上」のような「超強力な売り」があるわけではない平凡な大学生」である。そして彼らが、その平凡な能力や経験に基づいて「これだけ貢献できます！」「即戦力です！」をどんなにアピールしても「内定への道はかなり険しい」、と断じている。

「これだけ貢献できます！」と「即戦力です！」の二つは、それ以前の就活本で、エントリーシートや面接で強調すべきポイントとされていたものであり、著者はそれを否定することでこの本の独自性をアピールしているわけだが、「平凡」な大学生ではなかなか内定をとれないという氷河期の就職情況を反映した記述でもある。実際この年、景気は回復に向かいつつあったものの大卒求人倍率はリーマンショックによる落ち込みから回復せず一・三を下回る水準で低迷していて、企業は無理に採用予定人数をとろうとはせず「厳選採用」の方針を堅持していた。

この本によれば、企業が平凡な大学生に期待するのは「潜在能力や将来性」なのであり、「働く意欲や前向きさを感じてもらうことで、一緒に仕事をしたいと思わせるアピールをする」必要があるわけだが、そのためには「「面接力」（面接の場で発揮できるコミュニケーション力）という、大学の勉強とは全く別の力が重要になってくる」と主張している。

この著者にとってはコミュニケーション力が何より重要のようで、企業研究についてさえ「説明会やOBOG訪問に行って質問して行動力をアピールしろ」とあり、内容の大半は「こう聞かれたらこう答えろ」の羅列で占められている。圧迫質問には素直に「ごめんなさい」と謝れ、転居転勤は「むしろ楽しみ」と答えよ、「面接官にあだなをつけろ」のような意味がないむちゃ振りもアドリブ力のテストだと思え、などと全面的に合わせることが必要と説く。そうまでして就職する会社の現場もまた「意味がないむちゃ振り」に満ちていることを予感させる内容である。

●廣瀬泰幸『新卒採用基準――面接官はここを見ている』東洋経済新報社、二〇一五年

著者はリクルートを経て一部上場企業の人事部責任者として採用を担当し、その後、企業研修と就活コーチングをおこなう企業をそれぞれ設立し経営する人物である。

著者は採用活動の経験から、「自社の風土に合致した人を採用したいと考え」ながらも実際には多くの「企業が求めている「基準」が同じであることにほかならない」ことに気づいた。そしてそれは学生が考える「企業が求める能力」、すなわち「コミュニケーション能力」「主体性」「粘り強さ」だけではなく、そこにミスマッチが生じているという（四ページ）。この三つは多くの就活本

で企業が就活生に求める能力として必ず挙げられるものであり、実際に調査でも企業がこれらの能力を学生に求めているという結果が出ているのだが、それだけではない、というのがこの本のウリということになるだろう。

ではその「新卒採用基準」とは何なのかというと、①人間性、②仕事力、③表現力、④就活スキル、⑤プラスα、だという。これだけではそれまでの基準とさして変わらないようにもみえるが、その「中身」が違うというのがミソで、例を挙げると①人間性については、これまで重視されてきた「人柄」、たとえば「明るく元気」「素直」などではなく、「自己肯定感」（おおむね「自信」と置き換え可能のようだ）があることと、「他者軽視感」がないことがポイントだ、という。

この考え方は速水のいわゆる「仮想的有能感」[63]（図3―9）に基づくものであり、経済産業省編『社会人基礎力育成の手引き』[64]にも掲載されている。この本にはそれに基づく人間のタイプ別分類をドラえもんのキャラクターにあてはめた図が掲載されている（図3―10）。現代日本の大学生は、自己肯定感も他者軽視感も低い「萎縮型」（のび太）と、自己肯定感が低くそれを他者軽視で補うことで「仮想的有能感」を得る「仮想型」（スネ夫）がそれぞれ三〇％である、と指摘している。

②仕事力については、経済産業省の「社会人基礎力」を挙げ、そこに含まれる「前に踏み出す力（アクション）」、「考え抜く力（シンキング）」、「チームで働く力（チームワーク）」の三つの力とそれらを分解した十二の能力要素がそれにあたるとしている（図3―11）。

これを受けて具体的にどのようにして仕事力を高めていくか、ＰＤＣＡサイクルの考え方を援用しながら説明している。全体として記述は詳細かつ具体的であり、一般的な学生を想定して何をど

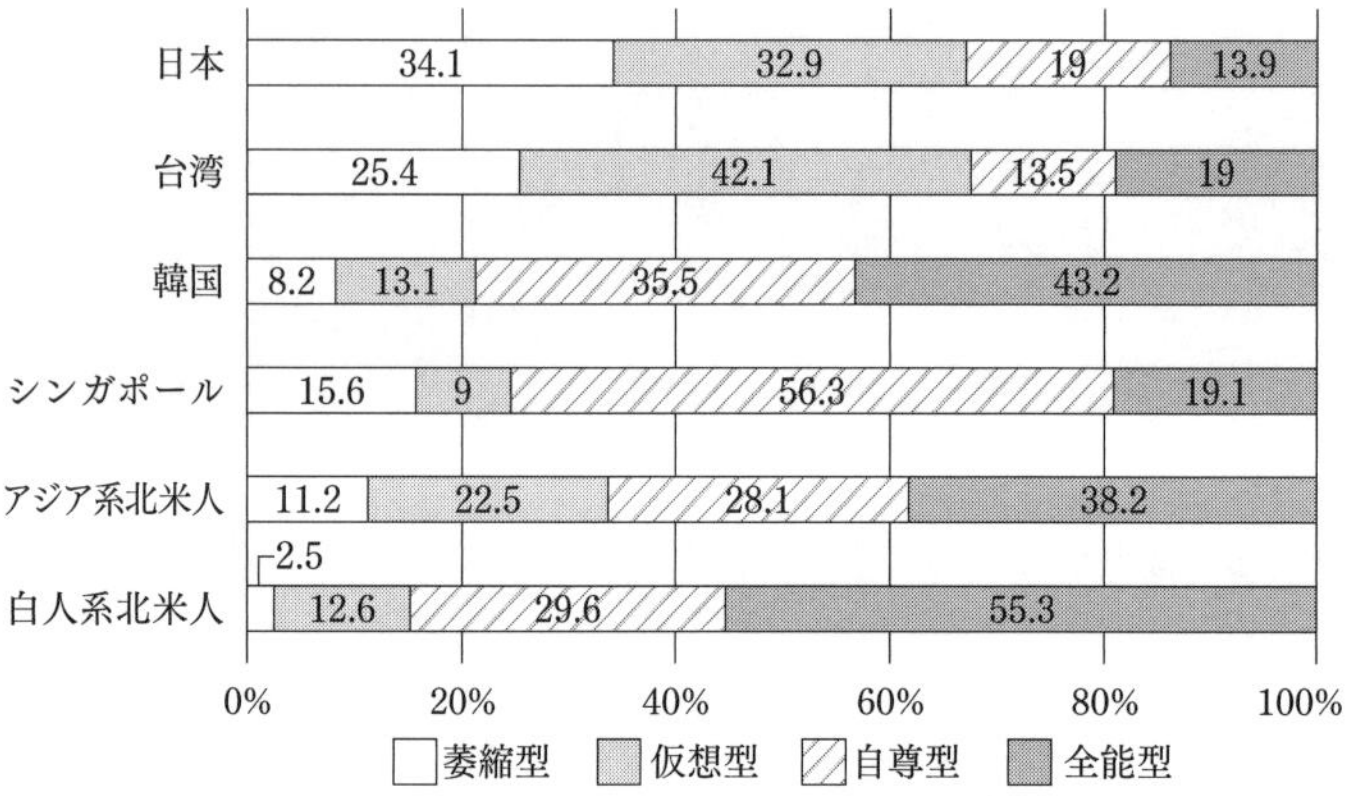

図3-9　大学生の4タイプの割合（国・地域別など）
（出典：速水敏彦編著『仮想的有能感の心理学――他人を見下す若者を検証する』〔北大路書房、2012年〕151ページをもとに筆者作成）

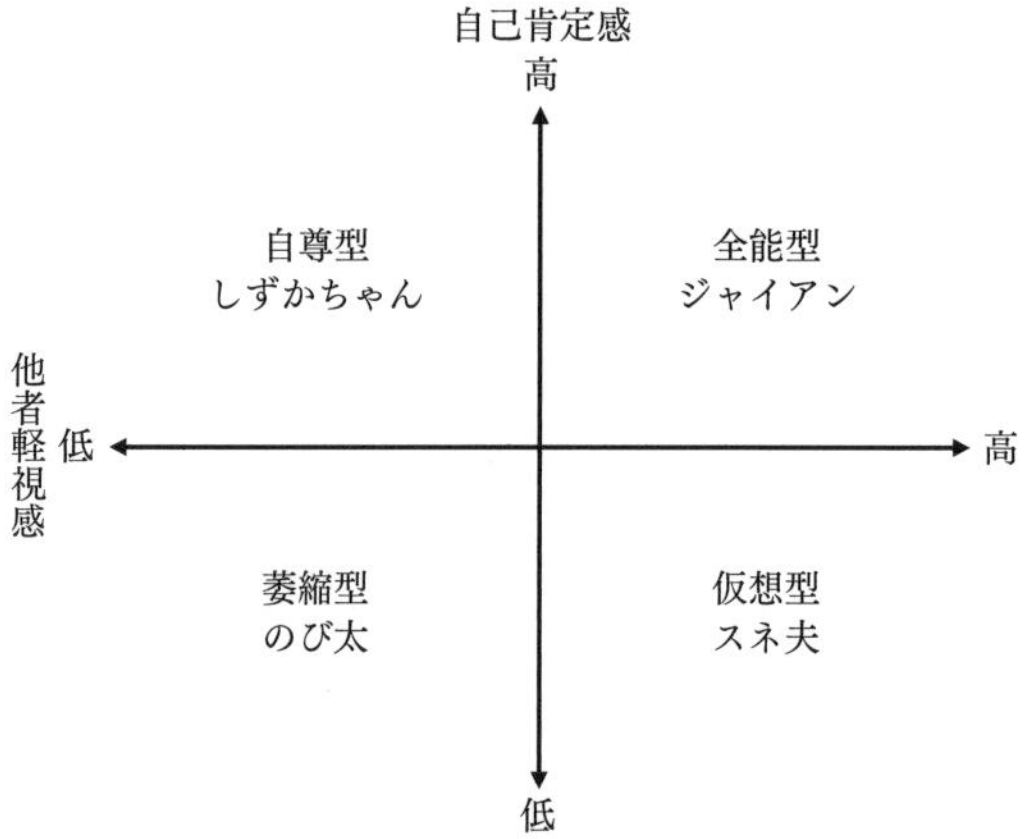

図3-10　ドラえもんのキャラクターにみる人間の4タイプ
（出典：廣瀬泰幸『新卒採用基準――面接官はここを見ている』〔東洋経済新報社、2015年〕67ページをもとに筆者作成）

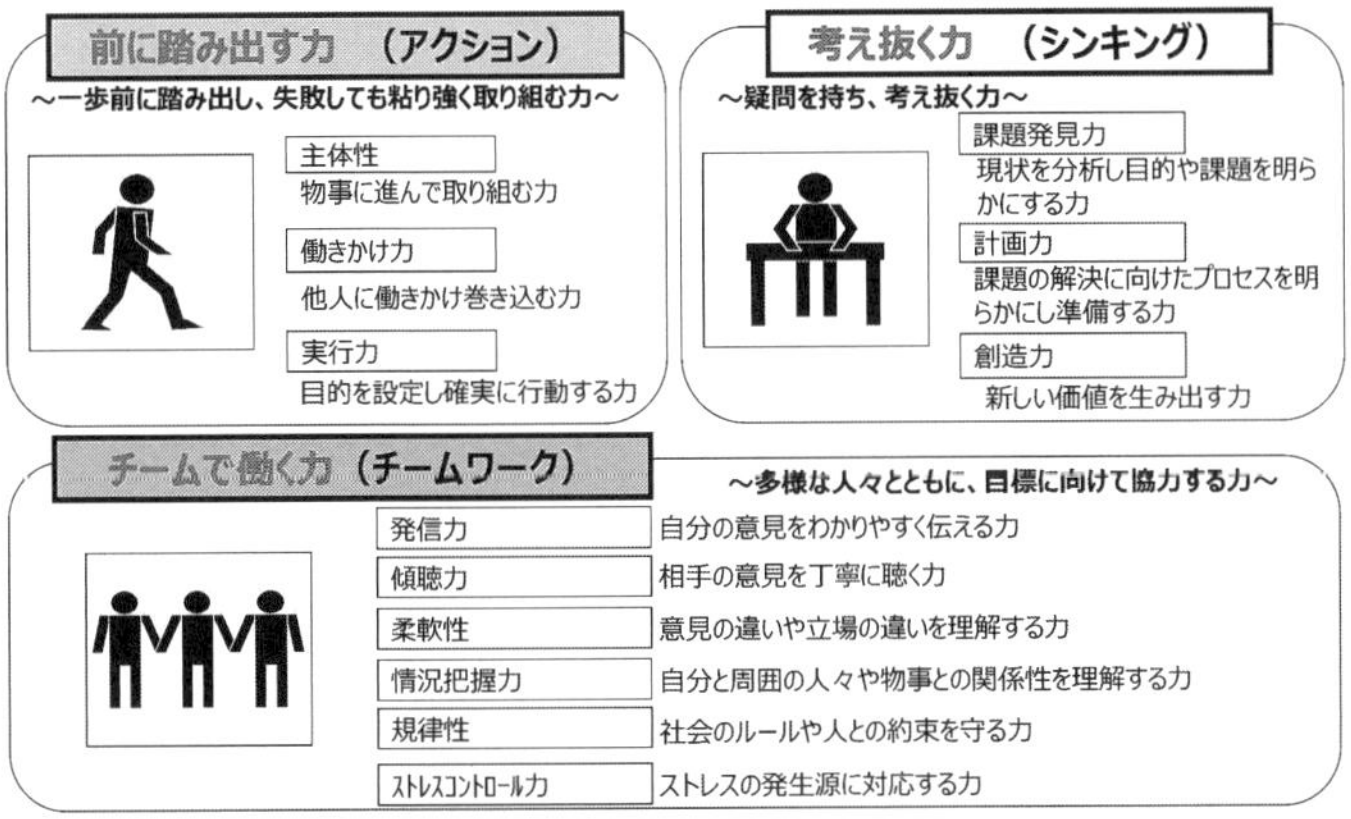

図3-11　社会人基礎力（2006年当時）
経済産業省はその後、2017年の「我が国産業における人材力強化に向けた研究会」で、「これまで以上に長くなる個人の企業・組織・社会との関わりの中で、ライフステージの各段階で活躍し続けるために求められる力を「人生100年時代の社会人基礎力」と新たに定義し」た。このなかでは「3つの力、12の能力要素を内容としつつ、能力を発揮するにあたって、自己を認識してリフレクション（振り返り）しながら」、目的（どう活躍するか）、学び（何を学ぶか）、統合（どのように学ぶか）の3つの視点「のバランスを図ることが、自らキャリアを切りひらいていく上で必要」としている
(出典：経済産業省「人生100年時代の社会人基礎力」説明資料〔https://www.meti.go.jp/policy/kisoryoku/〕［2023年1月10日アクセス］)

うすればいいか、丁寧に解説している。とはいえB6判・三百七十三ページに満載の情報はかなりの分量で、これだけの内容をきちんと身につけるためには相当の時間を割いて努力を重ねる必要があるだろう。

●篠上芳光『内定をとりたければ、その就活はやめなさい——「採用側の論理」から攻める内定獲得講座』三栄書房、二〇一六年

著者は東京工科大学特任講師・就職担当、尚美学園大学兼任講師、および小・中・高生の偏差値向上と大学生の就活指導をおこなうYSP代表。

書名にあるとおり、この本も目的は「内定」で、「本気で内定を獲得したい」と切望する就活生のヒントになれば、と考えて書いたそうである。

「やめなさい」といわれる「その就活」とは、「企業視点を持っていない就活」であるらしい。

「どうしたら、自分が選ばれるのか？」をまったく考えていません。「やりたい仕事」「入りたい企業」「過度の自己分析信仰」……。自分に選択権のある大学受験と同じように就活を行なっているのです。

（三ページ）

就活はインターンシップや一次面接から始まるのであって、エントリーシートを出すことや説明会に参加しただけの時点ではまだ就活が始まってさえいないという。エントリーシートを出しただけで「何かやった」気になって安心する就活生が少なくないという実感に基づくものだろう。一次面接突破の最大のポイントは「明るさ」であり、それは「目」に表れる。対策としては、笑顔を作る、大きな声を出す練習をせよ、という。

著者が重視するのは行動力と熱意である。いわゆる「学歴フィルター」の被害に遭いやすい大学ということもあるのだろう、「学歴フィルターを打ち破るのは行動力」と喝破している。熱意を見せるためには、「OBOG訪問の相手が見つからなければ人事に手紙を書き続けよ」「会社説明会の予約が取れなければ直接押しかけろ」とかなり強引なこともいう。

とはいえ、採用担当者の心を「えっ」と動かす「魔法の言葉」を自分の経験のなかから見つけ出せというのは、一般的な学生には相当に難度が高い作業ではあるだろう（「えっ」は別のところで「へー」「すごいね」「いいね」と言い換えられていて、こちらならややハードルが下がるかもしれない）。たとえば、「バイト、勉強、研究、スポーツなどで実績を上げた経験を武器にしたい人」は「かならず結果を出す人間です」が「魔法の言葉」であるらしいが、これで「えっ」という面接担当者は多くはないだろう（その就活生の「実績」にもよるが）。

やはり面接は大事で、「想定問答集は必ず作る」としているが、また「質問にそつなく答える人は落とされる」ともしていて、これもまた難易度が高い。実直そうに、訥々と答える練習をすべきなのだろうか。

●日本経済新聞社編『早期内定のトリセツ――就活探偵団が突撃取材』日本経済新聞出版社、二〇一六年

「日本経済新聞」の「日経電子版」内に「就活探偵団」というコーナーがある。著者はこのコーナーの担当者で、ベテラン記者の団長の下、若手記者が加わった六人から七人のグループのようだ。「トリセツ」という言葉は「取扱説明書」の略だろう。二〇一五年九月九日に発売された西野カナのヒット曲「トリセツ」（作詞：Kana Nishino、作曲：DJ Mass〔VIVID Neon*〕、Shoko Mochiyama、etsuco）[65]に由来するものと思われる。人間と同様、「早期内定」も取り扱いが難しいものである、という趣旨が含まれているのだろうか。

「就職活動」より大事で、打ち込めるものがある学生は、優秀である可能性が高い。

極論すれば、多くの企業が一番ほしがっているのは、「種目は決めていないが、腕立て・腹筋・持久走なら任せてください」という学生なのです。基礎体力があればいいんです。逆にいえば、いわゆる「就活意識高い系」の学生は、自分がやりたい「種目」をアピールしすぎる傾向があります。

就職活動においては、「受かるフェーズ」と「選ぶフェーズ」があると思っています。この二つは、絶対的に分けたほうがよいでしょう。まず、受かるまではとにかく「受かる」ことだけに集中します。内定をもらってからでないと、選択肢すらないにも関わらず、第一志望でないからといった理由で受けること自体を悩んでしまう学生もいます。時間がもったいないです。

悩んでいるままで、内定を一つもとれなかった学生もいます。就活中は、心を鬼にして、まずは「御社に就職します」と企業に伝えてください。内定をもらったうえで、ゆっくり考えましょう。

参加したい説明会が「満員」で申し込めなかったらどうするか。（略）とにかく飛び込みで行ってしまえばいいのです。（略）担当者は会場が超満員で収拾がつかなくなるのも困るので、普通は席に若干の余裕を持たせてあります。その空席を埋める上でも、飛び込み参加はかえって歓迎されるというものではないでしょうか。

性格診断テストの中には、いくつかライスケール（ウソ測定器）[66]が紛れ込んでいます。「この学生は自分の長所を盛っていないか」「答えていることが信用できるか」を判断するのです。その数値が一定値を過ぎると、「回答の精度に問題あり」と判断されて、そのほかの回答を含め結果全体に「信用できない」といった烙印が押されてしまいます。（五七ページ）

この本では、就活の現場をいろいろ取材し報じていくなかで就活指南として有益と思われる情報を数ページのコラムとして書いている。ＯＢリクルーターによるセクハラ案件も取り上げるなど、報道機関としての一歩引いた中立的な視点が印象的である。「受かるフェーズ」と「選ぶフェーズ」に分けよという、ほかでもみられる「まず一社内定をとって自信をつけよ」的な「実戦的」なアドバイスは、複数内定をとることが当たり前になったことをあらためて認識させる。踏み台にされた企業（中小企業などが多いのだろう）がひたすらに気の毒である。

●光城悠人『内定力——自己ＰＲ　エントリーシート　面接対策 etc この一冊でライバルに圧倒的差がつく！』すばる舎リンケージ、二〇一七年

著者紹介によれば、著者は就職情報会社就職後に独立して学生の就活相談に乗っている、とある。

この本の最大の特徴は著者がゲーム世代ということもあるのだろうが、就活、もとい内定をゲームとしてとらえていることにある。それは、「就活の本質は、社会人から「信用を得る活動」だと

いうことです」「この就活の本質さえ押さえておけば、あとはゲーム気分で」などの言葉に端的に表れている。

こうした立場から著者は、過去の大ヒット就活本を批判する。


いまや『面接の達人』では、ぜんぜん足りない。

そして『絶対内定』には、ムダが多すぎる。

何より両方とも、いまの価値観とは合わなくなってしまっています。（略）

就活ゲームを始めるにあたって何よりも大切なことは、この「絶対達人の呪い」から抜け出すこと。

（二一ページ）


そんなゲームの「攻略法」が「就活ゲーム十則」であるという。

1、「思い込み」を捨てよう。
2、すべては「信用」を得るために。
3、「欲求」を知ろう。
4、伝えるための「言葉」を磨こう。
5、「おっさん」に慣れよう。
6、「過去」を語るために整理しよう。

7、自分の「活躍条件」を知ろう。
8、「伝え方」を考えよう。
9、知っている「世界」を広げよう。
10、そして「幸せな未来」を描こう。

（九ページ）

では具体的にどうするかというと、自分の「キャラ」（自分はどんな欲求をもっているか）を見極め、「武器や防具」（キャラに適した事実やエピソード）を備え、「闘い方」（自分の能力が発揮しやすい環境）を知ったうえで「未来」への展望を語る、キャラ（勇者、旅芸人、戦士、武闘家、魔法使い、発明家、僧侶、吟遊詩人）それぞれに合わせた戦い方を伝授する、といった具合で徹底的にゲームになぞらえて就活を語る。

楽しく、気持ち良く、適当に!!

（二七九ページ）

著者のモットーだというが、かつての「絶対内定」シリーズなどがもっていた悲壮感がまったく感じられないこうした明るさは、当時は景気がゆるやかな回復基調にあり、就活氷河期が明けていたという背景を抜きにして考えるべきではないだろう。この年の大卒求人倍率は一・七四まで回復している。ずいぶん力が抜けたモットーだとはいえ、就職に失敗すれば人生終わりであるかのように深刻に思い詰めるよりははるかにましではある。

●岩田一平『「欠点」を「強み」に変える就活力――上位5%に入るエントリーシート&作文の書き方』サンマーク出版、二〇一七年

著者は「朝日新聞」記者、「週刊朝日」副編集長、「アサヒカメラ」編集長、「朝日新書」編集長を経て教育事業部で就活支援や作文講座に関わる事業に従事し、新聞社勤務のかたわら十年以上マスコミ就職用作文塾・ペンの森で就活生の作文指導をしているという。いわば文章のプロである。「就活という人生のターニングポイントで真面目に取り組んで書いた文章は、自分の人生を切り拓くきっかけになります」(一三ページ)ということで、一般企業志望者もターゲットにはしているようだが、全編にマスコミ志望者を想定した記述が続く。エントリーシートの書き方というよりは記事の書き方を教えているような本だ。

それに対して、面接については六ページ弱、落ちた経験は忘れろ、見た目と声はちょっと練習すれば変えられる、リラックスしろとおよそ毒にも薬にもならないアドバイスを付け加えている。

エントリーシートの書き方には、あらかじめできているひな型に自分の経験をはめ込んでいく「テンプレートコース」と、「私とは何者なのか」という自問に「自分の経験のなかから答えを求め、それを表現するのにいちばんふさわしい文章を自ら編み出していく『わが道を行くコース』」(三六ページ)があり、一見難しいが後者のほうがいい、としている。

「ツカミ」「ヤマ」「オチ」で構成せよ、「天声人語」のまねはするな、読み手の心をつかむ「ワンフレーズ」を入れろ、形容詞を使わず数字で具体性をもたせろなど、文章講座としては正統派の内

容になっている。

●渡部幸『採用側の本音を知れば就職面接は9割成功する――質問の意図をていねいに解説！』KADOKAWA、二〇一八年

著者はキャリアコンサルタント。企業勤務のあとに独立し、セミナーや個別面談などの指導をおこなっている、とのこと。

書名のとおりの面接対策の本である。ポイントは書名にある「採用側の本音」への注目で、これを知らないとうまくいかないという。

> 面接の質問はタテマエがとても多く、面接官の意図をつかみ損ねると「この人、わかってない」と思われてしまい、うまくいきません。（五ページ）

聞きたいことがあるならはっきり聞けばいいではないかと思わなくもないが、そうしないのも「コミュニケーション能力」の一部ということだろうか。ともあれそういうわけで、本書の大半は、よくある質問とそこに隠された本音、そして「「わかってない」と思われるありがち回答」と「面接官が思わずナットク！お手本回答」の列挙である。

基本的に「お手本回答」は長い。聞かれていないことまで答えなくてはならないらしい。たとえば「簡単に自己紹介をお願いします」という質問。これは「タテマエ」で、本音は「あなたの性格

や、取り組んでいることを、一分ほどで教えてください」だという。だったらなぜそう聞かないのか意味不明だが、ともあれこれに対して一般的な自己紹介をすると「わかってない」と思われるのだそうだ。では「お手本回答」はというと、こんな感じらしい。

〇〇大学経済学部の嶋崎みおと申します。大学ではメーカーのマーケティングについて学ぶゼミに所属し、軽音楽サークルでドラムを担当、お菓子の販売のアルバイトを行なっています。
（六一ページ）

まあここまではわかる。しかし「お手本」はこれで終わらない。

これらの活動の中で、一番私が力を入れたのは、ゼミで地域商店街と協力したまちおこしのイベント活動です。千葉県の〇〇市にある商店街で半年に一回お祭りがあるのですが、私たちのゼミも参加し、集客や宣伝、イベントの企画などをどう工夫すればお祭りにより多くの人が訪れるか、準備段階から関わりました。私は広告宣伝担当として企業回りを行ないました。この経験から、チームで協力して目標に向かうことの大切さとやりがいを学ぶことができました。
（六一ページ）

「簡単に自己紹介をお願いします」で誰がここまで期待するだろうか。面接担当者が普通の感覚の人なら「そんなことまで聞いてない」と思うほうが自然だろう。このあと「大学生活でいちばん力を入れたのは何ですか？」と聞かれたらどう答えるつもりだろうか。

もちろん、正面から聞きづらい質問というのはあるので、その意図を察することは必要だが、何を聞かれても自己ＰＲを始める就活生など、うざったい以外のなにものでもないだろう。

とはいえ、この本は全編この調子なのだ。実績があるキャリアコンサルタントのようなので、きっと「何を聞かれても自己ＰＲを始める就活生」は各社引っ張りだこになるのだろう。

●坂本直文『内定者はこう書いた！’21――エントリーシート・履歴書・志望動機・自己ＰＲ【完全版】』高橋書店、二〇一九年
著者は就職コンサルタント。「実践的指導に定評」があり、就職講座を年二百回以上開催、とある。「その指導をもとに」、「エントリーシート・履歴書に「圧勝」できる実戦技や裏技」を紹介する本である。

表紙をめくるといきなり現れるのは「内定への第一歩 エントリーシートの証明写真㊙テクニック」である。「採用担当者はどんな写り方をしているかで、性格や仕事を推測しようとします」とある。男子は髪ボサボサはダメ、眉がつながっているのもダメ、女子は「ギャル系」メイクがダメ、自称「ナチュラル」メイクもダメ、となかなか厳しい。

就職活動用の証明写真で大切なのは、学生の自分そのままで写るのではなく、実際に志望す

る企業に入ったつもりで写ること。(67)（五ページ）

さらには志望業界による好ましい証明写真の違いまで説明されている。実に「実戦的」である。実際、マンダムの二〇一九年調査によると、三十代から六十代の上場企業新卒採用担当者のうち「約七割の採用担当者が、「履歴書の証明写真から受ける印象」が選考に影響すると回答(68)」している。しかもそこで感じ取るのは「清潔感」であるそうだ。にもかかわらず実際に面接で対面した際に八〇%から九〇%が写真との「ギャップを経験している」。外見で先入観を抱き、しかもそれが相当な確率で的外れであるという、これが少なからぬ就活本で「人を見るプロ」と評される採用担当者の実態である。

ともあれ、この本での写真へのこだわりは、エントリーシートは「最初の十秒、初めの一行で決まる」という点とも符合する。第一印象で選ばれなければそのあとのチャンスはない、ということだろう。そして、エントリーシートはビジネス文書であり、見やすくするため、①見出しをつける、②結論から書く、が必須である。書く際には太さが違うペンを三種類用意せよ、という。

NG
普通自動車第一種免許
珠算検定準一級
ビジネス文書技能検定二級

実用英語技能検定四級

ここがダメ

資格を単に並べて書くだけではアピール力はゼロ。「普通自動車第一種免許」は、ペーパードライバーも多いので、ちゃんと運転できるなら、それをアピールしたほうがよい。また、「実用英語技能検定四級」のようなレベルの低い資格は逆にマイナス評価される。

改善例

珠算検定準一級（細かい計算も、瞬時に正確にできる）

ビジネス文書技能検定二級（文書は、すばやく見やすく作成できる）

普通自動車第一種免許（県内の道は、裏道もくわしい）

改善のポイント

①レベルの高いもの（アピール性の強いもの）から順に並べた。

②その資格のメリットを具体的に書いて、アピール力を高めた。

③マイナスに評価されやすい（レベルの低い）ものは削除した。

（三九ページ）

この本の大半は、そうしたやり方で、エントリーシートや履歴書のいい記載例と悪い記載例を対比しながら列挙している。共通するのは、どの項目も「見た瞬間に何を主張したいのかわかるようにする」ことで、見出しやキーワードなどを抜き出し、わかりやすく示すことがポイントである。「最初の十秒、初めの一行で決まる」を忠実に意識したものになっている。

とはいえ、「資格・免許」の項目にまで自己PRを加えるというのは、人事担当者としては少しうんざりしないのだろうか。

●就活塾キャリアアカデミー『就職活動1冊目の教科書「納得の内定」をめざす』KADOKAWA、二〇一九年

就活塾キャリアアカデミーは、元人事・採用経験者やキャリアコンサルタントなどを講師として就活のノウハウなどの指導をおこなっているという。

全九章プラス付録は網羅的でオーソドックスな内容である。「1冊目」とは、就活本は何冊も買うのが当然になった社会状況を反映したものだろう。まずこの本を買い、加えて自分が苦手とする分野のより詳しい本を買い足す、という使い方を想定しているのかもしれないが、実際にはこれ一冊ですませる人のほうが多いのかもしれない。目次の構成は次のとおりである。

1、自己分析からはじめよう
2、想いが伝わるエントリーシートの作り方
3、自分にとっての優良企業を見つける企業研究

4、インターンシップを有効に活用しよう
5、効率重視で突破！筆記試験＆Webテスト対策
6、グループディスカッションは戦略的にのぞもう
7、内定を勝ち取る面接のルール
8、信頼度がアップする就活のマナー
9、よくある就活のQ＆A
内定者インタビュー＆採用担当者座談会

この時期以降の就活本に感じられる特徴は「コスパ志向」である。「Googleトレンド」でみると、「コスパ」の検索数は二〇一〇年代半ばから一貫して上昇基調にある。むだなく、効率よく結果を得ることに価値を見いだす考え方だが、就活本にもこれが及んだのか、「これ一冊」といった打ち出し方の書籍がしばしばみられる。

●林晃佑『図解　戦略就活メソッド――「正しい努力」で結果を出す』日本実業出版社、二〇二一年

著者は一九八二年生まれ。京都大学「在学中に「京大生向け就活支援サービス」で起業。その後、リクルート（現リクルートホールディングス）に入社し、ITを活用した複数の新規事業開発に従事した後、リクルートのグループ会社の代表取締役を歴任」とあるのだが、そのあとがよくわからな

い。ウェブ検索すると二〇二〇年十月時点のブログ記事に「歴任」のあと「再度起業し、一四年にM&Aでトライグループ[69]に入社。執行役員としてAI・IT事業開発の担当を務める[70]」とある。

このブログ記事は「新卒採用支援サービス「エンカレッジ」を活用する企業の人事担当者にインタビューする」ものであり、読んでみると、「四年ほど新規事業担当として事業開発の型を学んだ頃に、二十八歳でリクルートグループ企業の社長に就任します。この時、十億円級の資金調達に成功したのですが、若くて実力がなかったのと、自分で鼻高々になってしまったところがあって、事業は全くうまくいきませんでした。その後、再び自分で事業をやりたいと思って起業し、ここで初めて教育に携わります。BtoCでの教育事業はスタートアップでの調達に向かなかったこともあり、顧客基盤がある会社との提携機会を模索していたところでトライと縁があり、M&Aでトライに入社し、そこからずっと「教育」×「IT」＝「EdTech」の領域で仕事をしています」ということで、なかなかバイタリティがある方のようだ。ともあれ、この本の執筆時点で「東大・京大生を中心に今まで一万人以上の大学生の就活支援を行っている」（表紙見返し）というわけで、「実戦」でのノウハウをもっているということなのだろう。

帯には「これ一冊で、すべて、うまくいく」とあってなかなか強気だが、さらに目につくのは書名にもある「正しい努力」という表現である。「はじめに」には「「正しい戦略」を知り、「正しい努力」を続けられたら、就活はうまくいく！」ともあって、「正しい」がキーワードのようだ。ではその「正しい」はどこからくるのかというと、どうも「今までのビジネス人生で」接してきた「数多くの「仕事のできるビジネスパーソン」「に共通する仕事の仕方」」ということらしい。それはつまり「まずこれから取り組む仕事の全体像をつかみ、全体を見切った上で、優先順位をつけて取り掛かるというスタンス」[71]だという（二四ページ）。

この本が提唱する「戦略就活」は、「就活生の三大悩み」、すなわち「自分に合う企業を探し出すのが難しい」「志望企業の選考を突破するのが難しい」「複数の内定先企業から入社すべき一社を決めきるのが難しい」に対応した「探し出す戦略」「突破する戦略」「決めきる戦略」である。たとえばこのうち「探し出す戦略」は「近未来分析」「自己分析」「企業分析」「接点の創出」の四パートに分かれ、さらに九つのステップに分解できるとする。

①「未来の働き方」をイメージ
②「未来の企業の姿」をイメージ
③過去〜現在の自分の振り返り
④自分の特徴の明確化
⑤就活戦略の策定
⑥公開情報による企業分析（予習）
⑦非公開情報による企業分析（本番）
⑧新卒人材要件の確認
⑨接点の創出
（二九ページ）

それなりに納得感がある構成ではある。それぞれの詳細部分では近年の有力な経営書、厚生労働省や日本経団連の報告書、先進企業の事例などをベースに主張を展開している。そのうえで独自のワークシートによって自己分析や企業分析をシステマチックにおこなう方法も示されている。「突破する戦略」「決めきる戦略」についても同様の手堅い構成になっていて、「すべて、うまくいく」かどうかはともかく「これ一冊」と謳うだけのことはある。

●竹内健登『2024年度版 効率よく「内定」獲得 就活の教科書――これさえあれば。』ＴＡＣ出版、二〇二二年

著者は「東京大学工学部卒。大手一流ホワイト企業の内定請負人。就活塾「ホワイトアカデミー」を創立・経営。これまで八百人以上の就活をサポート」という人である。この就活塾は「ホワイト企業内定率一〇〇%を誇り、ホワイト企業の内定が出なければ費用を全額返金する返金保証制度が好評[72]」だそうである。

二〇一六年創業の運営会社はAvalon Consultingという、就活とはあまり関係なさそうな社名だが、ウェブ検索するとホワイト企業総合研究所も運営していて、ここでは「様々な調査会社の情報やビッグデータ解析により約五万社の企業を分析し、ホワイト企業の発掘・認定を行って」いる。独自の選定基準で選出した企業群に対して調査して、二一年一月時点で百十三社を「優良ホワイト企業」として認定しているそうだ。費用の例として、認定を受けるためには、

ホワイト企業調査データ百件分：五百万円（税別）
優良ホワイト企業認定依頼と企業分析レポート：五十万円（税別）(73)

を要する。「優良ホワイトマーク」は三年間有効で、利用更新料は年間五万円である。「優良ホワイト企業」とホワイトアカデミーでいう「ホワイト企業」の差が気になるところだが、この本の「ホワイト企業」は「ホワイト企業総合研究所が認定したホワイト企業約六千社のことを指します。認定の基準は社員満足度や残業時間、離職率、信用度などの指標から総合的に判断され、新卒の学生が長期的にキャリアを形成する上で入ることが望ましい企業が該当」するとのことで、「優良ホワイト企業」への就職が約束されるわけではないようだ。片方で企業向けに「優良ホワイト企業認定」をおこない、もう片方で就活生向けに「ホワイト企業就職」を約束するという、よくできたビジネスモデルではある。

書名に「2024年度版」とあるが、同じ書名で二〇二三年度版がある。「意識の高い学生は大学一〜二年生の頃から就活を視野に動いていますが、そうでない学生も大学三年生の四月には就活に向けて動き始めます(74)」とあるように、二〇二二年一月の刊行時点では二年生の、二四年三月卒業予定の大学生を対象としている。

内容はおおむね平易で説明も丁寧だが、独自性はあまり感じられない。たとえば志望業界の絞り方は以下の項目を参考にせよという。

①大学の研究・ゼミ・授業で習ったことが活かせる業界
②親や先生、先輩、インターンシップやOB・OG訪問で世話になった社員など、自分が恩を受けた人と同じ業界
③自分の悩みや原体験に関連する業界
④親と同じ業界
⑤お世話になった人や親の悩みを解決する業界

（七〇ページ）

誰でも思いつきそうな項目だが、それを整理してみせることが大事ということなのだろう。そのほか適性検査の一般的な説明、服装や面接の一般的なマナー、グループディスカッションでの振る舞い方など、一通りの内容をそつなく押さえている。

とはいえ、就活生の志望先が人気企業に集中しがちという傾向を「大手病」と名付け、その対策として「わらしべ長者戦略」、すなわち「最初は比較的低倍率で内定をとりやすい企業（中小零細企業、不人気企業）を受けて確実に内定をとり、その内定をもとにして大手企業や志望度の高い企業の内定を獲得していく」（三二ページ）べきであるという、中小企業が聞けば怒りそうな「戦略」を堂々と紹介するのは、学生向けの「本音」としてはわかるが、企業向けサービスを展開する企業としては、いかがなものかという気もしなくもない。

●ユースフル『トップ就活最強の教科書 超人気企業・人事部出身者が教える240の内定法則』小

学館、二〇二二年

著者名のユースフルは企業である。[75]「いい世の中を「創る人をつくる」」をミッションとして、キャリア事業とスキル事業を推進する会社。伊藤忠商事出身おさ、三菱商事出身サスケを中心とした人気企業出身メンバーで運営。人事部出身者らの生の声を届けることで、就活生や転職希望者たちから熱い支持を受け、「トプシュー」の名称で親しまれる」そうである。二〇二二年十月時点で運営する「YouTube」チャンネル「トプシュー／キャリアの図書館（転職―就活）」は登録者数七万千七百人、「Twitter」アカウント「トプシュー by ユースフル（トップ就活／転職チャンネル）【公式】」（@topsyuchannel）はフォロワー一万人（二〇二三年一月十日アクセス）。思ったほど多くないが、就活という限定されたテーマではこんなものなのだろうか。

基本的に有名企業などの元人事部職員や元社員が教えるという内容になっている。人事部で働いていた、その企業で働いていたなどの経験がどの程度の参考になるのかはよくわからないが、その会社の選考を突破した人というだけで、就活生からみれば十分ということなのかもしれない。

各章の内訳項目の数を数えてみると、

プロローグ 自分の夢やキャリアについて考えよう＝七
Chapter １トプシュー流インターンシップ／OB・OG訪問のススメ＝十三
Chapter ２トプシューが全力で伝授！ES作成の極意＝十四
Chapter ３ めざすは内定無双！全面接攻略法＝二十

といったところで、インターンシップとOB・OG訪問、エントリーシート、面接という項目に偏っている。グループディスカッション対策としてのMECE、3C分析、SWOT分析、4P、AIDMAなどの経営学系のモデルや分析方法の解説がやけに詳しいところも含め、就活の専門家ではあるのだろうが、キャリアの専門家ではないという印象が強い。

4　就活メディア小史：4——就活メディアとインターネット

就活ネットメディアの誕生

非営利のネットワークとして誕生したインターネットは、一九九〇年に加入制限が撤廃され、アメリカでの商業利用が始まった。日本では九三年に商業利用が始まり、インターネット接続機能が強化されたOSである「Windows95」が九五年に発売されて以降、普及が進んでいった。インターネット世帯利用率は調査が始まった九七年の九・二％から二〇〇〇年には三七・一％、一〇年には七八・二％になって、二〇年には八三・四％に達している（図3—12）。

当初のインターネットは安全な商取引をおこなうことが難しく、情報提供が主な利用形態だった。就活メディアのインターネットの領域への進出も情報提供を中心にほどなく始まったが、インター

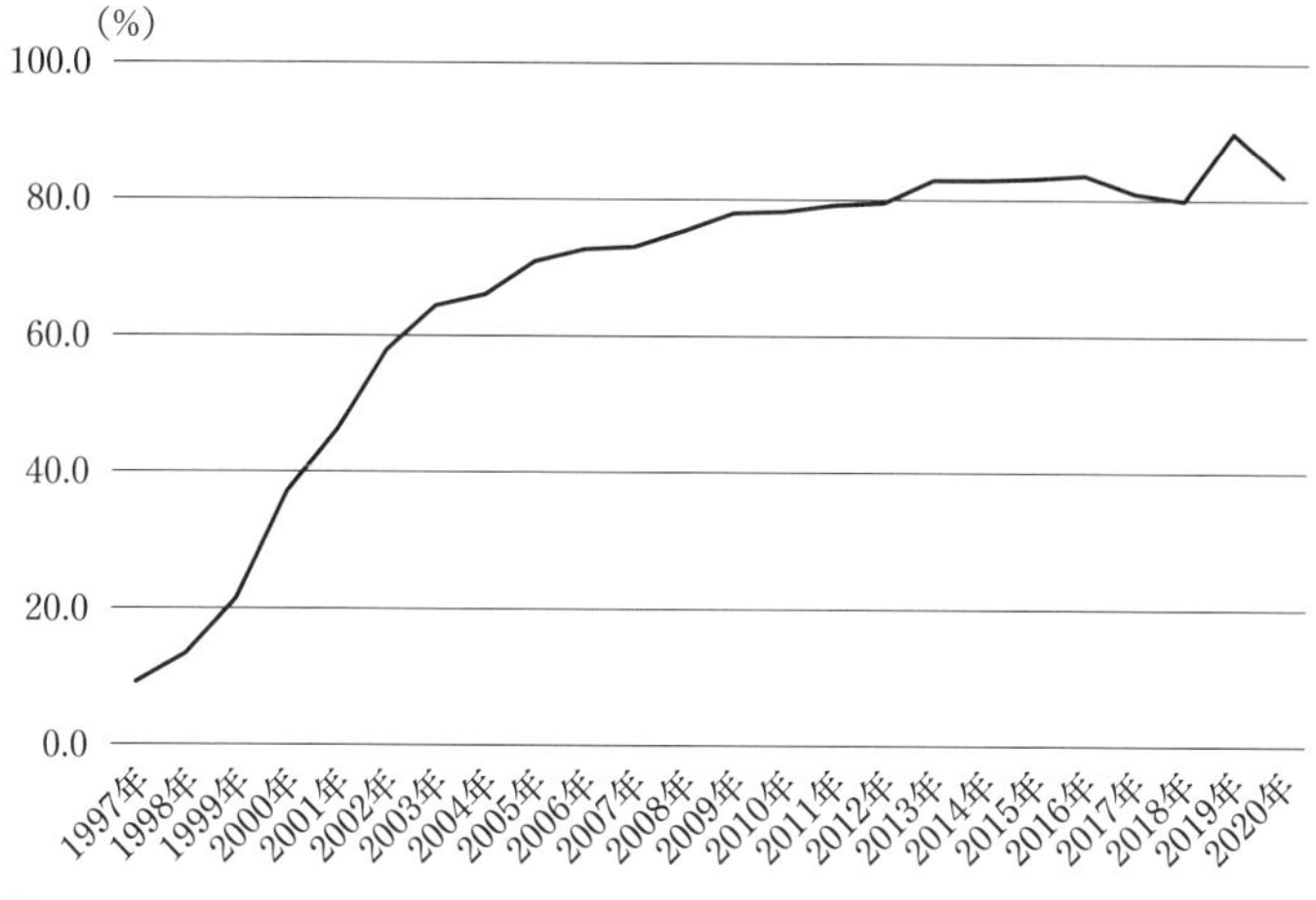

図3-12　インターネット世帯利用率の推移
（出典：「令和3年通信利用動向調査」「総務省」（https://www.soumu.go.jp/johotsusintokei/statistics/statistics05.html）［2023年1月10日アクセス］をもとに筆者作成）

ネットの価値がよく発揮される領域でもあり、短期間に就活全体を大きく変えていくことになった。

大学新卒の就活に使われるウェブサービスはさまざまあるが、これまで最もポピュラーだったのは「マイナビ」と「リクナビ」である。就活生の多くがこれらのサービスのうちいずれか、あるいは双方を利用している（表3―4）。

この二つの就活サイトはいずれも、「Yahoo!」や「楽天」などのような大手ウェブメディアとは異なり、既存メディア、とりわけ紙ベースで展開されていた既存就活メディアのウェブ版として成立した。「マイナビ」の運営会社は、新聞発行と出版業、絵画・美術品の輸入販売業などを目的として一九七三年に毎日新聞社の関連会社として設立された毎日コミュニケーションズ（二〇一一年にマイナビに社名変更）である。同年、新卒学生向けの就職情報誌

表3-4　「リクナビ」と「マイナビ」

	マイナビ		リクナビ	
	2022年	2021年	2022年	2021年
掲載社数	24,215	25,892	10,830	24,562
昨年対比	93.5%		44.1%	
エントリー受付企業数	22,222	23,983	9,843	21,695
昨年対比	92.7%		45.4%	
説明会情報の公開企業数	13,835	24,568	7,333	8,456
昨年対比	95.0%		86.7%	
登録学生数	731,820	842,652	703,861	748,107
昨年対比	86.8%		94.1%	
登録学生数÷掲載社数	30.2	32.5	65.0	30.5
エントリー受付率	91.8%	92.6%	90.9%	88.3%
セミナー開催率	57.1%	56.3%	67.7%	34.4%

（出典：「【速報】マイナビ2022とリクナビ2022の掲載社数や登録学生数を比較してみた」「新卒WATCH」〔https://shinsotsu-watch.com/original/2022_sokuhou/〕［2023年1月10日アクセス］をもとに筆者作成）

発行を担当する就職情報事業部を発足させた同社は八一年に就職情報誌「毎日就職ガイド」を発刊して就活市場に参入した（図3―13）。

その後一九九五年にウェブによる就職情報企画「Career Space」を開始し、九九年に「毎日就職ナビ」としてリニューアル、さらに二〇〇七年には「マイナビ2009」へとサービス名称を変更した。

「リクナビ」は、一九六〇年に設立された大学新聞広告社が六二年に「企業への招待」として発刊、のちに「リクルートブック」と名を変えた就職情報誌が起源であり、九六年に「RECRUIT BOOK on the Net」としてサービスを開始し、翌九七年に「リクナビ」と改称したものである。

紙媒体の印刷メディアがウェブに移行していく傾向は雑誌や新聞、書籍などで一般的にみられる

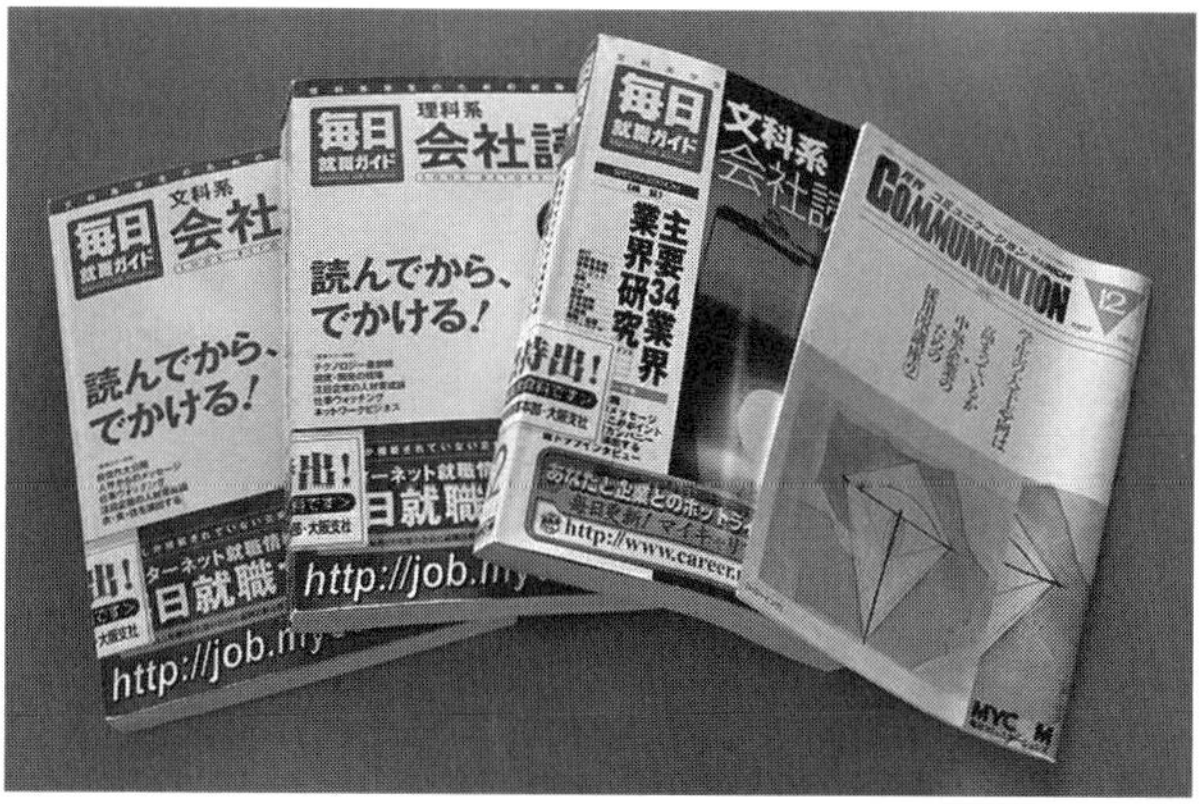

図3-13　「毎日就職ガイド」
（出典：「一人ひとりのキャリアに貢献するサービスを——マイナビの「はじめまして」vol1」「マイナビ」〔https://corp-note.mynavi.jp/n/n1e81df9816be〕［2023年1月10日アクセス］）

ものだが、就活メディアの場合はそれだけではない合理的な理由がある。自由応募が主体になった一九八〇年代、就活生は就活関連情報の多くを冊子形態の就職情報誌に頼ることになった。学生は情報誌を読み、興味をもった企業に付属のはがきで資料請求をするというやり方だったが、印刷や発送コストの関係で、配布対象は制限せざるをえなかった。(76)「銘柄大学の男子学生には大量の冊子が送付されるのに対し、女子学生や非銘柄大学の学生に送付されたのはそれよりもはるかに少ない量のものだった(77)」

その意味で、物流コストの制約を受けにくい就活メディアとしての就活サイトの登場と急速な普及は、就活での機会の平等の推進につながるものとして企業と学生の双方から歓迎された。インターネットの普及が進むにつれて、応募受付方法がネット経由にシフトしていったのは当然のことといえる（図3—14）。

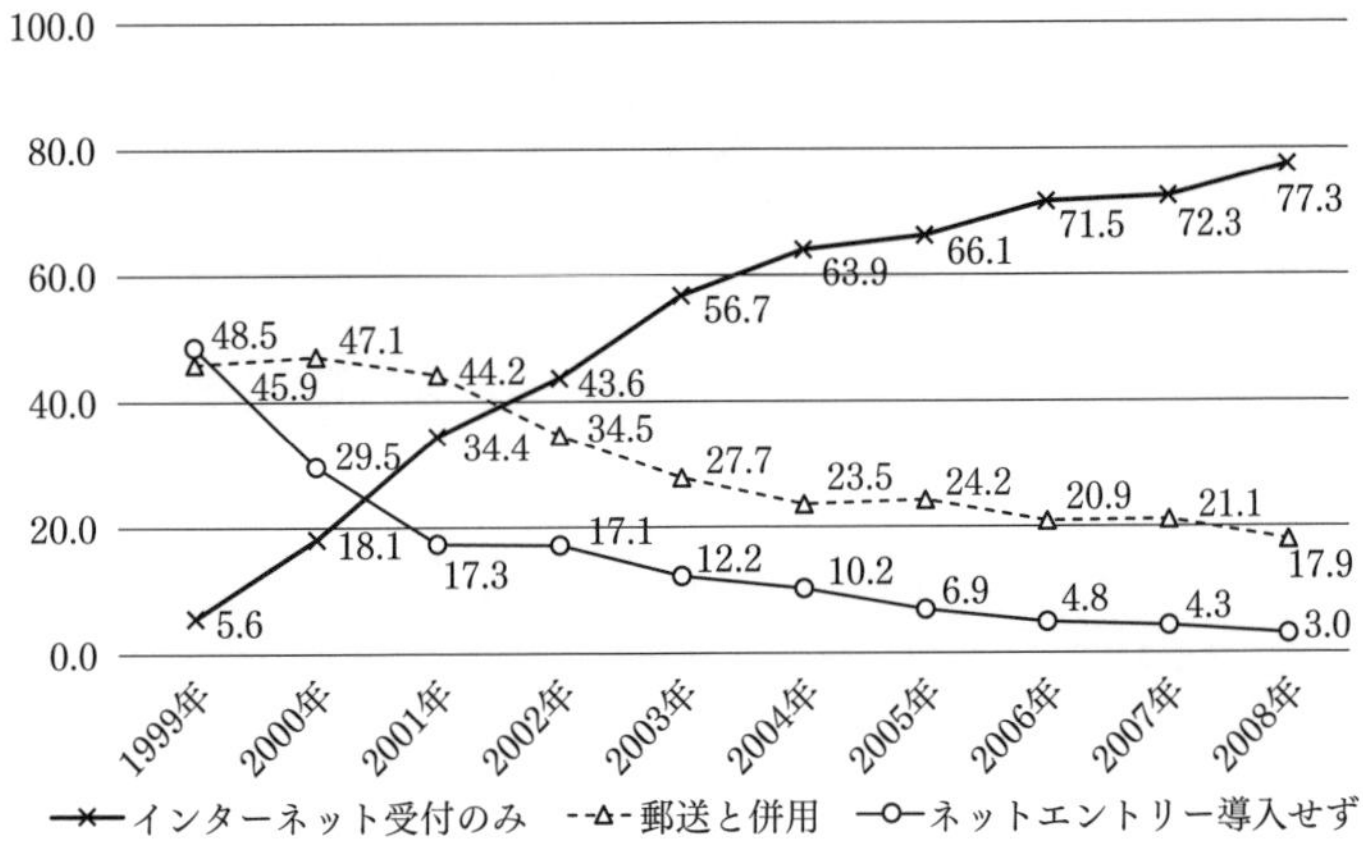

図3-14　応募受付方法の推移
(出典：香川めい「就職情報誌から就職情報サイトへの移行がもたらさなかったもの――大卒者の就職・採用活動における役割をめぐって」「日本労働研究雑誌」2020年2月号〔労働政策研究・研修機構〕111－121ページをもとに筆者作成)

ウェブ就活メディアの発展

しかし、就活でのインターネット活用の意義は、単に応募のチャンスが広がったことだけではない。現代の大手就活サイトは、企業情報提供、就活イベント・企業説明会情報と申し込み、インターンシップ情報と申し込み、自己分析支援、適性診断とそれに基づくマッチング、エントリーシート作成支援、適性検査対策、志望別・専攻別の就活対策講座、体験談などの共有など、就活に関連するさまざまなサービスが提供されるワンストップサービスになっていて、①情報提供、②就職志望先選び（マッチング）、③就活成功のための指南・応援という就活メディアの三つの機能（第1章第3節の項「就活メディア」）のすべてを提供するものになっている。

一つのプラットフォーム上でさまざまなサービスを提供することは、インターネットビジネスではしばしばみられる様態だ。二〇〇三年、技術コンサルタントの Ifeanyi O. Asonye は、デジタル技術によってそれまで別々だったさまざまなコンテンツ、さまざまなビジネスがデジタルのプラットフォーム上で統合され、一つに収斂していくという過程を「デジタルコンバージェンス」[78]と名付けた。こうしたプラットフォームは幅広いビジネスを傘下に「収斂」させることによって「範囲の経済」[79]を実現し、顧客を囲い込むことを狙う。就活メディアという限定的な分野でも、同様の「収斂」が起きたとみることができる。

①「ソー活」

インターネットで消費者は、単なる情報やサービスの受け手としてだけ存在するのではない。むしろ一九九〇年代以降のインターネットの発達と普及は、一般個人が発信者としてメディア参加する機会を爆発的に拡大させた。インターネットの大きな特徴である双方向性は、九九年のＮＴＴドコモの i-mode サービス開始によるモバイルインターネットの普及、二〇〇〇年代に入って急速に普及したブロードバンドの常時接続サービスもあって、利用者にとってさらにインターネットをより身近なものにした。私たちはいまや、さまざまなデバイスを使い分け、常にネットに接続していることが当たり前になっている。そうした生活のなかで、最も影響力が強いネットサービスがソーシャルメディアである。ソーシャルメディアの利用は電子メールの送受信や情報検索と並んで、インターネット利用の目的として八〇％前後の人々が挙げるものになっている[80]。

ソーシャル性をもったネットサービスでの個人間のコミュニケーションでは、就活は最初期から主な関心事の一つだった。ネットの口コミは、企業から公式に提供される「化粧」が施された情報では知ることができない「リアル」な情報であり、それが就活のような分野では貴重だったからである。一九九九年に運営が開始されて代表的なネット掲示板だった「2ちゃんねる」[81]にも、そのごく初期から、就活をテーマとした「就職・転職板」[82]が設置され、就活をめぐるさまざまな口コミ情報が交換されていた。そのあとで登場したさまざまなSNSでも就活に関する口コミ情報は主な話題の一つだった。

　現代では、ソーシャルメディアやSNSを就活に活用することは「ソー活」とも呼ばれ、既に当たり前になっている。「マイナビ」が大学生に対して実施した調査によると、「就職活動において実名を伴ったソーシャルメディア・SNSをどの程度、活用したいですか」という質問に対して「積極的に活用したい」「一定の範囲で活用したい」と回答したのは、二〇一三年卒業学生（二〇一一年調査）では二九・五％だったのに対し、二二年卒業（二〇二〇年調査）では六四・五％に達している。ここで「活用したい」と回答した学生にその利用目的を聞いたところ、「企業ページを閲覧」（八二・九％）、「就活仲間と情報交換」（四三・五％）、「企業の最新情報を手に入れる」（三六・八％）といった情報収集だけでなく、「人事担当者とつながる」（二七・二％）、「OB・OGとつながる」（二五・三％）、「コメントして自己アピール」（一四・三％）といった、企業との個人的な関係構築の目的でも使われていて、後者の目的は一一年と比べてより大きく伸びていることがわかる（図3―15）。

　一方、企業の側でソーシャルメディアやSNSを直接的に新卒採用に活用している企業は多くは

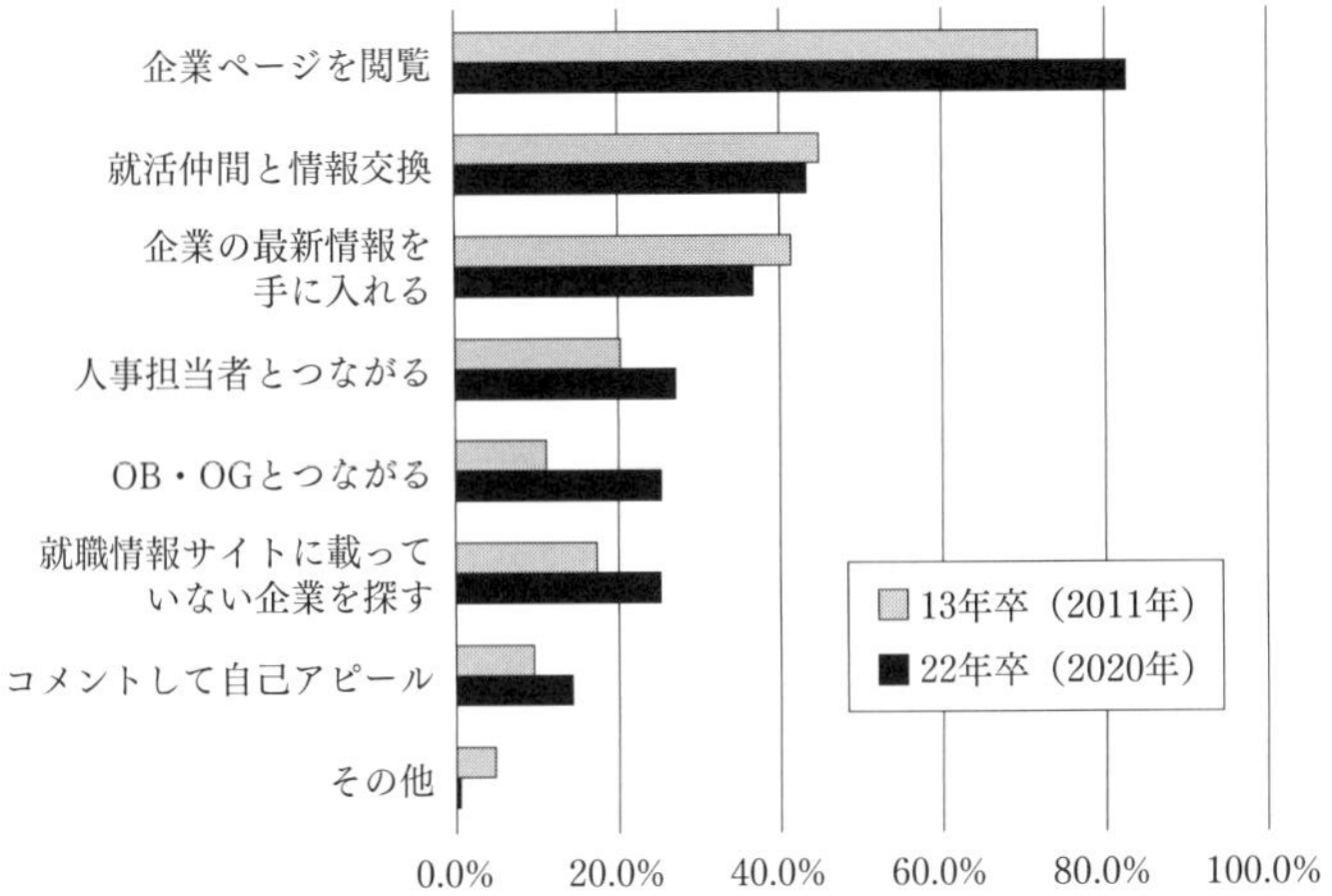

図3-15　就職活動におけるソーシャルメディア・SNSの活用方法はどのようなものにするつもりか（複数回答）
（出典：「Z世代のSNS就活」「マイナビキャリアリサーチLab」〔https://career-research.mynavi.jp/column/20211217_20759/〕［2023年1月10日アクセス］をもとに筆者作成）

ない。就活生の間では、企業が採用予定者を調べるバックグラウンドチェックの一環としてSNSアカウントなどの書き込みなどを調べることがあるという噂があり、そうしたサービスを提供する企業も存在するが、不用意な利用には法的リスクもあり、あまり普及していない。企業のソーシャルメディア・SNS利用の主な目的は新卒採用ではなく、「潜在顧客に対する製品・サービスの認知拡大、理解、関心、購買意欲の促進」「製品・サービスの販売促進」「新規リードの獲得」「ソーシャルリスニング[83]」である。企業が採用でソーシャルメディア活用に当面期待するものは、「潜在的応募者に対する企業の認知拡大、理解、関心、応募意欲の促進」といったところと考えるのが適切だろう。

②就活口コミ

現在、就活に関する就活者間の情報交換の多くは就活に特化した口コミサイトでおこなわれるようになっていて、さまざまなサイトが存在する（表3―5）。代表的なものの一つが「みんなの就職活動日記」（略称「みん就[84]」）である。一九九六年に早稲田大学四年の学生がプライベートで設置したこのサイトは、そのあと買収によって楽天グループ傘下に入り、二〇二一年一月末時点で掲載企業数約二万九千社、累計口コミ数約千四百万件超を擁し、民間企業就職希望者約四十四万人のうち約六八％が利用する巨大サービスに成長した[85]。

「みん就」では、企業ごとに内定を得た就活生の体験記などとともにエントリーシートなどが共有されていて、志望企業の選考の実際の状況を詳しく知ることができるほか、内定者向けの掲示板では内定者同士が情報を交換できる。このほか、現役社員や元社員による口コミ、就活者自身による企業ごとの選考の進展状況など、さまざまな情報が共有されている。就活口コミを単体のサービスではなく、就活関連サービスを幅広く提供するなかの一部として提供することも当たり前になっている。「みん就」も企業の特集ページや就活イベントのほか、関連サービスとして近年盛んになりつつある逆求人サービス「みん就スカウト」などがあわせて提供されている。

また、近年利用者を急速に伸ばしつつある就活サイト「ONE CAREER」も、最初は就活口コミサイトだった。二〇一三年にサービスを開始し、一五年にワンキャリアが設立されている。この時期に大学生の間で普及が進みつつあったスマホへの対応や、ＳＮＳでのシェアを前提としたサービスにいち早く踏み切ったことなどが躍進につながったとされる[86]。

表3-5　主な就活口コミサイト（筆者作成）

サイト名	特徴
みん就	有名企業など内定者の選考・面接体験記など
就活会議	社員・元社員の口コミ、就活生の選考状況の口コミなど
カイシャの評判	社員・元社員による口コミ
OpenWork	社員の口コミ、会社評価スコア、年収データ、残業時間、企業業績、選考データ、履歴書など

口コミサイトはユーザーの書き込みに不正確な情報が含まれた場合にトラブルになりやすいため注意が必要という点は、一般のソーシャルメディアと基本的には同様である。企業からの収入に依存するこの種のサイトでは企業に損害を与えるような投稿はビジネスとして許容しにくく、ユーザー投稿に対する適切なモデレーションが運営上の重要なポイントになる。たとえば「カイシャの評判」では、投稿された口コミを運営者がチェックしたのちに公開するなどの対策をとるとしたうえで、「企業が社員に口コミ投稿の協力依頼をすることを奨励[87]」している。とはいえこのことが逆に口コミ自体の信頼性に影響を与えるおそれを指摘する声もある。

③データ活用の光と影

こうしたウェブ上の就活メディアの多くは、ウェブメディア一般と同様、広告掲載やデータ提供など企業向けのサービスを有料とする一方で、個人ユーザーへのサービスを無料としている。コストを負担する企業にとっては、独自に採用活動をおこなうよりも多くの就活生との接点をもつことが可能になると同時に、就活生のデータやその分析サービスの提供を受けられることで、より効率的に採用業務を進めることができる。

しかし、利用者の就活をその詳細にわたるまで知ることができる立場にある就活サービス運営企業がこれを悪用すれば大きな問題になる。二〇一九年、「リクナビ」を運営するリクルートキャリアが、就活生の内定辞退率を本人の同意なしに予測して有償でトヨタ自動車、京セラ、YKKなど三十五社に提供していたことが露呈した。同社は提供していたサービス「リクナビDMPフォロー」によって一八年に「対象企業に応募した学生のリクナビ上の行動履歴などを分析。アルゴリズムを作成して一九年度の学生の行動履歴と照合することで内定辞退率を予測していたが、学生に十分な説明をすることなく企業に提供していた(88)」のである。この内定辞退率予測データを購入した企業はこれを採用選考には利用しないという条件だったが、ユーザー個人を特定しうる状態でデータを入手した企業がこれを採用選考に用いないと考えるほうがむしろ不自然だろう。

内閣府の外局として個人情報保護法に基づき設置された個人情報保護委員会は「法の趣旨を潜脱した極めて不適切なサービス」であるとして、リクルートキャリアに対して同法に基づいて勧告し、同社側は再発防止策をとったが、利用者離れは深刻であり、二〇二一年の調査では「最も活用している就職サイトトップ10」で一位の「マイナビ」に続き「ONE CAREER」が二位に浮上、「リクナビ」は三位へと低下している(表3―6)。

ネットとリアルの融合

インターネットの普及は、ほかのビジネス領域と同様に就活メディアでも新たなビジネスモデルを生み出した。しかしそれは、技術進歩だけによるのではなく、社会の側の変化を受けたという側

表3-6　最も活用している就活サイトトップ10

順位	サイト名	文系	順位	サイト名	理系
1	マイナビ	48%	1	マイナビ	39%
2	ONE CAREER	15%	2	ONE CAREER	19%
3	リクナビ	10%	3	リクナビ	12%
4	楽天みん就	5%	4	楽天みん就	6%
5	OfferBox	4%	5	OfferBox	5%
6	キミスカ	3%	6	LabBase	3%
7	就活会議	3%	7	外資就活ドットコム	3%
8	OpenWork	2%	8	キミスカ	2%
9	キャリタス就活	2%	8	就活会議	2%
10	あさがくナビ	2%	8	OpenWork	2%
10	外資就活ドットコム	2%	8	unistyle	2%
10	doda キャンパス	2%			

（出典：「学生が「いちばん頼りにする」就活サイトTOP10――新興口コミサイト、この5年で人気が急上昇」「東洋経済ONLINE」〔https://toyokeizai.net/articles/-/593995〕［2023年1月10日アクセス］をもとに筆者作成）

面もある。主にウェブ上でサービスを展開する就活メディア（ウェブ就活メディア）は、一九九七年の職業安定法施行規則改正と九九年の職業安定法改正で民間の有料職業紹介事業が原則自由化されたことで大きな転機を迎えた。

一九四七年に公布され四九年に改正された職業安定法は民間による職業紹介を原則として禁止し、きわめて例外的に職種を限定して許可を受ける仕組みとしていた。[89]これは四九年に採択されたＩＬＯ（国際労働機関）九十六号条約に沿ったものでもある。しかし九〇年代に入って西欧諸国で労働者派遣事業や民営職業紹介事業の自由化に踏み切る動きが相次ぎ、ＩＬＯも九七年に九十六号条約の後継として採択した百八十一号条約では労働者に料金を課さないことを条件として、すべての種類の労働者とすべての部門の経済活動に民間の職業紹介所を認めた。

労働法分野の規制緩和は一九八〇年代以降の大きな潮流であり、同じ時期の九〇年代後半に限っても、労働者派遣法が二度の改正によって対象業務原則自由化されている。これらは「市場原理を通じた労働力の需給調整機能を強化[90]」する目的を謳うものではあったが、その背景にバブル崩壊に起因する企業業績の悪化があったことはいうまでもない。

この時期以降、有料で職業紹介をおこなう事業者数は急増した。民営職業紹介事業所は一九八六年度の千十二事業所から二〇二〇年度の二万七千八百六十三事業所まで増加、なかでも有料職業紹介事業所数は一九九〇年代末を境に急速に成長ペースが早まり、二〇二〇年度には二万六千七百九十三事業所と民営職業紹介事業所数全体の九六%を占めるに至っている(図3―16)。

ホワイトカラー職全般の有料職業紹介を可能にするこの規制緩和によって、新卒の就活でも職業紹介をおこなうことが可能になった。「以前は家政婦やマネキンといった短期労働力の需給調整が多く、人材紹介業界は小規模事業者の活躍が主であったが、これ以降管理職や専門・技術職、事務職などのマッチングをメインに行うリクルートキャリアやインテリジェンスといった登録型の大手人材紹介会社が育っていった[91]」。「マイナビ」も二〇〇二年に有料職業紹介事業(キャリアバンク事業)を開始している。

法律によって就活生側から料金を徴収することができない民間有料職業紹介サービスで、料金を負担する採用側企業のニーズに応えることは、就活生のニーズに応えるのと少なくとも同程度に重

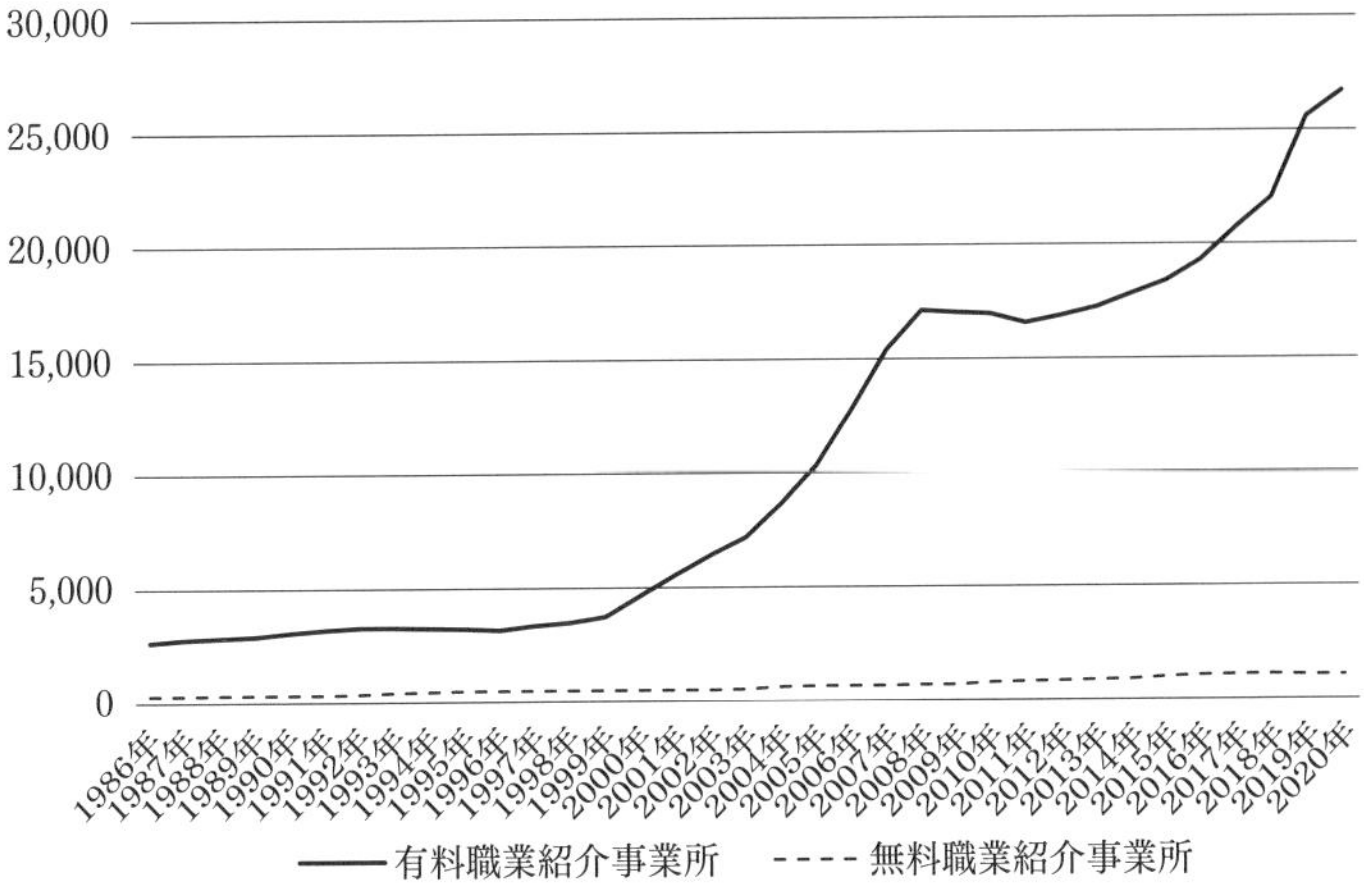

図3-16　民営職業紹介事業所数の推移
（出典：厚生労働省「職業紹介事業報告」〔https://www.mhlw.go.jp/content/11600000/000920809.pdf〕［2023年1月10日アクセス］）

要である。有名企業も含めほとんどの企業が抱えている「優秀な学生に出会えない」「採用にかけるコストがかかりすぎる」という悩みは、ウェブ就活サービスによって数多くの企業にエントリーするのが当たり前になったことによって、さらに深刻になっていた。

①就活エージェント

こうした変化を背景に、ウェブ就活メディアの進化は、運営企業の収入の源である企業と就活生を送り出す大学のニーズにより深く応える方向性をもって進展した。その一つがいわゆる就活エージェントサービスである。「マイナビ」の調査で、「今後どのような方法で選考に参加する企業を見つけるか」を聞く質問に対し、三月（就活解禁時）時点の調査[92]で一〇・三％、九月時点の調査[93]では一八・四％の就活生が「就職エージェントサービス（新卒紹介）」と回答している。

就活サービス会社の職員（アドバイザー、カウンセラー、コンサルタントなど呼称はさまざま）が就活生の相談に応じながら企業に紹介する就活エージェントサービス（就活紹介サービス）は、二〇〇〇年ごろから登場したとされる。たとえばインテリジェンス（現パーソルキャリア）は〇九年度文部科学省「大学教育・学生支援推進事業」の一環としておこなわれた「学生支援推進プログラム」による大学などへのキャリアカウンセラー派遣などの業務を担った。(94) これを発展させ、一二年には就活生個人からの依頼に基づき就職を支援する「インテリジェンス 就職エージェント」（現「doda 新卒エージェント」）サービスを開始している。また毎日コミュニケーションズは一一年に新卒学生のための就職支援サービス「マイナビ新卒紹介」を開始、一七年には当該授業を新卒紹介事業部として独立させた。自由に（すなわち自己責任で）志望先企業を選択し応募する「マイナビ」に対して、「マイナビ新卒紹介」では各種研修や面接対策などのアドバイスが受けられるかわりに志望先企業の選択肢は制約を受けることになる（表3―7）。とはいえ、前掲の『くたばれ！就職氷河期』や『2社で迷ったらぜひ、5社落ちたら絶対読むべき就活本』などの半ば悲壮な書名の就活本があふれた一〇年代初頭の第二次就職氷河期で、こうしたサービスの登場は多くの就活生にとってありがたいものだったといえる。

このサービスは、ネットによる情報流通の効率化とともに、対面でのパーソナライズされたコンサルティングを提供することによって、より効果的な就活支援を実現しようというものである。いったん情報流通の効率を求めてネットに進出したビジネスが、ユーザーとの接点の深化を求めて再

表3-7 「マイナビ新卒紹介」と「マイナビ」の違い

	マイナビ新卒紹介	マイナビ
応募方法	特別推薦 マイナビ新卒紹介の推薦枠で選考に応募ができ、自身で応募するよりも選考回数を減らすことができる。 大学推薦との併願も可能。	自主応募
応募手続き	応募の手続きが簡単 企業によっては、マイナビ新卒紹介への登録時に記載した登録申込書で書類選考を受けることができる。	多くの企業に応募可能 サイト上で多くの企業へエントリーができる。
求人の種類と数	非公開求人が中心 就職情報サイトには掲載されていない非公開求人が多数ある。	多くの公開求人 求人情報サイト上で数多くの求人情報を確認できる。
企業の選び方	適性で選んだ企業 過去の経験や希望に合わせ、数を絞って適職や求人を紹介する。	興味や認知度を中心に選んだ企業 求人情報サイトで、自身で数多くの求人を選ぶことができる。
合格力	選考対策 自己 PR の伝え方のポイントや、面接のポイントなどをアドバイスする。	WEB 模試・面接対策などの豊富なコンテンツ サイト上に掲載されている就活ノウハウなどで自分の必要な情報を入手できる。

（出典：「就職情報サイト「マイナビ」との違い」「マイナビ新卒紹介」〔https://shinsotsu.mynavi-agent.jp/about/different.html〕［2023年1月10日アクセス］をもとに筆者作成）

び「リアル」を取り込んでいく傾向はほかの領域でもみられるが、[95] 就活メディアのこうした動きは就活生だけでなく採用側の企業からも、また就活生を抱える大学からも歓迎された。

就活メディアによる就活エージェントサービスは、志望先が有名企業に偏りがちな就活生に対し、知名度が高くない企業との接点を専門家によるコンサルティングつきで提供するものであり、多くの企業にとっても有意義なものだった。「マイナビ新卒紹介」の場合、以下のようなケースに適しているとしているが、こうした条件にあてはまる企業は少なくない。多くの就活生が「内定がとれない」と悩む一方で、企業の側でも「いい学生が来ない」「そもそも応募がない」といった悩みを抱えていたのである。

採用予算を効率的に使いたい
新卒採用のノウハウがあまりない
採用にかけるマンパワーが不足している
内定辞退者の枠を補いたい
対象者の条件を絞って募集したい
自社に合った学生を採用し、定着率を高めたい
応募数が不足しており、別の採用手段を探している

同時にこのサービスは、就活生を送り出す大学にとっても有益なものだった。大学にとって卒業

生の就職状況は学生募集ひいては大学経営に大きな影響を与えることから重要な関心事項であり、各大学の高校生向け資料には必ず卒業生の就職先の例が記載されている。もともと学校教育法施行規則では大学は「進学・就職等の状況」を公表するものとされていて、文部科学省の「就職（内定）状況調査[96]」で「就職率」を調査、その結果は毎年、新聞などで就職動向を占める指標として公表されてきた。また、大学改革支援・学位授与機構が示す「教育の内部質保証に関するガイドライン[97]」でも、就職率はモニタリングで収集すべきデータとされている。

就活生の就職志望先が有名企業に集中しがちである一方で企業側の採用希望も有名大学に偏りがちであり[98]、そうした一部の大学を除く多くの大学で、就職氷河期の就活支援に就活支援の「プロ」である企業の力を借りることができるのはありがたいことだった。文部科学省の前掲「学生支援推進プログラム」に就活支援が含まれるのもそうした経緯からくるものといえる。

②スカウト型採用

就活エージェントサービスが就活生側を支援するものだったのに対し、より積極的に企業側から採用活動をおこなっていくオプションも、ウェブ就活メディアはもたらした。その一つがいわゆるスカウト型採用である[99]。これは、求人広告に対し学生側が応募するのではなく、あらかじめ基本情報やスキルなどを登録した学生に対し、企業側からアプローチするというものである。スカウト型の人材採用は転職市場では早くから実施されていたが、新卒採用でも利用者を増やしている。表3―6の「最も活用している就活サイトトップ10」のランキングにも、「OfferBox」「キミスカ」

「LabBase」などスカウト型採用サービスが複数入っている。また「マイナビ」や「ONE CAREER」「リクナビ」「みん就」などの就活サイトでもスカウト型採用サービスが提供されているなど、既に就活生にとって身近なものになりつつある。

就活エージェントサービスと同様、こうした採用方法の裏にも、企業側の学生からの応募は知名度が高い企業に集中しがちであり、そうでない企業にはそもそも優秀な学生に接触する機会がないという不満があった。そうした企業にとっては、こうしたスカウト型採用は効率的に有望な学生への接触機会を増やす機会をもたらす。また、採用側がほしい属性の学生かどうかをあらかじめ見極めてオファーを出すことができ、またオファーの出し方も就活生側の「本気度」に応じて何段階かに分けられているなど、企業にとって使いやすいものになっている。

ベネッセｉ－キャリアの調査によれば、二〇二二卒の新卒採用活動で、回答した百八十社全体の約五〇％がダイクレトリクルーティング（スカウト型採用）の利用を予定している、または検討していると回答している（図3―17）。

企業側にとってのスカウト型採用サービスのメリットの一つは、採用したい人物像に絞ってアプローチすることによって採用作業を効率化できることである。スカウト型採用サービスのなかには、「OfferBox」のように数多くの登録学生・企業を擁して幅広い選択肢を提供するもののほか、「LabBase」のように特定のジャンルに特化して質がより高いマッチングを特徴とするものもある（表3―8）。たとえば「OfferBox」は、二〇二三年卒大学生約十八万人が登録し、利用企業は八千社を超える。独自の適性検査を登録した学生だけでなく利用企業の社員にも実施してマッチングの

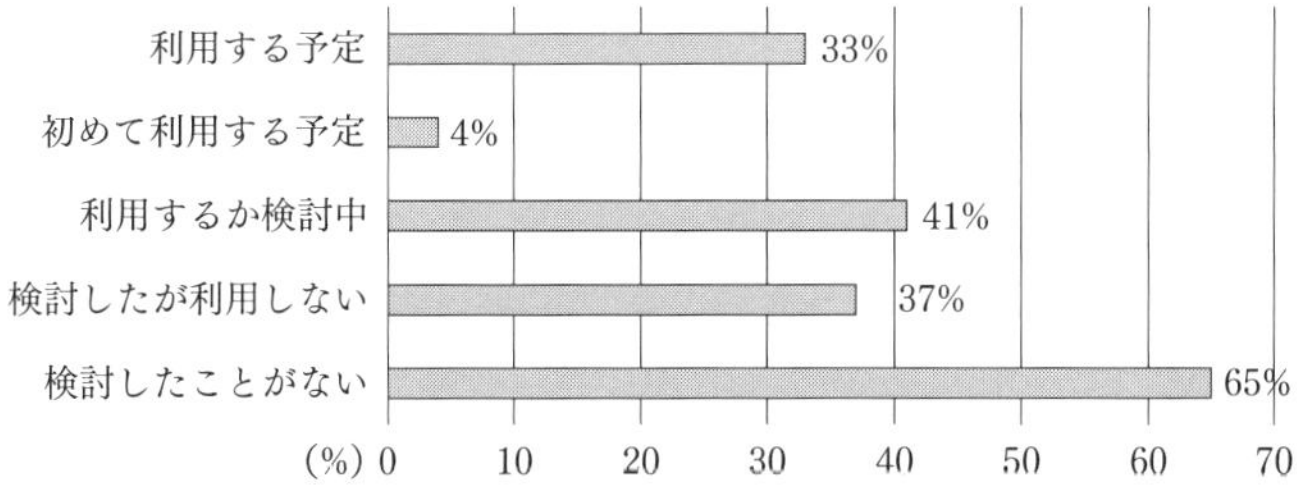

図3-17　2022年卒業の新卒採用活動でのスカウト型採用の利用意向
(出典：ベネッセi-キャリア「【企業アンケート調査】2022年卒の採用活動スタート時期に関する調査結果」2020年〔https://campus.doda.jp/enterprise/column/c15〕［2023年2月6日アクセス］)

精度を上げるなどの工夫がされている。[100]「LabBase」は理系学生に特化し、優秀な学生の多くをその研究テーマなどの情報とともに登録することで、企業側がほしい人材にオファーを送れるようになっている。

③リファーラル採用

もう一つ、近年伸びつつあるものにリファーラル採用がある。転職市場では既に一般的になりつつあるリファーラル採用は、社員が採用候補者を紹介するものであり、個人的ネットワークを通じた採用活動という意味でかつての縁故採用と似た部分があるが、縁故採用のように紹介者と企業との関係が重視されるのではなく、また紹介したあとは一般の採用審査プロセスを経るといった面で異なる。会社の内部事情を知る社員からの紹介ということで採用後のミスマッチも起こりにくく、また比較的低コストであるというメリットがある。特に募集人数が少ない企業、知名度が高くない企業、特定のスキルをもった社員がほしい企業などではより効果的だとされる。[101]

この方式が、近年は新卒採用にも使われ始めている。社内に

表3-8　主なスカウト型就活サービス（筆者作成）

サービス名	特徴
【総合型】	
OfferBox	登録学生数18万2,000人、利用企業数8,100社
JOBRASS	登録ユーザー約20万人、マッチングや面接の日程調整などをエージェントに委託できる
doda キャンパス	大学1年生から4年生まで登録学生数35万人以上、利用企業数6,800社
【特化型】	
LabBase	理系学生に特化。多くの登録学生のデータを研究テーマやスキルなどから検索することができる
paiza 新卒	IT エンジニアに特化。独自のスキルチェックで就活者をランク化、それをみた企業からオファー
TRUNK	エンジニア、デザイナー、コンサルタント、マーケターなど向け講座を開催、受講者に対して企業からスカウト
iroots	企業会員に審査制を導入して厳選、学生に対しては性格・価値観判断を実施し詳細なプロフィル記入を求めてマッチング
ガクセン	学生団体リーダーなど運営会社から声をかけた「一握りの優秀な学生」に対し企業からオファー
シンアド就活	広告・IT 業界に特化
地方のミカタ	地方学生に特化。利用できるのは常時100社に限定するため競合が生じにくい

OBリクルーターがいる大学であればこれまでもOBネットワークが類似の役割を果たしてきたが、近年は現役社員に加え、内定者に採用候補者の紹介を求める企業も出てきている。新卒の就活生にとっても、必ずしも有名ではないが優良な企業との接触機会を増やすことができる、スカウトを受けることによって自分の就活市場での「価値」を実感できて自信につながる、企業側から先にオファーを受けるため選考が早く進むなどというメリットがある。

リファーラル採用が浸透しつつある背景には、それを支援するサービスの存在がある。たとえばマイリファーが提供する「MyRefer」は、スマホアプリを使って社員や内定者が募集情報をSNSやメールで共有する、応募者獲得で紹介者にギフト券を出しランキング化して紹介者間で競うゲーム化(102)するなど、ソーシャルメディアマーケティングで使われる手法を取り入れ、紹介者の積極的な参加を促す仕組みを作っている。こうした支援サービスをはさむことによって、企業が直接社員や内定者に紹介を求める場合と比べて紹介者が気軽に参加でき、採用活動がスムーズに進む、という声がある。(103)

これらの新しいタイプのサービスを含め、ウェブ上の就活メディアは、単に情報を仲介するだけではなく、学生、企業の双方に対して診断や分析データなどさまざまな付加サービスを提供し、それが差別化のポイントになっている。これはウェブメディア全般の動向と共通するものであり、その意味で、就活メディアがウェブメディアの進化を敏感に反映するものになっていることを示している。

重要な点は、これらの新たなサービスがいずれも、就活生と企業の間に立つ就活メディアの役割をより重要なものにしているということである。就活メディアの機能は単に企業からの採用情報を就活生に伝えたり、就活生からの応募情報を企業に伝えたりするだけではない。就活メディアはいまや、企業や就活生が客観的にみてどの程度望ましいのか、就職（採用）という長期の関係を結ぶ相手としてどの程度ふさわしいのかについての判断に重要な影響を及ぼす存在であり、また相手としてよりふさわしい存在になるためにはどうしたらいいのかを教える存在にもなっているのである。

注

（1）いうまでもないが、「陳情表」は断りの手紙なので、それ以前に就職を要請する手紙などがあった可能性がある。

（2）重原県は戊辰戦争後の一八六九年に成立した重原藩が七一年七月に重原県に改組され、同年十一月に額田県に編入されるまでの数カ月間存在した。額田県は七二年十一月に愛知県に編入された。現在の刈谷市付近にあたる。

（3）一八六八年に新政府が藩の職制を統一した際に設けられた職で、江戸時代の家老職に相当する。

（4）これらには「就職」という言葉は使われていない。

（5）七月十四日は求人広告の日になっている。ちなみに「新聞折込求人広告の日」は九月八日だが、これは一九六九年九月八日に日本で初めて一つの紙面に複数の企業の広告を載せた連合形式の新聞折り込み求人広告を同社が発案して企画・発行したことにちなむ。

（6）知られているなかで世界最古の求人広告は紀元前二〇〇〇年ごろの古代エジプトにまでさかのぼる

という。古代ローマや漢でも同様のものはあり、おそらく日本でも古くから似たようなことはおこなわれてきたのだろう。アメリカでは十九世紀前期には新聞に求人広告が掲載されるようになっていた。

(7) その意味で口入れ屋のビジネスは、個人間の信頼に基づく奉公人の紹介を有償で代替するものだったといえる。

(8) 日本の職業紹介所は一九〇六年に東京市の救世軍が設置したものが最初である。最初の公営の公益職業紹介所は一一年、東京に開設された。

(9) 岩田弘三「戦前期におけるエリート選抜と大学成績の関係——東京帝大1・2番卒業生の経歴を中心に」、日本教育社会学会編「教育社会学研究」第八十二集、東洋館出版社、二〇〇八年

(10) いずれも路面電車を運行する会社であり、その後に東京市が買収、現在は東京都交通局が都電荒川線として運行している路線だけが残っている。

(11) 一五九二年に設立された江戸駿河台吉祥寺内の学林をルーツとする駒澤大学の場合、一八八二年十月十五日に麻布区北日ケ窪町に移転し曹洞宗大学林専門本校となった。これが開校記念日である。その後一九〇四年に専門学校令による大学として認可され、〇五年に校名を曹洞宗大学と改称して一三年に現在の地に移転、二五年に大学令による大学として認可、駒澤大学と改称した。ちなみに、吉祥寺の門前に住んでいた人々が一六五七年の明暦の大火で住居を失い、移住した先が現在の武蔵野市吉祥寺である。また、麻布区北日ケ窪町の曹洞宗大学林専門本校があった場所は現在はテレビ朝日になっている。

(12) 会社代表者を意味するものと思われる。

(13) 金融業を中心に発展した安田財閥の祖である。安田銀行は戦後は富士銀行として芙蓉グループの中核企業になり、現在はみずほ銀行になっている。

（14）善次郎自身は富山藩で士分を買った半農半士の安田善悦の長男だったが、家を継がず江戸に奉公に出て身を立てた。
（15）現在の日清紡ホールディングスである。
（16）民間企業の採用担当者を面接「官」と呼ぶ誤用が百年前からあったのは興味深い。官尊民卑の発想だろうか。
（17）著者は明らかではないが、序文を東京市知識階級職業紹介所署長の仲井真一郎と東京商工会議所理事でもあった経済学者・木村増太郎が書いていて、各界の意見を反映したものと思われる。
（18）一九〇七年に開学した東北帝国大学は学生集めに難航し、文部省の反対を押し切って女性三人の入学を許可した。いずれも師範学校の教員であり、卒業後に戻れる先があったことで踏み切れた面が大きい、とされる。
（19）駒澤大学もこのとき新制大学として認可された。
（20）柴沼俊輔「1949年職業安定法改正審議における学校が行う職業紹介の制度化過程」、日本教育学会機関誌編集委員会編「教育学研究」第七十九巻第一号、日本教育学会、二〇一二年、一―一二ページ
（21）編集グループキャンパスライフ・トゥデイ編『大学生講座 PART3 就職術』大月書店、一九八五年、一八三ページ
（22）「第5章 昭和時代（2）（戦後占領期）」「職業安定行政史」（http://shokugyo-kyokai.or.jp/shiryou/gyouseishi/05-1.html）［二〇二三年一月十日アクセス］
（23）公共職業安定所は戦前の国民勤労動員署が戦後勤労署に改められたあと、一九四七年に成立した。
（24）この時期の有効求人倍率には中卒と高卒が含まれる。
（25）職業紹介業だった江戸時代の口入れ屋が縁故関係を有償で代替するものだったという経緯を考えれ

ばむしろ自然なのかもしれない。

(26) 前掲「先輩後輩関係に〝埋め込まれた〟大卒就職」

(27) 道府県人会などの同郷者ネットワークは、戦前から高度成長期までの間、就職時に都市への移住を伴う集団就職のような、高等教育の卒業者以外の者の就職に際して有効に機能した（中西雄二「同郷者ネットワークと職業紹介機能――同郷者集団研究の知見をもとに」「日本労働研究雑誌」二〇二一年七月号、労働政策研究・研修機構）。

(28) 現在ではこのような考え方はとられていない。「一般的な定義に従って知能とは知能検査で測られたものとすると、様々な職業によってその必要とされる能力は異なるため、IQ値と職業能力の関連を直接的に求めるのは無意味である」。梅永雄二「自閉症者に対する職業評価と職業指導」、梅永雄二／坂井聡／日本障害者雇用促進協会障害者職業総合センター『自閉症者の職業上の諸問題に関する研究』（「調査研究報告書」第二十六巻）、高齢・障害者雇用支援機構、一九九八年

(29) このあと「先輩のコネを通じれば、これぐらいの調べはできるだろう」と続く。そもそも知能テストの趣旨を理解しているのか疑念を抱かせる記述ではある。

(30) こうした企業ではおそらく経営者以外でも、採用選考に落ちた応募者も、かなりの割合でなんらかの「リーダー経験」をもっていたのではないか。

(31)「BG」とは「ビジネスガール」、すなわち従属的業務を担当する女子従業員のことである。「OL」（オフィスレディ）が普及する以前に使われていた。

(32) 人間の「商品」化という言葉遣いにはマルクス主義の影響を感じなくもないが、日教組（日本教職員組合）を批判したくだりもあり、必ずしも「左寄り」ではないようだ。

(33) 東京大学でサークルに熱中して「さっぱり勉強しない」にもかかわらず問題なく単位を取得してい

ける学生は、その時点でなにがしかの才能を有すると考えるほうが適切なのかもしれない。

(34) リクルート編「就職ジャーナル」(リクルート、一九六八年創刊)は二〇〇九年に休刊してウェブに移行した。

(35) 前掲『就職――商品としての学生』

(36) 山口功二はのちに同志社大学教授になったメディア研究者である。山口功二「回顧録 ごく私的な新聞学専攻・メディア学科のメモワール」「評論・社会科学」第百号、同志社大学人文学会、二〇一二年、五七―七二ページ

(37) その後一九八三年には東洋経済新報社が「就職四季報」(東洋経済新報社編)を創刊している。

(38) 日本不動産銀行は一九五七年、終戦後にGHQから解散命令が出て特別清算中だった朝鮮銀行の国内残余財産をもって設立された長期信用銀行である。その後七七年に日本債券信用銀行(日債銀)に社名変更して事業拡大を図ったが、バブル期の無軌道な融資拡大がたたって九八年に経営破綻し、一時国有化されたのち、民間に売却されて現在はあおぞら銀行になっている。

(39) 日本進路指導学会(現・日本キャリア教育学会)が「キャリア・カウンセラー資格」の認定を始めたのは一九九三年であり、この指摘は先駆的なものといえるかもしれない。

(40) YG性格検査の「対策」としてよく挙げられるものには「正直に答えよ、優等生的回答をするな、訂正しすぎるな」といったものが多いが、情緒不安定性に関する質問に対しては「常識に沿った回答をせよ」という婉曲的な表現ではあるものの矛盾するアドバイスがしばしばみられる。

(41) この言葉は一九八六年の「新語・流行語大賞」に選出された。

(42) 「時代に敏感、それでも志望は大企業 就職活動、早くも終盤」「朝日新聞」一九九七年六月二十四日付

（43）「就職学生がみんな読んでる…ベストセラー『メンタツ』って何？」「週刊文春」一九九一年六月二十七日号、文藝春秋、一九九一―二〇一ページ

（44）一九八〇年時点で四十万人いた大学生が八万八千回SPIを受験していて、八九年には六七％の企業が採用選考ツールとしてSPIを重視すると回答している。二宮祐「総合検査SPIの開発経緯――1960年代から1990年代までを対象として」「大学教育研究ジャーナル」第十二号、徳島大学、二〇一五年

（45）ほんのわずかふれていて、「中学入試の家庭教師をしろ」だそうである。

（46）「中森明菜問題」とは、一九八〇年代を通じて人気歌手だった中森明菜が八九年七月に自殺未遂事件を起こし、芸能活動を一時中止した件を指すものと思われる。「イカ天」は同年二月に放送開始し爆発的な人気を呼んだアマチュア音楽バンドの勝ち抜き戦番組『三宅裕司のいかすバンド天国』（TBS系、一九八九年）を指す。

（47）そもそも時事問題にどう答えるかという話題自体、「面接で言うべきことは自己紹介と志望動機だけ、何を聞かれてもその二点のみ答えよ」と書いたことと矛盾する。

（48）「絶対内定」シリーズ（マガジンハウス、一九九四年―）はキャリアデザイン分野で十三年連続売り上げ一位を記録した（二〇〇八―二一年）。

（49）著者は会社員時代にサラリーマン歌手コンビSHINE'S（シャインズ）を結成して芸能活動をするなど多彩な活動で知られたが、二〇一一年に死去した。

（50）著者が主宰する就活予備校の名が我究館である点も象徴的だろう。

（51）いうまでもなく、この本の巻末には著者の就活予備校の住所と電話番号が書いてある。インターネットの公式ウェブサイトが書かれてないところが、インターネットの一般への普及がまだこれからと

いうこの時代らしい。
（52）ネットビジネスでも一般的な差別料金制のビジネスモデルといえる。
（53）残りの一％は「面接官に見る目がなかった」であり、そういう「面接官だって、特に人気企業にはごろごろいる」のだそうである。「面接官は面接のプロ」という記述と矛盾するが（なぜ「特に人気企業にはごろごろ」なのかも説明されていない）、著者のアツい語り口に押し流されて気にかける人は少ないだろう。そういう本なのだ、と納得するしかない。杉村太郎『絶対内定――完全就職の極意1995』マガジンハウス、一九九四年、三五ページ
（54）「本命に内定できなかった学生が何人かいる。しかし、みな本命に近いところには内定している。悔やんでいる学生は一人もいない。これは彼らが、その時、全力で戦っていたからこそであろう」（同書三七ページ）
（55）かつて宝くじのコマーシャルのキャッチコピーに「当たりたいなら買うしかない」というものがあった。確かに間違いではない。
（56）論理学的には「絶対内定できるのは頑張ったヤツ」は「頑張れば絶対内定」の逆命題にあたり、「頑張ったが内定をとれなかった」を含んでいないので同じではない。
（57）「就活セミナーで高額契約　学生の不安につけ込む手口」「読売新聞」二〇二〇年七月二十五日付
（58）出身大学がわかるのは有価証券報告書を公開している上場企業でそこに掲載されている役員以上しかないので、こうするしかないのだろう。
（59）「忍び寄る「大学倒産」危機　2000年以降すでに14校が倒産している」「Newsweek日本版」（https://www.newsweekjapan.jp/stories/business/2018/12/200014_3.php）［二〇二三年一月十日アクセス］

(60)「20代が成長できる企業ランキング2020【ベスト30・完全版】」「DIAMOND online」(https://diamond.jp/articles/-/253849)［二〇二三年一月十日アクセス］
(61)「フリーター」を提唱し「新しい自由な生き方」ともてはやしてはやらせたのはほかならぬリクルートだったことを想起すれば「どの口でそれを言うか」という感想を禁じえないが、もちろん著者自身がフリーターをはやらせたわけではない。
(62) 現在よくいわれる「パレートの法則」の大半は、十九世紀イタリアの経済学者ヴィルフレド・パレートとはまったく関係がない経験則である。
(63) 速水敏彦「仮想的有能感研究の展望」、日本教育心理学会教育心理学年報編集委員会編「教育心理学年報」第五十集、日本教育心理学会、二〇一一年
(64) 経済産業省経済産業政策局産業人材政策室編、河合塾制作・調査『社会人基礎力育成の手引き――日本の将来を託す若者を育てるために　教育の実践現場から』経済産業省、二〇一〇年
(65) 日本レコード協会二〇一六年二月ゴールドディスク月次認定作品になった。
(66)「これまで一度も嘘をついたことがない」や「一度も勉強を嫌になったことがない」のような質問は典型的なライスケールの例である。
(67) 航空大学校の入学願書にはしばしば、どこで入手したのか、パイロット制服姿の受験生がいると聞いたことがあるが、それと似たようなものかもしれない。
(68)「「履歴書の証明写真は選考に影響」約7割！ 証明写真から感じとるのは「清潔感」！ 約8割の採用担当者が、写真とリアルの姿にギャップを経験」「PRTIMES」(https://prtimes.jp/main/html/rd/p/000000430.000006496.html)［二〇二三年一月十日アクセス］
(69) テレビコマーシャルなどでおなじみの家庭教師のトライの会社である。

(70)「株式会社トライグループ／4回連続学生満足度1位の本気の採用戦略」「RECCOO 採用お役立ちブログ」(https://blog.reccoo.com/blog/case319)［二〇二三年一月十日アクセス］
(71) 著者はこの考えを「ゲームのルールを知ることが大事だ。そしてルールを学んだ後は、誰よりも上手にプレイするだけだ」という「アインシュタインの名言」と関連づけているが、アインシュタインについてわずかでも知っている人なら「そんなことを言うだろうか?」と疑問をもつだろうこの言葉はもちろん、相対性理論で有名な理論物理学者アルバート・アインシュタインのものではない。アメリカの上院議員ダイアン・ファインスタインが一九八五年の「コスモポリタン」誌のインタビューで、女性政治家の先駆者としての心構えを「ゲームのルールを学び、誰よりもうまくプレイしなければならない」と語ったものである。「仕事のできるビジネスパーソン」にとって名言の由来など優先順位が低いということだろうか。
(72)「内定率100%の就活塾　ホワイトアカデミー」(https://avalon-consulting.jp/muriyousoudankai)［二〇二三年一月十日アクセス］
(73)「ホワイト企業総合研究所」(https://avalon-consulting.jp/white-souken/governance/)［二〇二三年一月十日アクセス］
(74) 竹内健登『2024年度版　効率よく「内定」獲得　就活の教科書——これさえあれば。』ＴＡＣ出版、二〇二二年、二一ページ
(75)「Youseful」(https://corp.youseful.jp/)［二〇二三年一月十日アクセス］
(76) 吉本隆男「日本型就職システムの変遷」、都市住宅学会編集委員会編「都市住宅学」第九十九号、都市住宅学会、二〇一七年
(77) 前掲「就職情報誌から就職情報サイトへの移行がもたらさなかったもの」

（78）Asonye, Ifeanyi O., "Definition, Current and Futuristic Explanation of 'Digital Convergence' Leading Into a New Era: A Solid Foundation For Individuals and Businesses to Connect on a Global Scale, Globrocks Corporation, 2003.

（79）大量生産によるコスト削減で競争優位を得る「規模の経済」になぞらえた表現で、多様な製品・サービスをそろえて顧客のニーズに幅広く対応できる企業が競争優位を得る。大手ネット企業の多くがとる戦略である。

（80）「令和3年 通信利用動向調査」「総務省」（https://www.soumu.go.jp/johotsusintokei/statistics/statistics05.html）［二〇二三年一月十日アクセス］

（81）現在は「5ちゃんねる」になっている。「5ちゃんねる」（https://5ch.net/）［二〇二三年一月十日アクセス］

（82）その後「転職板」が分離し「就職板」となった。「就職板」「5ちゃんねる」（https://rio2016.5ch.net/recruit/）［二〇二三年一月十日アクセス］

（83）「企業はソーシャルメディアをどう使い分けている?」「MarkeZine」（https://markezine.jp/article/detail/39825）［二〇二三年一月十日アクセス］

（84）「みん就」（https://www.nikki.ne.jp/）［二〇二三年一月十日アクセス］

（85）「広告掲載」「みん就」（https://www.nikki.ne.jp/adinfo/）［二〇二三年一月十日アクセス］

（86）「ワンキャリアの歴史」「The 社史」（https://the-shashi.com/tse/4377/）［二〇二三年一月十日アクセス］

（87）「運営ポリシー」「en ライトハウス」（https://en-hyouban.com/policy/）［二〇二三年一月十日アクセス］

(88)「リクナビの内定辞退率問題、トヨタや京セラなど35社に個人情報保護委員会が指導」「ITmedia ビジネス ONLINE」(https://www.itmedia.co.jp/business/articles/1912/04/news159.html)[二〇二三年一月十日アクセス]

(89)大学を含む学校による無料職業紹介もこのとき認められた。そのあと一九六四年の職業安定法施行規則改正によって一部職種の職業紹介が解禁され、九〇年には取り扱い職種が二十九職業に拡大されていた。

(90)佐野哲「ホワイトカラー職業紹介の規制緩和」、日本労働研究機構編「JIL調査研究報告書」第百二十七号、日本労働研究機構、一九九九年

(91)小林徹「人材派遣、職業紹介の規制緩和は何をもたらしたか」「三田商学研究」二〇一四年十・十一月号、慶應義塾大学商学会、七五―九六ページ

(92)「2022年卒大学生活動実態調査(3月)」「マイナビキャリアリサーチ Lab」(https://career-research.mynavi.jp/reserch/20210407_6182/)[二〇二三年一月十日アクセス]

(93)「2022年卒大学生活動実態調査(9月)」「マイナビキャリアリサーチ Lab」(https://career-research.mynavi.jp/reserch/20211007_17264/)[二〇二三年一月十日アクセス]

(94)「総合人材サービスのインテリジェンス 大学向け就職支援事業を強化 技術体験型授業など実践的プログラムなど導入 学生の就業力向上を支援」「パーソルキャリア」(https://www.persol-career.co.jp/pressroom/news/service/2010/20101001_01/)[二〇二三年一月十日アクセス]

(95)物販の分野では一九九〇年代末から二〇〇〇年代初頭のころ、オンライン店舗と実店舗を組み合わせたビジネスモデルを「クリック&モルタル」と称した。

(96)正式名称は「大学・短期大学・高等専門学校及び専修学校卒業予定者の就職(内定)状況調査」で

ある。「大学、短期大学、高等専門学校及び専修学校卒業予定者の就職内定状況等調査」「文部科学省」（https://www.mext.go.jp/b_menu/toukei/chousa01/naitei/1267704.htm）［二〇二三年一月十日アクセス］

（97）「教育の内部質保証に関するガイドライン」「大学改革支援・学位授与機構」（https://www.niad.ac.jp/n_shuppan/project/__icsFiles/afieldfile/2017/06/08/guideline.pdf）［二〇二三年一月十日アクセス］

（98）常見陽平『くたばれ！就職氷河期——就活格差を乗り越えろ』（角川ＳＳＣ新書）、角川ＳＳコミュニケーションズ、二〇一〇年

（99）「ダイレクトリクルーティング」「オファー型採用」「逆求人」とも呼ばれる。

（100）「OfferBox 基本資料」「i-plug」（https://offerbox.jp/company/material）［二〇二三年一月十日アクセス］

（101）「リファラル採用の成功事例集『新卒採用編』」「HR Lab」（https://i-myrefer.jp/media/resource/resource_30/）［二〇二三年一月十日アクセス］

（102）いわゆるゲーミフィケーションである。

（103）「新卒採用においてリファラル採用を導入するメリット」「MyRefer」（https://i-myrefer.jp/campus/）［二〇二三年一月十日アクセス］

コラム　就活をめぐる都市伝説

就活をめぐっては、数多くの都市伝説と呼ぶべき噂が流布している。都市伝説とは、辞書的には「口承される噂話のうち、現代発祥のもので、根拠が曖昧・不明であるもの」（松村明編『大辞林 第二版』三省堂、一九九五年）だが、民俗学や社会学的には流言の一種だと考えられている。就活にまつわる都市伝説にはさまざまなものがあるが、広く流布しているものは大きく①ポジティブなもの（武勇伝系）と②ネガティブなもの（怪談系）に分けられるだろう。

①就活をめぐるポジティブな都市伝説（武勇伝系）

就活をめぐるポジティブな都市伝説は多くの場合、普通では考えられないような就活のやり方がうまくいった事例として語られる。

「男は黙ってサッポロビール」という広告コピーを真似して、面接で黙りこんだ人が通った「ＧＮＰとは、がんばれ日産パルサーの略です！」と自己ＰＲした人が日産に入社した広告代理店は目立ったもの勝ちということで、毎年、和服や着ぐるみなどでやってくる人がい

る
スポーツ新聞社を受験する際、わざわざ自転車で会社に行き、「自転車で走り回れるほど体力があります！」とアピールした
企業名と自分の名前が一字でも合っていれば、それを強調する（例：「森本です！　森永製菓を本当に大きくしたいと考える森本です！」）
大関酒造の面接で逆立ちして、「僕は関大（関西大）です！逆立ちすると大関です！」と叫んだ

突拍子もない就活手法で成功する事例はまったくないわけではないようだが、そうしたものが口伝えに話されるなかで次第に尾鰭がつき、似た事例が創造されてさらに広まっていく点はまさに都市伝説的である。
似ているがややインパクトが弱いものとしては、「○○をすると就活で有利」といった噂がある。

スターバックスでアルバイト
ディズニーランドでアルバイト

②就活をめぐるネガティブな都市伝説（怪談系）
就活をめぐるネガティブな都市伝説の多くは「○○をやったら落とされた」という類いのもので

ある。

「学生時代はプロレス観戦（P）とギャンブル（G）に明け暮れていました。だから、P&Gが第一志望なのです！」と自己PRした人が落とされた
内定を辞退するとカレーをかけられてクリーニング代を渡される
ドアをノックする回数で落とされる
面接を無断欠席するとブラックリストに載り、他の企業からも採用されなくなる

最初の「P&G」のものはポジティブな「武勇伝」系の噂と似ていて、もとは同じ話が分岐していったものかもしれない。総じて、ポジティブなものとネガティブなものにはよく似た話がみられる。

「内定辞退」のケースについても古くからさまざまなバリエーションが知られていて、かけられるものも水、コーヒーなどさまざまである。被害がより大きいものとして「カレー」が持ち出された可能性がある。また「クリーニング代を渡される」にも、逆に「同じ大学の学生を採用しなくなる」「長い間説教される」「自分の第一志望先に圧力をかけて内定を取り消させる」など、さまざまなバリエーションがある。

よりマイルドな話があるのもポジティブ系とネガティブ系とで共通している。人事担当者による就活生への監視に関する話が多くみられる。

グループディスカッションのなかに人事担当者がまぎれこんでいて学生の言動をチェックしている
面接の帰りの際の言動や行動を人事担当者がチェックしている
「Twitter」や「Facebook」をチェックしている

三隅譲二は、都市伝説は以下のいくつかの点で一般的な流言と異なる、とする。就活に関する都市伝説は、ポジティブなものを含み、検証されないまま伝承されていくという点で、都市伝説にあたるものと考えられる。

コミュニケーションの目的が道具的情報の交換ではなく、①表出的情報の交換それ自体にある。一般に都市伝説は娯楽として享受されており、そこで伝達・交換されているのは、「驚き」「感動」「興味」といった相互作用の帰結として生じる集合的な表出的特性である。これらは従来の集合行動論の考察の中心であった「不安」「不満」とは、第一にポジティブであるし、表出性自体を行為の起動条件ではなく、目的・帰結条件であると理解すべき点において全く異なっている。次に、都市伝説においては、②信疑基準にもとづいて話が発達し、③評価性を中心にメッセージが公共化され、再組織化されていく。津波流言では、例え《〔ママ〕》困難な状況下においても我々は、その情報を検証しようと努力する。これに対して、キャンプファイアーの車座の中で議論される都市伝説は、ブルンヴァンの指摘するとおり「語り手達は、それぞれの話が本当のことであるかどうかについて、自分の手で確かめようとはしない」(1)。

これらの都市伝説には、少なくとも一部は事実に根差した話が存在すると考えられる。実際、内定を辞退しにいった際にその場でほかの内定先に断りの電話を入れさせる企業は少なからず存在したことが知られているし、またエレベーターなどで面接帰りの就活生の態度に立腹した人事担当者が内定を取り消した事例は、就活本の対談記事などに当事者の発言として載っている。

子ども向けの昔話やフォークロアなどには、なんらかの教訓的要素をもったものがあることはよく知られている(2)。同様に、こうした都市伝説のなかにも、そうした教訓的要素があると考えることは、必ずしも的外れではないだろう。たとえば、常識はずれの就活術による内定獲得は常識にとらわれた面白みがない就活術への警告であり、同時にそれは非常識な振る舞いによる就活失敗への警告と裏腹の関係にある。

また、内定辞退は本来非倫理的な行為だが、横行している実態から多くの就活生がやむをえず罪悪感を感じながらおこなっていて、そこになんらかの不利益を被るおそれを感じることで自らに「罰」を与えて心のバランスをとっていると考えることもできる。

就活は多くの人にとって個人的な行為であり、検証の機会をもちにくいことから、こうした都市伝説は今後も姿を変えながら生き残っていくだろう。

注

（1）三隅譲二「都市伝説——流言としての理論的一考察」、日本社会学会編「社会学評論」第四十二巻第一号、日本社会学会、一九九一年、一七―三一ページ

（2）吉岡一志「『学校の怪談』はいかに読まれているか——小学生へのアンケートをもとに」、日本子ども社会学会紀要編集委員会編「子ども社会研究」第十四号、日本子ども社会学会、二〇〇八年

第4章　就活メディアは何を伝えてきたのか

1　マッチングメディア

就活メディアの発展

本章では、第3章「就活メディアの変遷」でたどってきた就活メディアの変遷をふまえ、就活メディアが何を伝えてきたのかを整理してみよう。

①黎明期の就活メディア

就活メディアが提供する情報のうち最も基本的なものは、就職先に関する情報と就職にあたって満たさなければならない応募条件や選考プロセスに関する情報だ。しかし、「就職」という言葉が広く使われるようになる前、すなわち前近代日本の身分制社会の下では、就職に関する情報自体も少なく、それを伝える必要性も大きくはなかった。人の移動自体が少なく、多くの人々が生まれ育った地域共同体のなかで代々同じ職業に就くような社会であれば、そもそもどのような職に就くかを考える必要性は薄いからである。公職その他、生まれながらに決まっているわけではない職に就くための情報のやりとりは対面で、または書面でおこなわれたのだろう。

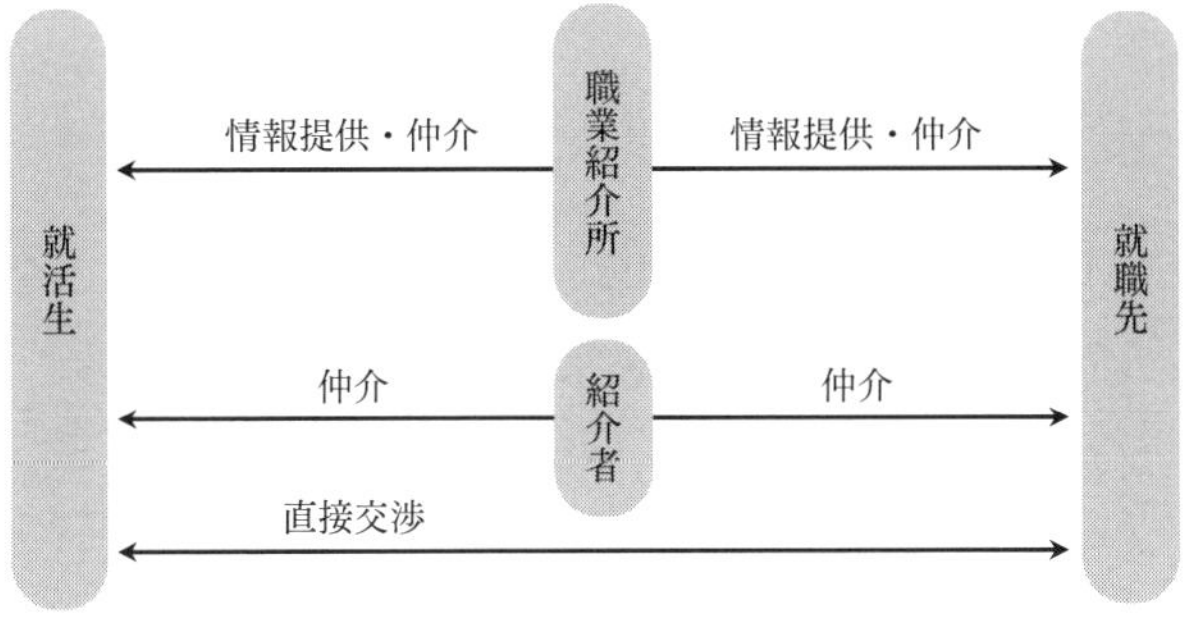

図4-1a　黎明期の就活メディア

しかし、人がその意欲と能力に応じて働く場所や職種に幅広い選択肢をもちうる社会に変化していくにあたっては、それに必要な情報を幅広く提供することが求められる。就職に関する情報は、どの職に就くかを選ぶ余地がある社会ができてはじめて必要とされるようになったのである。当事者同士の対面による直接交渉を除けば、最初期の就活メディアは、明治初年の就職斡旋依頼のような紹介者を通じた個人間コミュニケーションだった（図4―1a）。個人間コミュニケーションの少なくとも一部が書面、すなわち文字メディアでおこなわれていたことは、国会図書館に残っている資料からも知ることができる。

当時職に就くことを「就職」という言葉で表現した社会の上位

階層は、全労働人口のごく一部を占めるにすぎなかったため、有力者などの紹介による場合が少なくなかっただろうが、社会構造の変化や人口の流動化が進むにつれ、特に不況期などでは彼ら以外の階層の就職にも職業紹介所による仲介は重要な役割を果たした。新たに普及し始めた新聞での求人広告も、多くはこうした職業紹介所によるものだった。こうした対面メディアが情報提供やマッチングだけでなく、就活者に対してアドバイスなどの指南や応援をすることもあっただろうことは想像にかたくない。

②大衆化する就活メディア

大学制度が始まった明治期以降、よりいい生活を求めて大学へ進学する者は増え、大学の新設も続いたことから、大卒者もまた増加していった。このことは、かつてごく一部のエリートのものだった就職、そしてそのための就活が、次第に大衆化していったことを意味する。

封建制に基づく身分制度のかわりに、整備された学校制度によって与えられる学歴に基づいた信用供与がおこなわれるようになると、学歴や学校による推薦が主要な信用の供給源の一つになった。大学が増え、その卒業生が新しいエリート層として社会のなかで定着してくると、就活は次第に「大衆化」していくことになる。大学は自らの価値を高めるため、当初は有力者でもあった創立者などによる紹介によって、のちには組織化して就職部などの部署を設け、学生の就職の世話をするようになった（図4―1b）。就職機会をもたらす求人票は大学に送られるようになり、指定校制度などで枠が確保されたり、大学や教員からの斡旋で就職できたりする場合も少なくなかった。しかしそれらを利用できない就活生にとって就活自体は本人の問題とされ、企業に直接申し込む必要があった。

学生にとって就活は初めて経験することであり、大学でそのやり方を教えてくれるわけでもない。そこで求められるのが就職機会に関する情報提供と、就活の具体的なやり方に関する指南である。ほどなく登場した新たな文字メディアである就活本は、景気がいい時期には就職機会に関する情報、景気が悪いときには就職活動のためのアドバイスを多く伝えた。後者のタイプの就活本の著者は大学教職員や職業紹介機関の当事者など就活を直接指導する立場の人物のほか、経済・経営の専門家やジャーナリストが多く、全体として本業の「余技」として書かれたものがほとんどで、就職指導が固有の専門分野になっていなかったことを示している。

しかし同時に、対面メディアの一種である個人間の縁故に基づく就職も根強く残った。依然として新卒者の業務上の能力は評価困難であり、学校教育の質に対する不信が根強く、また企業側がさまざまな社会的ネットワークに基づく雇用機会の提供の要求を無視できない状況も続いたからである。

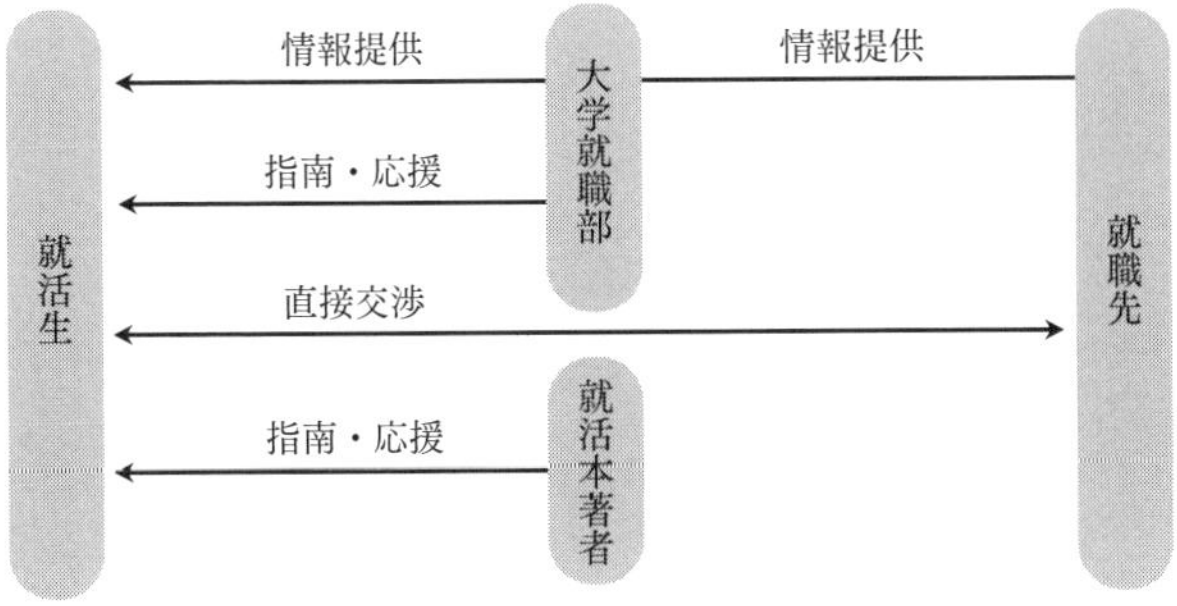

図4-1b　大衆化する就活メディア

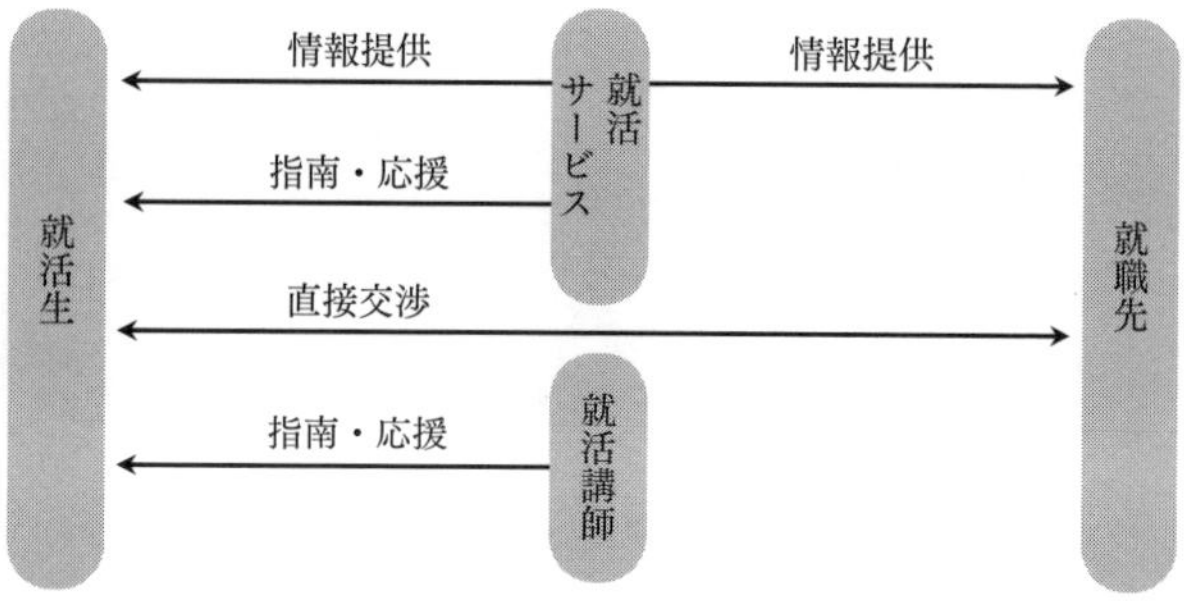

図4-1c　産業化する就活メディア

③産業化する就活メディア

戦後、大学制度の変化で大学の数はさらに増えて大卒者が増大し、高度経済成長を経て人材採用ニーズもいっそう高まるなかで、より開かれた就職＝採用の場が必要になった。縁故による採用は次第に減り、自由応募方式による就活が広まっていったが、それに呼応するようにして就職産業が発展し、就活メディアは独立した情報産業として成立するようになった（図4―1c）。就職情報を専門に扱う雑誌が登場して、就活生向けの無料情報冊子とともに、文字メディアが情報提供の主要な役割を担うようになった。その裏では、指定校制度から自由応募方式への変化で大学就職部による情報提供や仲介の機能の重要性は相対的に低下していった。

就活生から集まってくる情報は、また採用側企業にとっても貴重なものであり、就活サービス企業は就活生だけではなく企業に対しても情報提供をする立場になった。また、採用選考の一部になるテストや合同企業説明会のような就活イベントの主催など、対面メディアとしての周辺サービスを充実させる一種のメディアミックスが進展していった。

就活生の希望就職先は一部有名・有力企業に集中する傾向があり、そうした企業では採用コストを削減する目的もあって、制約条件を設けて応募者数を制約しようとする動きが絶えなかった。一部有力大学だけに就職機会を開く指定校方式がすたれるとOBリクルーターによる面談を採用プロセスの最初に置くことで事実上の差を設けるやり方に移行し、さらにエントリーシートによるオープンな応募方式が広まると、その裏でインターネットを活用し、一部の大学の就活生にだけ応募機会を設けるなど大学によって応募機会の差を設ける「学歴フィルター」が横行することになった。

自由応募方式になって自己責任化した就活はエントリーシートの普及でいっそうの過当競争になり、就活生、企業双方の負担は増えることになった。就職氷河期の厳しい環境のなかで、就活は大学生活全体を通じて取り組む一大事業になり、就活術を教える専門講師たちの就活塾が次々と生まれた。就活本は独立した就活メディアの一つであると同時に、そうした就活講師たちが提供する就活サービスへの導入部として機能するようになった。

④サービス化する就活メディア

一九九〇年代以降急速に進展したウェブ就活メディアの普及は、就活のあり方を大きく変えた。主要なウェブサービスがそうであるように、ウェブ就活メディアもデジタルコンバージェンスによるワンストップサービス化が進んだが、なかでも特に重要な変化は二つある。

一つはウェブ就活サービスが、就活者向けの情報提供や指南・応援にとどまらず、マッチング機能をもちはじめたことである（図4―1d）。就活生向けにはいわゆるエージェント（紹介）サービスがこれにあたる。就活生の多くは就活メディアで得た情報をもとに自ら応募先を選ぶため新卒就

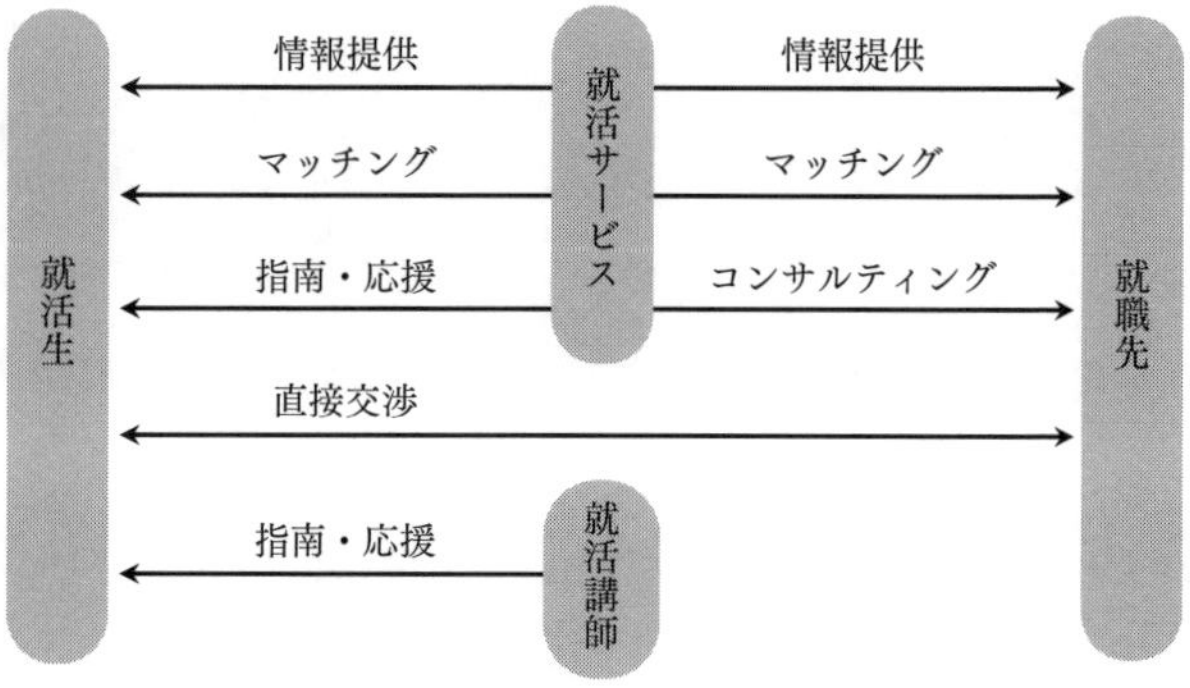

図4-1d　サービス化する就活メディア

活生向けの紹介サービスの利用率は一〇%から二〇%前後と必ずしも高いとはいえないが、サービスとして既に定着していて、利用者数を伸ばしている。

たとえば「マイナビ」では、就活生向けには自己診断テストに基づく「向いている業界・職種」の提案、地域や業界とタイアップした企業紹介ページなど、応募先企業の「おすすめ」を出すなどのサービスがあり、さらに「マイナビ新卒紹介」で「キャリアアドバイザーが個別にキャリアカウンセリングを行い」「〔就活生の：引用者注〕志向や適性に合」った「求人を紹介」している[1]。

就活本の出版に始まり、就職情報誌や就活イベント開催、適性検査のような関連サービスの提供などによって産業化した就活メディアは、就職先や採用選考についての情報提供などをおこなってきたが、これまでは実際に就活生と企業を個別に結び付けるマッチングの機能を担ってはいなかった。職業安定法で民間の有料職業紹介事業が原則として禁止されていたためである。その例外とされた大学による紹介も、自由応募方式にとってかわられ、就活は自己責任でおこなうものになっていた。

そもそも、就活生が数ある企業のなかから応募先を選ぶ行為を他者に任せるべきものではないという発想は、ずっと以前から、少なくとも大卒者の就活では自明のこととされてきた。村田多嘉治『就職学入門』はこう書く。

　就戦というのは、いずれかの会社に入ることであるが、同時に、長い社会生活に向かって最初のスタートをきることでもある。人生七十年とすれば、大学卒業時までの三倍もの期間を、社会人として生活しなければならない。数十年という真白なキャンバスの上に、どのような人生模様を描くか――就職とは、そのキャンバスにおろす最初の絵筆といってもいいだろう。そして、上手な絵を描くためには、しっかりした構想力をもっていなければならないし、最初の一筆は特に慎重でなければならないのである。(2)

また、「就職活動は単なるシゴト選びや会社選びではない。「自分の本当にやりたいこと」、「自分の送りたい人生」を探し出し、摑み取る活動である」とアツく語る『絶対内定』でも、会社選びを他人に任せるという発想はありえない、OBと会いまくって「きみが、「この会社が好きだ」「この人が好きだ」「この人たちと働きたい」「こういう人になりたい」と、思ったらそれでいい」(四〇五ページ)のである。

　しかしそうした自己責任化した就活は、多くの就活生にとって必ずしも楽しい作業ではない。特にバブル崩壊後の就職難の時代にあっては、就活は長い時間と多大な努力を要し、それでも満足の

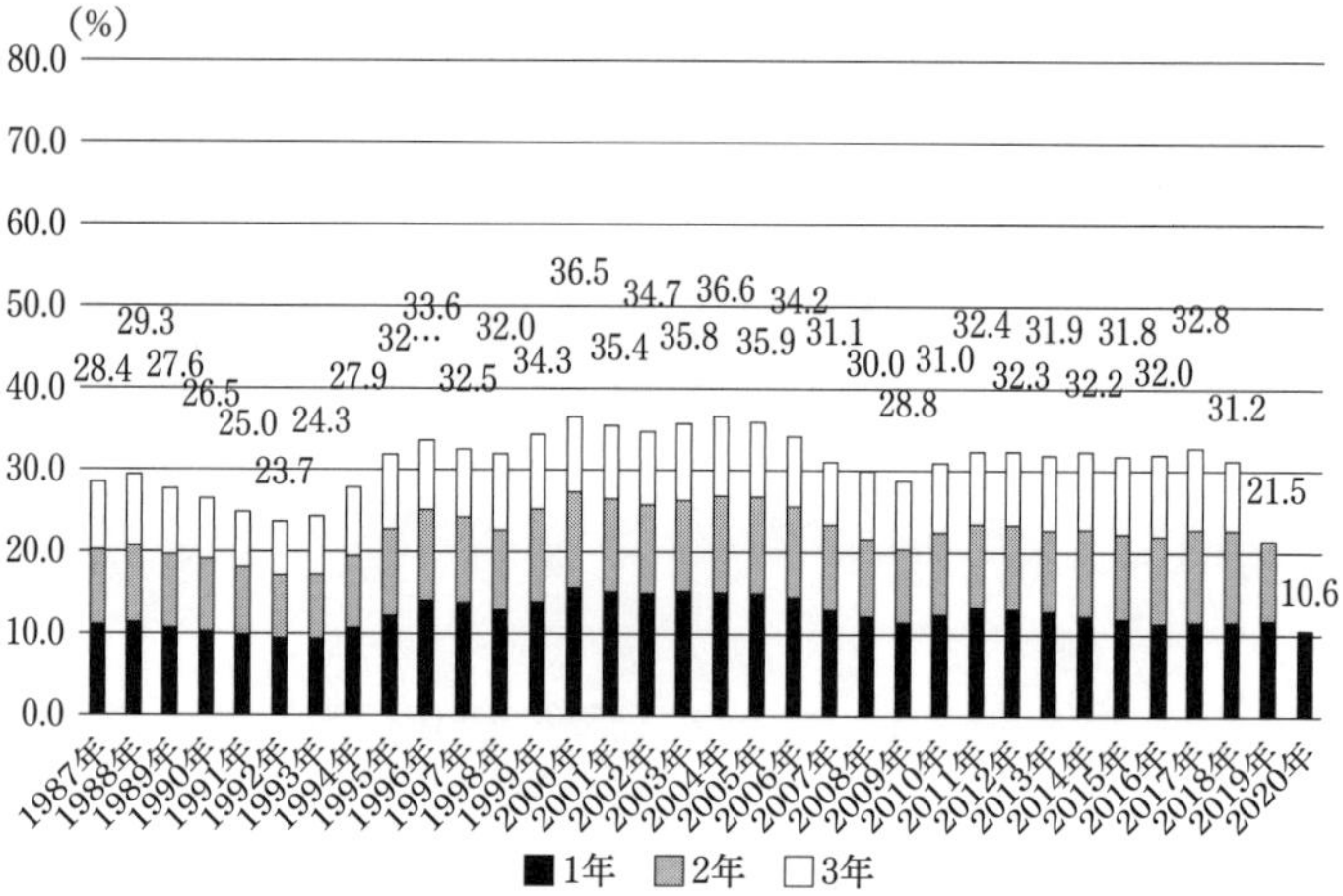

図4-2　新規大卒就職者の早期離職率推移
（出典：「新規学卒者の離職状況」「厚生労働省」〔https://www.mhlw.go.jp/stf/seisakunitsuite/bunya/0000137940.html〕をもとに筆者作成）

いく結果を得られないおそれが強い。一九九九年の職業安定法改正で民間の有料職業紹介事業が原則自由化されて以降、ウェブ就活メディアに対して、就活生により手厚いサービスを提供して「救いの手」を差し伸べることが期待されたのはむしろ自然な成り行きでもあった。

一方、採用側の企業にとっても、採用業務の負担は決して小さくはない。就職難で不本意な就職をした大卒者が増えたこともあり、一九九〇年代に入ってそれまで二〇％台半ばで推移していた新規大学就職者の早期（三年以内）離職率は三〇％台半ばまで上昇した（図４―２）。採用数を絞り教育訓練に力を入れたい企業にとって、早期離職は採用のための経費や教育投資がむだになることから容認しがたく、採用経費の圧縮とマッチングの精度への関心が高まったことが、専門企業のサービスを利用する動機になっている。

「マイナビ」など、ウェブ就活メディア運営大手は、企業向けには選考プロセスの設計から面接担当者やリクルーターの研修、マニュアル作成、採用業務の代行に至るまで、「採用に関する全領域をワンストップでサポートできる」[3]を謳い文句にする。すなわち、就職、採用双方の活動の重要な部分を支援・代行するサービスを「採用コンサルティング」として提供しているのである。

こうした就活関連サービスは、近年世界的に注目を集めるようになったHRテックの一類型[4]と位置づけることができる。DX[5]の一分野であるHRテックのなかでも、採用テック（recruitment tech）は基幹人事システム、タレントマネジメントと並んで成長著しい分野の一つ[6]になっていて、採用業務のあり方を大きく変えていく傾向にある（表4―1）。新卒一括採用に重きを置く日本の人事慣行は世界の潮流とは大きく異なってはいるが、データと技術を活用したより合理的で効果的な採用業務へのニーズの高まりや採用コスト削減への圧力などの潮流自体は共通していて、日本でもHRテックへの期待が高まってきている。デロイト・トーマツ・ミック経済研究所はHRテッククラウド（クラウドをベースにソーシャルやモバイル、ビッグデータ解析、AIなど最先端のITを使った人事関連ソリューション）の市場規模が二〇二一年度には対前年度比で三〇・二％増の五百七十八億円に成長し、二六年度まで年平均成長率三一・五％で成長を続け、二千二百七十億円に拡大すると予測している。[7]

このような就活メディアの「サービス化」は、就活が専門家や専門企業の関与が必要な専門性の高いものだと認識されるようになったことを示している。実際、HRテックには既に多くの専門企業が参入している。「Lifeplay」が運営するウェブメディア「HR Tech ガイド」で発表した「HR

表4-1　採用業務のこれまでとこれから

採用の主な論点	これまで	これから
進め方	人海戦術	データドリブン
成功の鍵	母集団形成（エントリーの量が大切）	データに基づくマッチング精度の向上（エントリーの質が大切）
応募者と人事部のコミュニケーション手段	電話・手紙・メール中心の一方通行で時間がかかるコミュニケーション	ウェブ会議、SNSメッセージやチャットボットなどで双方向でスピード感があるコミュニケーション
採用チャネル	主にエージェント経由	エージェント経由に加えて、リファーラル採用、ダイレクト採用、SNS経由採用など多様化
選考プロセス	昔ながらの学力・心理テストと面談	テストや面談場面にAI、機械学習、ゲーミフィケーション、VRなどを適用
応募書類や面談評価シート管理	紙かエクセルで管理	採用テックで一元管理
データ連携	なし	採用テックで一元管理し、後発の人事基幹システムに自動連携

（出典：「興隆するHRテック市場で、採用テックがなぜ今注目なのか？（前編）」「ITmedia ビジネス ONLINE」〔https://www.itmedia.co.jp/business/articles/2110/01/news021.html〕［2023年1月10日アクセス］をもとに筆者作成）

テックカオスマップ【2022年最新版】」には、「採用」「求人」の二つのカテゴリーがあり、そのなかには、採用管理、人材マッチング、面接、サイト作成、代行、広報、コンサルティング、マーケティング、適性検査、バックグラウンドチェック、求人票支援、ビジネスSNSなどの各分野でサービスを提供する企業が列挙されている(8)。

　こうした傾向に対し、企業へのアクセスをもたない就活講師たちも乗り遅れまいと追随している。就活本も、氷河期にみられたお手軽ライフハック的な就活テクニックや熱意だけで押す精神論のようなものから、キャリアプランニングのような専門知識に基づいた具体的なアドバイスに移行しつつある。

すなわち、就活の「サービス化」は同時に「専門化」であり、逆にいえば就活生と企業という就活の当事者双方が、そうした専門サービスの介在を前提として、就活での「お客様化」していくことである。ウェブ就活メディアは就活生と企業の双方を彼らのサービスの顧客として抱えることになった。あたかも矛と盾を別々の人に売る商人のように、就活生向けには優良企業を、企業向けには優秀な就活生をマッチングさせることを謳うのである。

マッチングメディア

現代の主要な就活メディアは情報提供、マッチング、指南・応援の三つの機能をあわせもつワンストップサービス化し、就活生と企業の間をつなぐ存在になった。そのなかでも、両者を最も強く結び付けるのがマッチングの機能である。マッチングを中心的な機能とするこのようなメディアを「マッチングメディア」と名付けてみよう。情報メディアはそもそも人とその人が求める情報をマッチングするものではあるが、ここでいうマッチングは、もともと関係がなかった両当事者の要望を聞き、登録された利用者のなかからなんらかの方法で条件に合うものを探し出し、互いにとってふさわしい相手として紹介し結び付けるというものである。

就活での「マッチング」という言葉は、キャリアカウンセリングの祖とされるフランク・パーソンズの特性因子理論[9]を想起させる。この理論は、個人がもつ能力などの特性と職業に求められる資質などの因子が一致するほど仕事の満足度は高くなるという「人と職業のマッチング」を基本原理とし、適切なマッチングに必要な「自己分析」「職業分析」「その二つの関係についての正しい推論」の三要素と、それを補完する七段階の支援（個人資料の記述、自己分析、選択と意思決定、カウンセラーによる分析、職業についての概観と展望、推論とアドバイス、選択した職業への適合）を提唱する[10]。いわゆる「適材適所」の考え方であり、「人間と職業との関係性の捉え方が過度に一面的、固定的、静態的である」などの批判はあるものの、現代にまで至るキャリア指導の考え方の基礎ともいえる。一方、マッチングメディアの考え方は、個人が就職先を選択するように、雇用者側も誰を採用するかを選択する当事者ととらえ、「人と職業」ではなく「人と企業」のマッチングで両者の間に立つメディアの役割に注目するものである。

このようなメディアは就活メディアだけではない。たとえば婚活やその他の出会い系サービスなどはいうまでもなくマッチングメディアの一種である。また、「Uber」や「Airbnb」のような遊休資産の活用、あるいは「ランサーズ」「ココナラ」「ビザスク」のような労働力やスキルなどの活用を目的とするシェアリングサービスも、「持つ者」と「持たざる者」をマッチングするサービスという意味でマッチングメディアである。不動産の売り手（または貸し手）を買い手（または借り手）と結び付ける不動産仲介業や旅行代理業、広告代理業などのビジネスも同様に考えることができるだろう。こうしたマッチングメディアは一般に、次のような特徴をもっている。

①利用者間で一対一、もしくは一対多の関係を構築することを目的とするマッチングをおこなう。

②マッチングは利用者の希望する条件に基づきメディアがなんらかの方法で適切と思われるマッチング相手を選択し提示しておこなわれる。
③有償サービスである場合、対価として利用者の一方または双方から報酬を得ることが多い。

とはいえ、マッチングメディアのなかでも、就活メディアでのマッチングと、一般的なシェアリングサービスでのマッチングには大きな違いがある。前者ではマッチングの結果で構築される関係は継続的であることを期待され、両当事者にとってきわめて重要かつ個別性が高い意思決定である点である。厚生労働省「令和二年転職者実態調査」によれば、二〇二〇年十月一日時点で「在籍する一般労働者に対する転職者割合は七・二％」[11]であり、近年は転職がかつてよりも一般的になりつつあるとはいえ、多くの労働者にとって、新卒での就職は多くの場合、相当長期間継続する雇用関係を獲得しようとする行為である。企業側にとっても採用は巨額の投資に匹敵する重要意思決定事項だろう。したがって、事前にどれだけ細かくマッチングの相手に関する条件を決めていたとしても、実際に長期的な関係を構築する際には最終的に個別に意思決定をするのが普通である。こうしたものをここでは「狭義のマッチングメディア」と呼ぶことにする。これに対し、多くのシェアリングサービスでは利用者に対してマッチングされる資産やスキル、労働の提供者が必ずしも特定されておらず、継続的な関係の構築も期待されていない。これらを含む場合を「広義のマッチングメディア」とする。ここで注目するのは「狭義のマッチングメディア」である。

④狭義のマッチングメディアでは個別性が重要であり、利用者が当初示した条件を満たせばマッチングの相手は誰でもいいというわけではない。

このようなメディアは、利用者双方が合意して関係構築に至ることが主な評価の基準でかつ収入の源泉でもあり、したがって合意を成立させようとするモチベーションをもつ。特に就活メディアの場合は、就活に不慣れな就活生側に対するサポートが重要になる。企業側は毎年採用をおこなっているためノウハウの蓄積があり、かつ個々の採用は one of them の選択にすぎない。仮に「失敗」だったとしてもそのダメージは限定的である。これに対し、就活生の側は一般的に就活自体を初めて経験する。大学でキャリア教育を受けていても実際に試した経験があるわけでもなく、知識量に大きな差がある。同時に複数社に就職することは通常想定されておらず、いわゆるブラック企業に就職してしまったなどの「失敗」をすればそのダメージは大きい。また、そう何度も繰り返すものではないため、実際に就活を経験し、首尾よく就職できたとしても、そのあとにそれを知識として残す動機をもちにくい。その意味で、就活でより高い満足を得るために、就活メディアには就活生に対する就活成功のための指南や応援の機能が必要になる。

⑤マッチング自体に不慣れな利用者への支援機能をもつ。

就活に有益な知識やノウハウのなかには汎用性の高い一般的なものがあり、明治期以降数多く出版されてきた文字メディアである就活本はこれらを広く伝えるのに大きな役割を果たしてきた。そして、個々の就活者向けにパーソナライズする必要がある部分は大学の就職部やキャリアセンター、あるいは外部就活支援サービスなどの対面メディアが担ってきたが、近年はこの両者の融合が進んでいる。多くの就活本は就活支援をするコンサルタントなどによって書かれ、彼らの運営する就活を目的とした私塾などへの案内を兼ねていることが多い。従来から転職市場では導入が進んでいたエージェントによる仲介サービスも近年は新卒就職分野へも進出しつつあり、こうしたエージェントによる就活指南も広がりをみせつつある。

さらに就活メディアには、単に指南するだけでなく、長期にわたって困難な作業に挑む就活生の意欲の喪失を防ぎ、自信をもたせ、努力と挑戦へと向かうよう鼓舞するという機能も期待されている。一九九〇年代後半から二〇〇〇年代にかけての就活本に多くみられる精神論的な記述はいわゆる自己啓発本の内容と酷似する部分もあるが、そうしたもの以外でも、就活生へのサポートとして相談に応じ励ます機能は、近年目立つようになった「成長」志向の就職動機との整合性もあり、対面メディアを中心に多く提供されている。

マッチングメディアの課題

①二面市場とネットワーク外部性

マッチングメディアとして就活の両当事者である就活生と企業の双方にサービスを提供する就活メディアは、シェアリングサービスなどと同様、二面市場（「プラットフォーム」）としての性格をもつ。[12] すなわち、就活生にとってマッチングされる企業の選択肢が多いほど就活メディアとして魅力的であり、同時に企業にとっても多くの就活生が集まるほど就活メディアとして魅力的であるため、いわゆる間接ネットワーク効果でサービス寡占化の問題が生じるのである。加えて、より多くの就活生が利用することによって蓄積される就活メディアに対する評価がスイッチングコストになって新規参入をより困難にするという問題も考えられる。[13] 実際、就活メディア市場では、ある時期までマッチングメディアの機能をもつ大手への集約がみられたことは、こうした性質を反映したものと思われる。

しかし、寡占状態が進むことは、利用者（就活メディアの場合は企業）にとって価格の上昇を招いたり、あるいはイノベーションが起きにくくサービス向上が進まない事業環境になったりするおそれがある。医師養成の分野では、より透明性が高く、より多くの当事者にとって望ましいマッチングができるように、医師臨床研修マッチング協議会が Gale-Shapley の安定マッチングのアルゴリズム[14]を用いた「日本医師臨床研修マッチングプログラム」を運営している。[15] これは「医師免許を得て臨床研修を受けようとする者（研修希望者）と、臨床研修を行う病院（研修病院）の研修プログラムとを研修希望者及び研修病院の希望を踏まえて、一定の規則（アルゴリズム）[16]に従って、コンピュータにより組み合わせを決定するシステム」[17]である。このアルゴリズムを用いることで、病院と研修医の双方があらかじめ提出する選好順序リストに基づき、参加者全員にとって現在組んでいる相手よりも好ましい相手が存在しないという意味で全員が個人合理性を満たす「安定マッチング」を機械的に求めることができる。

新卒生の就活でも、こうしたマッチングメカニズムの活用を提唱する声もある。すなわち、新卒の就活生と新卒採用を希望する企業がそれぞれ希望する相手の順位をリストにして提示し、アルゴリズムにしたがってマッチングをおこなう仕組みを、産業界を挙げて構築すべしというものである。このようにすることで、研修医マッチングと同様、就活生と企業の双方にとって「フェア」な選択ができ、総体としてより高い満足度を実現できることが期待される。毎年の就活市場で、内定を複数社から獲得する就活生もいれば、まったく獲得できない就活生もいるということは、新卒就活生に対する企業のニーズは一般に考えられるほど多様ではない可能性がある。もしそうなのであれば、各社がばらばらに採用活動をおこなうより、一つの大きなマッチングメカニズムの傘に入ることのほうが、メリットがより大きいのではないかと考えてもおかしくはない。

しかし、このような仕組みが実際にできるとは考えにくい。「ルールが遵守される場合は企業と学生双方にとって望ましいマッチングが実現する可能性が高くなる」が「企業がルール違反により早い時点で学生を囲い込むと、健全なマッチングは実現されず、かつ早く動いた企業の利得は増える」[18]、すなわち「抜け駆け」に走る動機が存在するからである。就活市場で何度も試みられた就職協定は企業の抜け駆けによってことごとく早々に破綻してきた。研修医マッチングが制度として成立するのも、研修医という比較的短期間の受け入れ先を決定するものだからであって、最終的な就職先を決める際には使われていない。もちろん、抜け駆けをしようとするのは企業側だけではない。就活生の側もいち早く内定を得ようとし、また内定を得たあとも、より好ましい企業の内定を得るべく活動を続ける。

また、企業が採用したい人材は Gale-Shapley のマッチングアルゴリズムが想定するような「望ましい順番」という一つの評価軸だけで決まっているわけではない。企業は自社が直面する多様な業務ニーズに応じて多様な就活生を採用すべく活動していて、また中途採用や社内の配転など新卒採用以外の選択肢をとる余地もあるなど、単に「何人採用するか」ではない複雑な意思決定をおこなっている。また就活生の側も、新卒時に何がなんでも就職しなければならず事前に提出したリストのいずれかに就職できればいいといった単純な発想ではなく、希望先への就職がかなわなければ就職浪人や大学院進学などほかの道をとることも少なくない。何より、就活生も企業も、最終的な意思決定を他者に丸ごと委ねることをよしとはしないのである。

また近年の動きをみると、就活メディア市場で寡占化が進んでいるという状況もみられない。HRテック市場全体の成長もあって数多くの新たなサービスが生まれ、しのぎを削る状況になっている。就活メディアはネットワーク外部性が前提とするような固定的で一様なサービスではなく、イノベーションが次々に生まれ変化し続けている領域ということなのだろう。

②情報の非対称性と利益相反

就活市場はある意味「騙し合い」の要素をもっている。就活生と企業の双方とも、相手側の表に出ていない情報を知りたがりながら、自らの側の情報は都合が悪い部分を隠していい部分を強調して実際よりよくみせようとする動機をもつという意味で利害が対立しているのである。就職によって作られる長期的な雇用関係では、こうした「隠蔽」や「粉飾」はえてしていい結果をもたらさないが、短期的あるいは主観的にはそれによってどちらが得をするかといったゼロサムゲームに近い要素をもつことは否定できない。

お互いを選び合うマッチングで、自らにとってより都合がいい相手とのマッチングを望む以上、「騙し合い」自体は無理からぬことである。しかしその結果として、就活者はどの企業、どの仕事が自分に合っているかを十分には知らず、企業もまたどの就活者が自社の求める能力を備えた人材であるかを十分には知らない。そして双方とも相手の情報が不足している可能性に気づいていて、その点に不安を抱えている。

こうした情報の非対称性が合意形成自体を阻害することはいうまでもないが、これは両当事者の不満の原因になるだけではなく、間に立つマッチングメディア自体の信頼性をも傷つけるものである。

一般に、情報の非対称性は市場での分配に歪みをもたらす。常見がいう「就活断層」、すなわち企業が一部の上位層学生しか採用ターゲットにせず、学生も一部の上位層企業しか受けようとしないという状況は、その一つの表れだろう。[19] 互いに相手に関する十分な情報をもたないために、外部からわかりやすい情報、たとえば大学の偏差値、上場企業であるという地位などから望ましい相手を探そうとすることになる。自らの側の都合が悪い点を隠せば、より優良な企業への就職、より優秀な就活者の採用が可能になるかもしれないと考える。就活生がいわゆる「ガクチカ」[20]を盛るのも、[21]企業が初任給だけ高くするのも、[22]そうした「工夫」の結果である。実際に双方が優秀な就活者、優良な企業同士であれば問題はないだろうがそうした組み合わせは少数にとどまり、そうでない大半は希望に沿った（同時に現実に即した）マッチングができないということになる。

情報の非対称性に対処するためによくとられる対策として、スクリーニングとシグナリングがある。試験や面接を通じた採用選考はそれ自体が企業によるスクリーニングのプロセスだが、これに加えて縁故による推薦、指定校制度やOBリクルーター制度、いわゆる学歴フィルターなどを用いた応募機会の差別化、あるいはSPIその他のテストなどによる知力その他の定量化も、応募者が殺到する人気企業によるスクリーニングを補助、あるいは効率化する機能をもつ。[23] 新卒一括採用では採用選考の時期が限られていて、一度に大量の応募をさばききれないからである。こうした上位層の就活者への絞り込みのために用いられる可視化されたシグナルはまた、就活者自身が発信する情報に一定の信用を付与するという機能ももつ。

もちろん、このように応募の機会を制限すれば選択の余地は少なくなり、結果として多様な人材を採用することができないという副作用が生じる。一九八〇年代の指定校方式から自由応募方式への変化や、九〇年代の出身大学にとらわれないエントリーシート方式の導入は、企業側が選択の幅を広げようとする動きだったが、そうすると一部人気企業への応募が殺到してしまう以上、問題は振り出しに戻ることになる。

エントリーシートの志望動機や自己PRの記述は就活生側からのシグナリングの機会であり、そこで「ガクチカ」や留学・インターンシップなどの経験をどのようにアピールして採用担当者に高く評価されるかを競うことになるが、一部の有名・優良企業に応募が集中する以上、大半の就活生は希望をかなえることができず、次善の選択を迫られる。

一方、就活生にとって幅広い選択肢をもつことは必ずしもより高い満足をもたらすとはかぎらない。人の幸福感についてはこれまでさまざまに研究されてきているが、そのなかでも相対的幸福感に関しては、準拠集団（自分と似たような人々）、希望水準（なりたいと思っている自分）、過去の自分の三つの観点での比較が影響を与えることが知られている。[24] 準拠集団、すなわち「自分の社会的な立ち位置を判断する際の比較の対象として想定される人びとの集合」が何かは人によって異なるだろうが、同じ年に就活に取り組む大学生一般は多くの就活生にとって十分準拠集団になりうるものである。就活サイトやソーシャルメディアなどによって最も望ましい就職先企業とそこへの内定を勝ち取った優秀な同期大学生の体験談などに数多くふれることで自らの準拠集団が「上振れ」してしまうことがあれば、かえって悩みを深めることになるだろう。実際、エントリーシートの作成にあたって「学生時代に、人に誇れるようなことはまったくしていなかったので、自己ＰＲで披露するエピソードが思いつかなかった[25]」のような悩みはごく一般的に聞かれるものである。

中立的な第三者としての就活メディアの介在は、こうしたゲーム的状況への対策の一つと考えられる。現代の大手就活メディアは、就活生側に対してだけでなく、採用側の企業に対してもコンサルティングや就活者紹介などのサービスを提供していて、マッチングの当事者の双方に対して有益になるようサービスを提供する立場にある。就活メディアが、就活生と企業双方からより多くの情報を得て両者に共有することができれば、こうした情報の非対称性を減少させることができるだろう。

しかし、少なくとも短期的には、利害が対立する当事者双方に対してサービスを提供することは利益相反の問題を生じうる。一方にとって有利な相手を提示することは、その相手にとっては不利になりうるからである。さらに、就活で両当事者の間に立つ就活メディアの役割が以前と比べてはるかに大きくなり、それらが握る情報の重要性は増している。就活メディアが握る情報は就活に関連するものに限られるが、なかでも近年重要なのは、就活生の就活の記録である。面接では「御社が第一志望」と言っていた就活生が他社の内定を得て内定辞退に至るという事例を多くの企業は経験している。売り手市場の現在、企業は優秀な就活生を他社に奪われないためにその就活状況を知りたいという動機がある。また就活生にとっても、企業の「裏の顔」を知ることができるほかの就活生や現役社員の声を聞きたいという動機がある。どちらにも、自らの事情は隠しながら相手の事情を知りたいというニーズがあるのである。

民法では、代理に関して同一人が法律行為の当事者双方の代理人になること（双方代理）を認めていない[26]（第百八条）が、これも利益相反のおそれがあるためである。就活メディアが提供するサービスは代理ではないため、民法にふれることは考えにくいが、利益相反のリスクがあることに変わりはない。なかでも、規制のために就活生から料金を取れない就活メディアでは、収入源である企業側のニーズにより深く応えることが合理的になるが、それは就活生にとって不利になるおそれがある。そうしたリスクの存在自体が就活メディアへの信頼を損なうことはいうまでもない。前述したように、二〇一九年に起きた、「リクナビ」が内定辞退率予測データを企業に販売した事件も、就活メディア運営企業が企業のこうした要望に応えるため暴走したものだった可能性がある。事件以前には業界で二強の地位にあった「リクナビ」が直近の調査では三位（表3―6）になっているのも、就活生や大学などの信頼を失った結果とみることができる。

③「ライフプランナー」化と「オープンプライバシー」

日本企業は新卒採用が主力ということ自体は変わっていないが、転職市場は次第に拡大している。「マイナビ」の「転職動向調査2022年版」[27]によれば、二十代から五十代男女の正社員転職率（国勢調査での正規雇用者全体の構成比に合わせたスクリーニング全回収数のうち、該当期間〔各一年間〕に転職したサンプルの割合）は二〇二〇年のコロナ禍で下がったものの上昇傾向にあり、二一年は過去六年間で最も高く七・〇三％となった（図4―3）。特に若年層、とりわけ二十代で高く一〇％を超える。前職の勤務先での就業期間は五八・七カ月と短くなり、転職回数も「二回から三回」が増えるなど、転職が若年層のライフスタイルのなかに一定程度定着しつつあることがうかがえる。

転職が一般的になるということは、より多くの労働者にとって就活の機会が新卒時だけではなくなるということを意味する。すなわち、就活が学生から社会人になる際に否応なく経験する一度きりの「通過儀礼」ではなく、自らの意思によって複数回経験するライフイベントの一つになるのである。このような変化は、さらに進展していけばさまざまな領域へ影響すると思われ、就活メディアはその筆頭である。

新卒市場でサービスを展開する大手就活メディアはおおむね転職市場でもサービスを展開しているが、新卒一括採用を重んじる日本の就職市場の特徴もあって、多くの場合、新卒者と転職者のサービスはアカウント自体が別になっていて、データは共有されていないものと思われる。しかし、

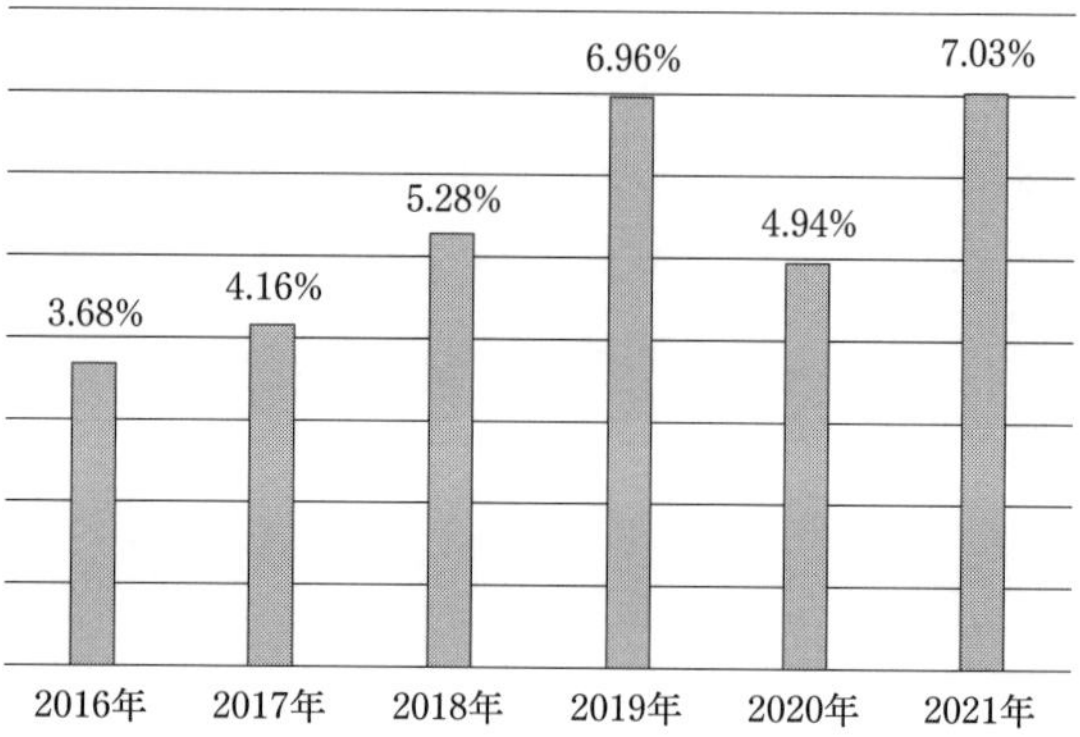

	2016年	2017年	2018年	2019年	2020年	2021年
20代男性	4.7%	6.3%	9.3%	12.0%	9.2%	14.2%
30代男性	5.0%	4.9%	5.7%	7.3%	5.9%	8.7%
40代男性	2.2%	2.8%	3.1%	4.5%	3.8%	4.8%
50代男性	1.9%	1.9%	2.6%	4.0%	2.2%	3.3%
20代女性	5.8%	7.2%	9.3%	13.4%	8.3%	12.5%
30代女性	5.7%	6.2%	6.6%	7.4%	5.6%	7.3%
40代女性	3.6%	3.9%	6.2%	6.5%	4.3%	5.1%
50代女性	2.5%	2.8%	3.8%	5.4%	2.2%	3.3%

図4-3　正社員転職率の推移
（出典：「転職動向調査2022年版」「マイナビキャリアリサーチLab」〔https://career-research.mynavi.jp/reserch/20220325_25056/〕［2023年1月10日アクセス］をもとに筆者作成）

転職が当たり前になり、新卒時の就職と変わらないものになっていけば、これらはなんらかのかたちで連携、あるいは融合していくことになるだろう。そうしたなかで、利用者の「就活歴」は本人が提示する職歴情報を裏打ちするものとして重要な情報になっていくはずである。

「HR.com」の二〇一八年調査(28)によると、アメリカでは、採用時になんらかのバックグラウンドチェックをおこなう企業が九五％に達する。このなかで犯罪歴やクレジット履歴、教育歴、ソーシャルメディア利用などと並んで職歴、すなわちそれまでの勤務先とそこでのポジションや職責、実績などは重要な情報になっている。一般に職歴情報は応募に際して当人が開示するものだが、アメリカの就職サポート会社Zippiaの二〇二〇年調査(29)では、求職者の約三〇％が就活の際の履歴書に事実でないことを書いたり事実を曲げて書いたりしたことがあると回答しているため、特に職歴が重要な評価項目になる転職市場でバックグラウンドチェックの重要性は明らかである。同時におこなわれるリファーラルチェックも同じ文脈でとらえるべきだろう。当人からの情報だけではなく、当人をよく知る周囲の人々の評価を考慮に入れることで、より客観的な選考をおこなうことができる。「LinkedIn」などではユーザーが自らのアカウントに学歴や職歴を自ら登録する。それが就職希望先企業にも参照され、採用オファーが出されることも少なくない。ソーシャルネットワークのなかで自らの職歴情報を公開しておくことによって、情報の信頼性もほかのユーザーの目で検証できるものになる。

また中国では、アリババのグループ会社が提供する芝麻信用などの個人信用スコアリングサービスが消費や支払い、クレジット履歴や交友関係、ソーシャルメディア利用などのデータを統合し、それを融資などだけではなく、住宅賃貸借契約、結婚や就職などの際にも参照する動きが出ている(30)。もちろん、こうした情報サービスの展開には個人情報やプライバシーの問題がつきものだが、個人の信用にかかる情報サービスのポテンシャルはきわめて大きく、就活メディアはそのなかでも重要な一部を占める存在になる可能性がある。

日本では、外資系企業など一部を除いて、こうしたチェックが広くおこなわれているという状況ではないが、今後変わっていく可能性はある。転職市場が今後さらに拡大し就活が自らの意思によって複数回経験するライフイベント化していくというだけでなく、新卒市場でも仕事や職場との「マッチング」がこれまで以上に求められる状況になっているからである。「リクナビ事件」のような問題もあったものの、そうした情報を豊富に保有し、新卒時の就活生をサポートする就活メディアがその後の転職の際にもサポートを提供し、利用者との継続的な関係を通じて得たデータを活用しながらその一生にわたるキャリア開発に関与する、いわば「ライフプランナー」化していくことは、利用者にとってもメリットが大きいのではないか。

木村昭悟は、ソーシャルメディアのような「つながる技術」の進歩によって「オープンプライバシー社会」が到来すると主張した[31]。「情報を取得・解析・可視化する技術が高度に発達した結果、好むと好まざるとにかかわらず、モノ・ヒト・情報が相互につながることを余儀なくされた」社会を意味するこの概念は、必ずしもプライバシーの消失するディストピア的な未来像を意味するものではない。弊害を防ぎながら情報の可視化と共有によるメリットをどのようにして実現していくかが、就活メディアを含むマッチングメディアを展開する企業によりいっそう求められていくことになるだろう。

2　何が就活メディアを変えてきたのか

社会の変化と就活メディア

①技術の進歩と就活メディア

就活メディアは技術の進歩とともに移り変わってきた。求人広告や就活本の誕生は、それまでの手紙などパーソナルメディアが主流だった時代から、マスメディアとしての新聞や書籍の普及という変化が起きたことによるものであり、それを支える出版や流通の技術の発達があってはじめて可能になった。その後に登場した就活雑誌も同様である。

ラジオ、テレビといった放送系のメディアは、より幅広く情報を伝達することが可能ではあったが、伝えられる情報量に制約があるため、就活メディアとしての活用は企業の知名度やイメージの向上を目的とするものにほぼ限られた。この限りでは放送メディアはきわめて有効であり、いまでは毎年就活解禁が近づくと製品・サービスの広告ではない企業のブランディング広告が多く流される。また、BtoB企業や知名度が高くはない地方企業が広告によって知名度を高めることは時期を問わずおこなわれている。

そのあとに登場したインターネットはパーソナルメディアとマスメディアの特徴の双方を備えていて、利用者の拡大に伴い、パーソナライズされた情報を幅広く伝えることが可能になり、就活メディアとして急速に成長していった。これは報道や娯楽などのほかの分野でも、インターネットメディアがマスメディアを急速に追い越しつつある状況とパラレルに進行している現象といえる。それまで就活本や就活雑誌が提供してきた機能の一部はウェブに代替されるようになっている。

メディア業界でいういわゆる「トリプルメディア」、すなわちペイドメディア（マスメディア）、オウンドメディア（自社ウェブサイトや冊子など）、アーンドメディア（ソーシャルメディア）の組み合わせは就活メディアでも活用されている。テレビでのブランディング広告で認知を拡大し、自社サイトでの詳細な情報へと誘導する。あわせてソーシャルメディアを活用して共感に基づく長期的な信頼関係を構築し、最終的には就活メディアや自社ウェブサイトの求人ページに導くといった使われ方である。

しかし、インターネットがほかのすべてを包含するようになるわけではない。ネットの普及とともに、それと対比的な関係にある「リアル」の価値が増大する現象がみられる。就活での就活イベントの隆盛は、たとえば音楽メディアでデジタル化が進むにつれてライブ市場が拡大してきているのと同様、リアルとネットの双方を活用していこうという現代のメディア状況を反映したものといえる。

また、ネットによる効率的な企業と人材のマッチングで就活が進行するようになる一方で、縁故採用の再生ともいうべき、個人間のパーソナルネットワークを利用したリファーラル採用が普及しつつあることも注目に値する。インターネットで人と情報とのマッチングに使われる中心的なサービスは、一九九〇年代のポータルサイトから二〇〇〇年代には「Google」など検索エンジンに移り、その後はソーシャルメディアの個人間のソーシャルネットワークへと移行した。就活メディアでも、今後ソーシャルネットワークの活用がさらに重要になってくるものと思われる。

②経済と就活メディア

就活メディアのなかでも長い歴史をもつ就活本が伝える内容は、景気変動など経済情勢の変化（図4―4）によっても影響を受けてきた。経済が好調なときは職選びや産業構造の変化など、関心が「外向き」になるのに対して、不調であるときには自己分析など関心が「内向き」になるのである。就活市場が売り手市場であるときは就職できないことへの不安が少ないため、条件がよりよく将来性がある就職先を選ぼうとするのに対し、買い手市場になったときにはなんとか就職しようと自らの価値を高めることに関心が向かうのだろう。

第一次世界大戦中の好景気の時期に刊行された『実業青年成業の要義』（一九一六年）は全般的に威勢がよく、かつ社会的な意義などその関心は外向きだったが、昭和金融恐慌下の一九二〇年代末以降の就活本、『青少年苦学成功策』（一九二七年）、『職業と就職への道』（一九二八年）、『就職戦線をめがけて』（一九二九年）などは就活指南の色合いが濃くなり、面接をどのようにして突破するかといった内向きの関心をもったものに変化した。

戦後もこの傾向は続いた。戦後の混乱がまだ続いていた時期の『現代職業指導と就職法』（一九四九年）は自己責任を強調して試験対策を入念に紹介し、『会社の選び方と就職の秘訣』（一九五五年）では縁故就職の方法を詳細に伝授したのに対し、高度成長期には『日本の職業』（一九六四年）

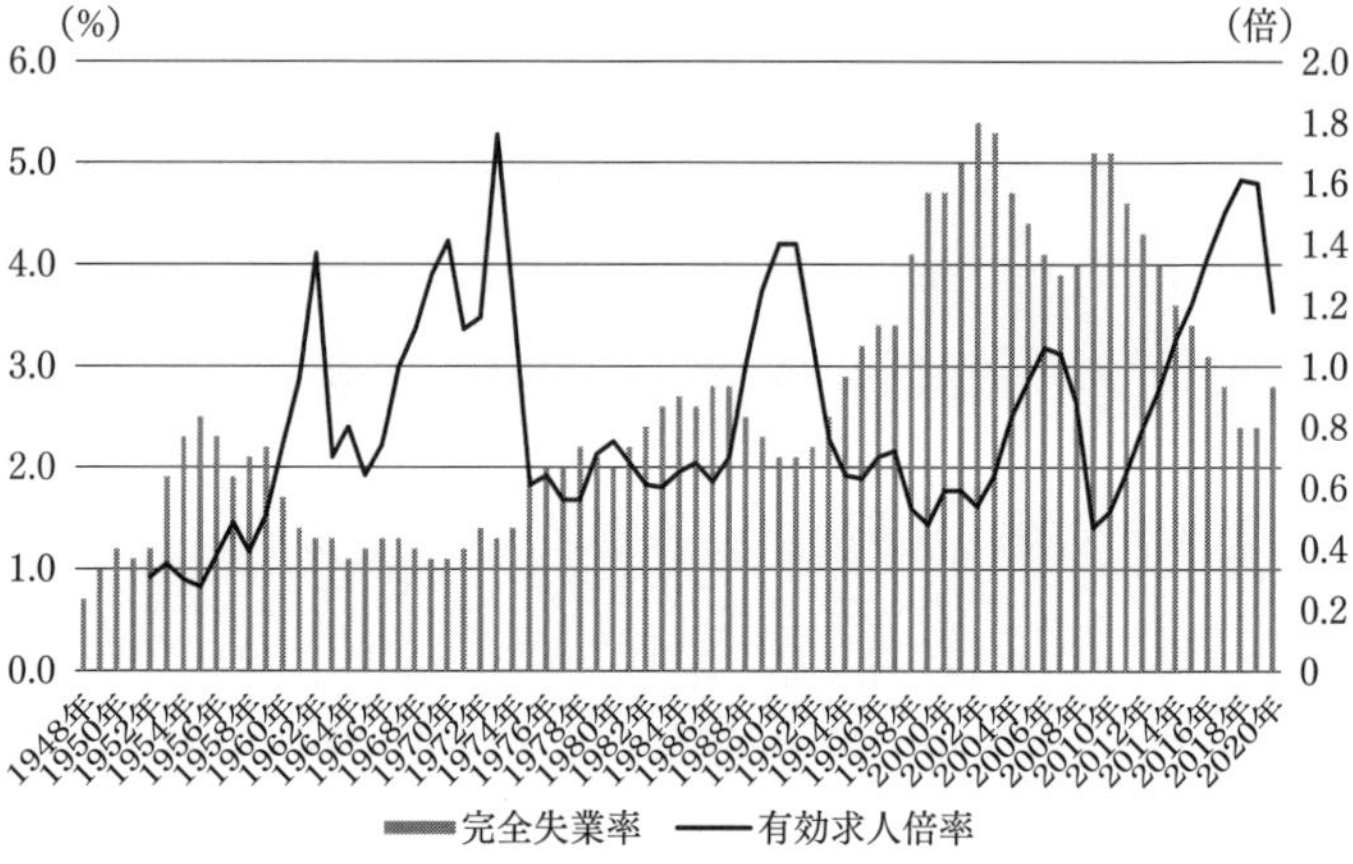

図4-4　完全失業率と有効求人倍率の推移
（出典：「独立行政法人労働政策研究・研修機構」〔https://www.jil.go.jp/kokunai/statistics/timeseries/html/g0301.html〕［2023年1月10日アクセス］をもとに筆者作成）

や『未来の就職案内』（一九七二年）など、産業界の動向や企業情報、人気の職業や大学別・会社別の就職状況、試験問題対策などの外向きの関心が主な内容になって、就活指南本の数自体が減少した。

就活指南本が再び注目を集めるようになるのは、バブル崩壊後の景気後退と低迷が続いた一九九〇年代である。企業の採用数が減って就職をめぐる競争は激化し、大学生は複数社から内定をとれる者と一つもとれない者へと二分化した。より広い機会を求めて自由応募へと移行した就活のあり方は、経済情勢の悪化とともに就活生たちを自己責任のどん底へと追いやり、それまで以上に学生から多くの時間と努力を奪うものになった。

二〇〇〇年代に入ってもこの傾向は続いたが、専門性と経験を兼ね備えた就活「専門家」の登場によって就活は「専門化」し、エントリーシート、自己分析、企業分析、面接などの「専門科目」に分かれて学ぶものになった。『絶対内定』（一九九四年）、『内定の原則』（二〇〇四年）、『あなたの天職がわかる最強の自己分析』（二〇〇九年）、『2社で迷ったらぜひ、5社落ちたら絶対読むべき就活本』（二〇一一年）、『新卒採用基準』（二〇一五年）など、それぞれの分野でカリスマ講師たちが就活指南本を出版するとともに、就活塾や講演などを通してその知識や技能を伝授する時代になったのである。

そして現在、二〇一〇年代半ば以降強まったコスパ志向の影響か、専門性によって分化しがちだった就活本に逆に「これ一冊」を謳うものが増えてきている。

何が変わっていないのか

こうしたさまざまな変遷をたどってきた就活本を俯瞰してみると、一貫して変わらない傾向がいくつかあることがわかる。

①若者批判

若者批判はいつの時代にもみられるが、就活本も明治時代から若者を批判してきた。『実業青年成業の要義』のなかで安田善次郎（安田財閥創始者。第三国立銀行初代頭取）に「経験もない、技能もない、見当違ひの職業に従事」していると罵倒された世代の大卒者には東京帝国大学卒の五島慶太（東急グループ創業者で東条英機内閣の運輸通信大臣）や早稲田大学卒の堤康次郎（西武グループ創業者で第四十四代衆議院議長）などがいる。

『就職――商品としての学生』（一九六七年）で「エネルギーを消耗しつくして大学で勉強する気をもっていない」と大学生を評した盛田昭夫（ソニー創業者）は五島らよりも三十歳から四十歳前後年下であり、盛田が酷評した世代の大卒者には入交昭一郎（東京大学卒。本田技研工業副社長、セガ社長など）や武田國男（甲南大学卒。武田薬品工業代表取締役会長ＣＥＯ、日本経済団体連合会副会長など）などがいる。

前掲の『大学生講座 PART 3 就職術』で明治学院大学の竹内真一に「ファイトがない」「ふがいない」と評された世代では、孫正義（ＵＣバークレー卒。ソフトバンクグループ創業者）や三木谷浩史（一橋大学卒。楽天グループ創業者）を挙げることができる。

明治以降の就活本に綿々と受け継がれてきた若者批判は、世代から世代へと送り継がれる「伝統」であり、また年配者が一度はたどる「通過儀礼」の一種とみたほうがいいのかもしれない。尾崎も次のように言う。

だいたい学生評というものは、「小型になった」「勉強しない」「就職ばかり考えている」「自分勝手だ」「功利的だ」「常識がない」等々、大正時代から今日まで、相場がきまっているものである。(32)

②学校批判

就活本はまた、企業経営者たちの声を伝えるものとして、その最初期から高等教育、とりわけ大学文系教育に対し不信の目を向けてきた。『実業青年成業の要義』では日比谷平左衛門に「学者や技師になるには深遠な学問が必要であるが、実業家になるには、先づ中学卒業前後即ち十七八歳が学問の切り上げ時である」（二一七ページ）と切って捨てられ、『就職学入門』（一九六八年）では学業成績による人物評価が否定され、かわりに面接とＩＱテストで測られるようになったと指摘されている。

　就活が「専門化」してからは「専門家」たちが大学の外で私塾や講座を開き、「大学では教えない実践的な就活術」を謳い文句として就活を教授するようになった。大学のキャリア支援部門もこうした「専門家」を外部講師として、あるいはキャリア科目の担当教員として起用するようになっている。

　ただ、この背景には大学でのキャリア教育の位置づけがいまだにはっきりしていないという点がある。もちろん、現在では大学がカリキュラム内でキャリア教育をするものとされ、またキャリアガイダンス（職業指導）も大学設置基準のなかに含まれている。しかし、カリキュラム全体のなかで学部科目とは分離した「別のカテゴリー」になっている場合も少なくない[33]。

　また、大学教員の間には、大学はそれぞれ専門分野の学問を学ぶところであって、就職の準備をおこなうところではない、という考え方も根強く残っている。大学教員には企業などでの勤務経験がない者も少なくなく、自身が企業への就職の経験がないことから、十分な指導ができない場合もあるだろう。

　とはいえ、就活本に表れる企業側の大学批判には、自社のなかで教育訓練をするリソースを捻出できないからこその責任転嫁とみるべきものも少なくない。

③一貫した矛盾

就活の歴史を振り返ると、さまざまな面で矛盾が含まれている。驚くべきは、その矛盾の仕方が以前から一貫していることである。

最も典型的な矛盾の一つは、「大学の勉強は役に立たない」とする不満である。企業経営者の大学教育への「不満」は、たとえば以下のような記事に典型的に表れている。経団連の中西宏明会長[34]（当時）と経営共創基盤（ＩＧＰＩ）の冨山和彦ＣＥＯの対談記事である。

中西　会社はできないやつは採らないだけだから、いいんだけど。
冨山　いや、海外で採ればいいだけですしね。
中西　だから、基礎をちゃんとしてくれ、と大学には言っているんです。[35]

そのとおりで、日本の大卒者に不満なら採用しなければいいだけなのだが、なぜかそうせずこれまで同様、大学新卒採用を続けながら不満も言い続ける。同様の例だと「即戦力がほしい」が「新卒一括採用をやめない」などもある。

中西　それから、やっぱり外国語。大学を出たんだから、得意でなくてもいいから、外国語が嫌い、というのはやめてよね、と。

冨山　英語は小学校から十数年やっていますからね[36]。

英語が話せる人材がほしければ英語で採用面接をすればいいし、英語圏で採用することもできるはずだがなぜかそうしない。日本語と英語が双方できる人材も、それなりの給与を払う気ならいるはずだがそれもしない。「海外で採ればいいだけ」ならばそもそも存在しない問題である。

これらは中西氏が「今の日本の学生や若い人たちを見ていて、ちょっとまずいんじゃないか」というような、最近になって生じた問題ではない。一九四六年生まれの中西氏自身、六〇年代にソニーの盛田昭夫氏に「エネルギーを消耗しつくして大学で勉強する気をもっていない」と酷評された世代である。

冨山　大学教育については、言いたいことはありますか。

中西　いや、極めて多様な人材を求める、というのが正直なところですから、こういう鋳型にはめた人をください、というのはないですね[37]。

多様な人材を採用したい、というのも企業側からよく出る話だが、実際には学歴フィルターの存在についてしばしば話題になる。中西氏の日立製作所についても、情報は公開されておらず確かなことはわからないが、少なくとも噂は存在する。ほかの企業についても幅広くその存在が噂されていて、日立だけが例外とは考えにくい。

実際、この学歴フィルターを生かすとどのようになるのでしょうか。企業の就活サイトに載っていない選考ルートに招待されることがあります。例えば、日立製作所事務系の場合、一定の学歴があるとリクルーターさんとの面談に招待されます。面談でよい結果だと、特別ルートで面接を行うみたいです。ホームページ上では、GD―面接と記載されていますが、このルートだとGDがないのです。リクルータールートだと面接回数が減るとの話もあります。[38]

出身大学にとらわれず就職のチャンスが開かれるというふれこみで広まったエントリーシートも、「オープンエントリーでどれぐらい採用しているのかは分からない。一部大学向けにセミナーや説明会が開かれており、リクルーター制よりも情報は水面下に潜っている[39]」。

就活まわりではこうした建前と本音の使い分けは随所にみられる。典型的なものが採用活動の開始時期で、明治時代から、開始時期を遅らせる合意を何度してもそのたびすぐに破られ、なし崩しになってきた。学生が勉強しないと嘆く一方でその勉強時間を奪う早期の就活を「自社だけは」おこなおうと「各社が」決めて行動したために起こる事態である。「自律的に行動する」学生を求めるが「協調性が低い」という理由で採用しない、という話も聞く。

就活メディアにも矛盾した主張が数多く含まれる。「安定志向」で「寄らば大樹の陰」とばかりに大企業に群がる学生に対して「就社ではない、就職だ」と説き、自分の「適性」を知り「やりたい仕事」を具体的にイメージできなければ内定はもらえないとあおる。

> そこで、どうして自分の適性に合った職業を選ぶか、ということになる。ここで一番大切なことは〝就社〟ではなく〝就職〟であるということだ。ともすれば「あの会社へ入りたい」とのみ考え、ろくに、会社の何たるかを知らないくせに、そのネームバリューにのみ気をとられ、どのような職に就きたいのか、その職に就ける適性が自分にはあるのか、という本筋を見失っていないだろうか。[40]

しかし実際には多くの企業がいわゆるメンバーシップ型採用を取り入れていて、本人の希望に反する職種への配属が幅広くおこなわれている。

面接では「ウソをつくな」とどの就活本にも書いてあるが、企業に「第一志望か」と聞かれたら実際がどうであれ必ず「第一志望です」と答えよ、ともどの就活本にも書いてある。

さらに近年では、数多くの就活講師たちが自らの差別化戦略のため、過去のやり方やほかの講師の主張と異なる主張をすることがしばしばある。もちろん、講師間の主張の差は各講師のなかでは矛盾ではないが、それらを受け止める就活生の側では矛盾として認識される。

こうした状況は、就活生たちに対して正解がない問いを突き付けるものになっている。就活自体や就活メディアに内包された数々の矛盾は、就活生をダブルバインディングの状況に置くことになる。「建前」の情報を与えられ、それに従うふりをしながらその裏で「本音」を探る。「率直に話せ」といわれながら最も大事なところでウソをつくことを迫られる。「職業に貴賤はない」といわれながら裏で就職先でランク付けされる。服装は自由といわれながら裏で黒スーツでない者は変わり者と評価される。

加えて、就活の情勢は経済状態の変化で年ごとに変わる。入念な自己分析と企業分析のうえめざした企業や業界がその年に限って採用を中止、縮小するようなことも珍しくない。そもそも内定を得る「合格」ラインがどこなのかもわからないままゴールをめざして走り続けることを求められる。成果は内定を得られたかどうかで測られるので、内定をとれなければ自分の努力が足りないことになる。

こうした状況におかれた就活生たちにとっての「救い」になっているのが現代の就活本の役割なのかもしれない。

3　いま就活メディアは何を伝えているのか

「ShaaS」化と「お客様」化

就活メディアは就活生と企業双方の「本音」をつなぐ「本音のメディア」である。給料がより高い会社、イメージがよく自慢できる会社に就職したいという願いと、自分には胸を張ってアピールできる経験も能力もないという矛盾した弱音を受け止めて内定獲得へ向けた行動へと就活生を導く存在であり、同時に高い給与は払えないが優秀な就活生を採用したい企業の要望に応えようとする存在でもある。

身分制社会が終焉を迎え、エリートとしての地位を自らの力で獲得しなければならなくなった時代に、社会の上層をめざす人々のものとして生まれた「就職」のあり方は、社会の変化に応じて変遷してきた。それに伴い、就職のための活動である「就活」とそのために使われる就活メディアも、大衆化、産業化、ソリューション化といった変遷を経て現在に至っている。そうしてたどりついた現在の状況をどのようにみるべきだろうか。現在の就活メディアのあり方はいま、何を伝えているのだろうか。

現代の大手就活メディアは、情報提供からマッチング、指南・応援まで、就活生のあらゆるニーズに応えうるワンストップサービス化を志向している。就活生は望みさえすれば、そうしたサービスを活用して効率的に就活を進めることができる。もとよりすべてを他人に頼れるわけでもなく、依然として多くの時間を費やさなければならない状況ではあるにしても、これまで就活生が直面してきた課題の多くは専門家の助けを借りることができるものになっている。就活生が主体的に自らのキャリアを切り開いていくというよりも、就活メディアが提供するサービスの「お客様」化しているという意味で、SaaS（Software as a Service）、MaaS（Mobility as a Service）といった近年の言葉になぞらえていえば、現代の就活はいわば「ShaaS（Shukatsu as a Service）」とも呼ぶべきものになっている。

就活生のニーズに応えるため、現代の就活メディアは就活サイトにせよ就活本にせよ、日本企業の典型的な就活のシステムを完全にハックし、「どうすればコスパよく複数社から内定がとれるか」に特化した技術を伝授している。なぜそうするかを深く考えることなく、ただ「何をすればいいか」「何をしてはいけないか」を教え込み、就活生たちはそれを「中小零細企業」や「不人気企業」を「練習台」にしながらできるだけ効率よく練習して身につけていくのである。応募先は一社だけではないから、時間と手間をかけて特定企業の内定獲得のために作り込んだ「御社に就職できたら将来なしとげたいこと」のリストや「御社が第一志望です」というロジックも、数社分が同時並行で作られていて、選考に漏れて「お祈り」メールを受け取れば捨てられる。そしてまた別の数社に向けた「御社が第一志望」という書類を作り始めるのである。

近年の就活本は、就活を遅くとも大学三年生になったら始めよという。大手就活メディアも三年生をユーザー登録のターゲットとしている。就活としての活動の多くは大学の勉強とは切り離された就活固有の内容であるため、当然ながらそれには膨大な時間を要し、本来の学修時間を長期間にわたって圧迫する。雇用開発センターが実施した「2018年卒大学生就職活動調査」(表4―2)では、大学四年生と大学院二年生の約三〇%が「就活と学業の両立がうまくできなかった」と回答している(41)。結果として企業は、大学での勉強が十分でない学生を採用して「大学での教育が不十分である」と主張する。

一方、就活で成功を収めた就活生は、就活メディアが提供する各種サービスを徹底的に活用することによって一時的に力をブーストされた、いわば「内定獲得マシーン」になっている。面接の際

表4-2　学業と就活の両立に対する評価

2018年3月	n	学業と就活が両立できたので、就活期間はちょうどいいと思う	就活期間が短く、学業と就活が両立できなかった	就活期間が長く、学業と就活が両立できなかった	わからない
男性	268	43.3%	16.0%	15.7%	25.0%
女性	282	50.4%	13.8%	18.0%	19.9%
大学4年生	428	47.4%	16.4%	14.5%	21.7%
大学院2年生	122	45.1%	9.8%	20.5%	24.6%
文系	334	49.1%	17.4%	12.9%	20.7%
理系	211	43.6%	10.9%	20.4%	25.1%

（出典：雇用開発センター「2018年卒大学生就職活動調査」〔雇用開発センター、2018年〕をもとに筆者作成）

「御社が第一志望」と笑顔で答えたはずの採用内定者のほとんどは実際にはそうではなく、入社しても三年以内に三〇％が辞めていく。力説した「ガクチカ」も、面接時に欠点を聞かれてかわりに答えた長所も水増しされている。そんな就活生を「優秀な人材」として大量に抱え込むことは、企業にとって望ましいことなのだろうか。

現代の就活メディアのあり方は、新卒一括採用、建前では実力重視といいながら依然として続く年功序列型人事制度といった従来型の日本企業での採用プロセスに特化したミクロな合理性を極限まで追求した結果である。確かに新卒一括採用は入社年次に基づいた人事管理がしやすく、採用コストや研修など教育訓練のコストも節約できるという利点がある。しかしそれは「色がついていない」新卒者を入念な研修や職場でのＯＪＴなどを通じ企業の色に染め上げて使いやすい人材に育てていくといったやり方が通用した時代のものであり、また多様な人材を採用できる機会を企業自らがつぶしてしまう方法でもある。

就活生にとっても、自らを「お客様」化してしまうような就活メディアのあり方は当面はよくても長期的にいい結果をもたらさないだろう。「社会的・職業的自立」ができないまま職業人として生きていくことは、今後さらに不確実性が増していく社会で、将来に大きなリスクを抱えるものになる。就職はもはや人生で一度きりの通過儀礼ではない。就活メディアは本来、個人個人が適切と思う時期に自らの意思でキャリアを切り開いていくためのサポートとして使う道具になるべきものである。

就活本の社会的機能

現代社会でさまざまなメディアが果たしてきた機能の多くは、インターネット上に移行しつつある。インターネットの、情報の保存性と可塑性、コストと伝搬効果、マスとパーソナルといったさまざまな対立軸によるメディアの使い分けを不要なものとする使い勝手のよさは、従来型メディアの存在意義を根底から揺るがすほどのインパクトをもっている。

そんななかで、就活本の存在意義は今後どのように変化していくだろうか。既に、業界や個別企業に関する情報提供、企業とのコミュニケーションの窓口、就活知識の伝授など、就活本が果たしてきた機能の多くは、ウェブ就活サイトで提供されるものになっている。就活本ではできなかったパーソナライズされたサービスも、ウェブでは難なく提供することができる。

しかし、インターネットの普及はほかのすべてのメディアを消し去っているわけではない。むしろ逆に、リアル、あるいはアナログなメディアの新たな存在意義が「発見」される状況が生まれてもいる。たとえば音楽業界では、一九八〇年代の音楽CDの導入以降デジタル化がいち早く進んだ。九〇年代に入り、CD―ROMドライブをもつパソコンが普及すると、コピーガード機能がないCD上の音楽コンテンツをデジタルデータとして吸い出して保管することが可能になり、ネット配信サービスもいち早く進んだ。多くの国で、音楽は既に配信サービスを経由して入手するのが常識になっている。

しかしこれと同時期、音楽ライブの市場の拡大が進んだ。音楽自体はデータとして消費することができても、ミュージシャンとのリアルな対面や、同じ空間でほかのファンと音楽を共有することの楽しみは、ネットで代替することはできない、と多くのファンが感じているのである。AKB48などのアイドルグループがCDに握手券を付ける手法でCD販売を劇的に拡大したことも、これと似た要素をもっている。

映画もまたネット配信が拡大している分野(42)だが、近年、「応援上映(43)」と呼ばれる上映方式が一部で拡大する動きがある。海外では映画上映中に声を出したり一緒に歌ったりすることは必ずしも珍しくはないが、日本では、映画は静かに見ることが常識とされてきた。しかし近年、一部の作品、一部の上映機会で、観客が作中のキャラクターに向かって「応援」したりするなど、声を出しながら鑑賞するスタイルを許容する動きが出てきている。

これは、配信サービスが普及しつつあるなかで、映画自体が単なる動画コンテンツから脱却することを意図した動きである。立川シネマシティの企画担当である遠山武志は二〇一六年に次のように語っている。

映画館は〝ただ上映するだけ〟というスタイルからの脱却を求められつつあります。動画を観るというだけなら、スマホでもパソコンでも簡単に観られるからです。それだけでは劇場に足を運んでもらえません。(44)

また、媒体自体の物理的存在に価値を見いだす動きもある。音楽業界では近年、アナログレコードを見直す動きが広まっている。アメリカでは二〇二〇年に、一九八六年にCDに抜かれたアナログレコードの売り上げが再びCDを上回った。(45)デジタルデータでは得られない「手触り」が求められているのだろう。ライブなど生演奏の直接のコンタクトとデジタルデータ配信との間をつなぐ存在になっているのである。

アメリカではストリーミングなどの音楽配信が主流になり、CDが瞬く間に市場から姿を消しました。一方で、急速なデジタル化への反動もあり、アナログレコードの人気がじわじわと高まり始めたのです。デジタルとは違う音質、大きな盤やジャケットの所有感、若者の間にも新たなファンが生まれ、新譜をわざわざアナログレコードで発売する人気アーティストも現れました。(46)

ネットメディアによる就活サービスが普及したいま、情報の伝達という面だけでいえば、ネット上ですべて完結してもおかしくない。就活メディアとしての就活本に残された存在意義は、こうした、ネットでのコミュニケーションでは得られないものへとシフトしていくのではないか。実際、多くの就活「専門家」たちは、就活本だけでなく、ネット上での情報発信とあわせて、対面による指導や講演など、就活生に直接接触する機会をもつことが一般的になっている。就活本は、こうした就活サービスでのネットとリアルの中間の存在として位置づけられていくだろう。

こうした就活「専門家」のなかには強いカリスマ性をもった人物が少なからずいることを考えれば、書籍という物理的実体があるメディアをそうしたカリスマたちとのリアルの接点の一つとして所有することも考えられるかもしれない。

情報伝達機能のほとんどがネットで果たせるものになっている現代社会では、就活に関する情報も、そのほとんどはネットですむ。しかし、それだけで就活生たちが自信をもって就活に臨めるわけではない。正解がない問いに直面し、ゴールがわからない競争に参加させられている彼らの多くは不安でいっぱいになっていて、通り一遍の情報では安心することができない。

就活「専門家」たちの多くは、就活塾などでの対面でのコミュニケーションを活用することによって、就活生たちのこうした不安に向き合っている。そこでおこなわれているのは単なる就活知識の伝達ではなく、就活生の努力を認め、今後努力すべきポイントを示す、進歩を評価し励ますなど、不安解消や意欲喚起といった、直接的なコンタクトなしでは難しいコミュニケーションである。

とはいえ、多数の就活生を抱える（そうでないと十分な収入とならない）「専門家」が個々の就活生に四六時中時間を割くわけにもいかない。就活本はこうしたギャップを埋める存在になりうる。あたかも教会に週一回通う人が手元に『聖書』を置くように、行動指針を示すある種の聖典として就活本を手にするのだろう。

就活本は、内定を保証してはくれない。就活はあくまで自己責任でおこなう活動であり、結果がどうあれ、それは本人に帰属する。しかし就活本は、著者である就活「専門家」とのつながりによって、その結果を咀嚼する機会を提供するのである。就活本は、就活に成功した就活生には「正しい行動をしたのでいい結果が出た」と評価する。不本意な結果に直面した就活生には「自分にはここが足りなかった」と示すだけでなく、「もっとがんばれば結果を出せる」と励ます機能をもっている。苦境に陥っても、めげずにまた立ち上がる力を与えてくれる。その機能は信仰のそれに近い。

社会全体として、こうした機能は必要である。矛盾に満ちた現実社会を生き抜くために、人はこうした救いと励ましを必要とする。それは事後であっては意味がなく、抽象的であっては効果がない。現代の就活本は、こうした難しい課題に「専門家」たちが取り組んだ成果の一つであり、その社会的機能は決して過小評価すべきものでない。

とはいえ、就活がこれほどに社会的に重視されるのは、大学卒業後すぐに就職すること、その就職先の社会的評価が過剰に重く考えられていることの反映だともいえる。現在のような就活メディアの繁栄をそうした意味での社会の不健全さを示すものとみる視点は、社会のなかでもっと強調されるべきではないだろうか。

就活教育ではなくキャリア教育を

就活メディアの多くが就活塾、すなわち就活に関する教育機関としての性格をもつのは、そこで教えられている内容が大学をはじめとする学校では学べないものだからである。しかし考えてみれば、学校では以前からキャリア教育がおこなわれてきている。それらでは不足ということなのだろうか。キャリア教育は何か間違っているのだろうか。

日本で「キャリア教育」という文言が公的に登場しその必要性が提唱されたのは、一九九九年十二月の中央教育審議会「初等中等教育と高等教育との接続の改善について（答申）」[47]でのことだった。ここで「望ましい職業観・勤労観及び職業に関する知識や技能を身に付けさせるとともに、自己の個性を理解し、主体的に進路を選択する能力・態度を育てる教育」と定義されたキャリア教育は「学校教育と職業生活との接続」の項目で登場するが、それが「新規学卒者のフリーター志向が広がり、高等学校卒業者では、進学も就職もしていないことが明らかな者の占める割合が約九％に達し、また、新規学卒者の就職後三年以内の離職も、労働省の調査によれば、新規高卒者で約四七％、新規大卒者で約三二％に達している。こうした現象は、経済的な状況や労働市場の変化なども深く関係するため、どう評価するかは難しい問題であるが、学校教育と職業生活との接続に課題があることも確かである」という文脈で述べられていることは注目に値する。九九年といえば、大手金融機関が次々と経営破綻に追い込まれ企業のリストラによる失業率が上昇していた金融危機の時代、大卒者の有効求人倍率が過去最低レベルの一・二五倍にまで落ち込む就職氷河期のまっただなか、しかも相次ぐ労働者派遣法改正で非正規雇用労働者の比率が急増していた時期である。そんななかで「学校教育と職業生活との接続に課題がある」からキャリア教育が必要だという認識は絶望的なほどにずれている。

「いまどきの若者は」論が居酒屋談義を抜け出して政策決定プロセスに載った格好だが、この発想はそのあとにも転換されなかった。二〇〇二年に文部科学省内に設置された「キャリア教育の推進に関する総合的調査研究協力者会議」が〇四年に公表した報告書「児童生徒一人一人の勤労観、職業観を育てるために(48)」にも、「働くことへの関心、意欲、態度、目的意識、責任感、意志等、広い意味での勤労観、職業観の未熟さをはじめ、コミュニケーション能力や対人関係能力、基本的マナー等、職業人としての基礎的資質・能力の低下を指摘する声は、これまでになく大きく厳しい」と書いてある。〇四年の「キャリア教育の推進に関する総合的調査研究協力者会議報告書(49)」でも、キャリア教育を「端的には「児童生徒一人一人の勤労観、職業観を育てる教育」」とした。〇三年に二十代の完全失業率が過去最高の九・八%に達したなかでのことである。

ようやく二〇一一年に至って、文部科学省「高等学校キャリア教育の手引き」の第1章「キャリア教育とは何か(50)」で、「勤労観・職業観の育成のみに焦点が絞られてしまい、現時点においては社会的・職業的自立のために必要な能力の育成がやや軽視されてしまっていることが課題として生じている」という反省らしき文言が注記されたものの、全体的な論調は変わっていない。「若年者の雇用状況は、平成三年ごろからの景気後退の時期に大規模事業所を中心として全体の採用が抑制されたことを背景に、近年、厳しくなって」いることに加え、「新規学卒者が正規の従業員として採用される機会が厳しさを増したことが指摘されており、正規の従業員以外の就業形態で働く若者が増加し」ているという、経済の悪化によって発生した状況に対して、本来責任を負うべき企業や企業人たちではなく、「学校教育の中で、仕事や職業に必要となる力が十分に育成できていないのではないかとも考えられる」などとして、若者と学校教育にその責任を帰する主張が展開されている。

しかし、「働くことへの関心・意欲・態度、目的意識、責任感、意志等の未熟さや、コミュニケーション能力、対人関係能力、基本的マナー等、職業人としての基本的な能力の低下、職業意識・職業観の未熟さなど」を指摘する声の背景には、企業がかつておこなっていた企業内教育に力を入れなくなったことがある。実際、企業が支出する教育訓練費は、一九九一年の千六百七十円（円／人・月）と比べて、二〇一一年には三八％減の千三十八（円／人・月）に、二一年には同六〇％減の六百七十（円／人・月）にまで減少した(51)。「未熟な若者が増えた」というよりも、以前と同様に未熟な若者を企業内で育成する余力を失ったためそれを大学に肩代わりさせようとしているとみるべきだろう。

もちろん、大学など教育機関に何の責任もないということではない。二〇一〇年に大学設置基準が改正され、すべての大学で「教育課程の内外を通じて社会的・職業的自立に向けた指導等に取り組むための体制を整えること」が盛り込まれた。前述の中教審二〇一一年答申の「社会的・職業的自立、社会・職業への円滑な移行に必要な力」（図4―5）の諸要素の多くは、大学を含む学校教育でのさまざまな取り組みを通じて培われるべきものだろう。なかでも「専門的な知識・技能」に

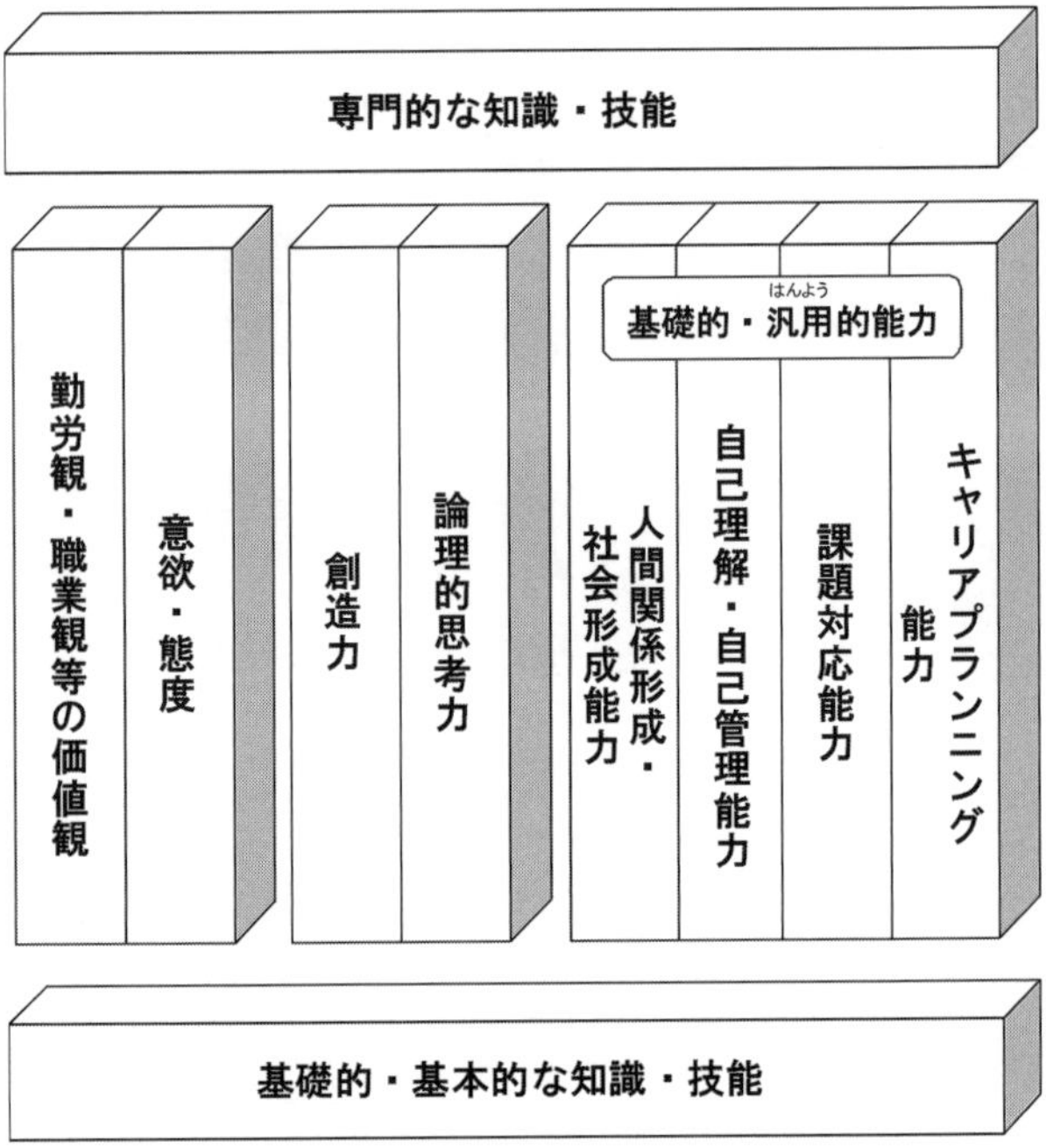

図4-5　「社会的・職業的自立、社会・職業への円滑な移行に必要な力」の要素
(出典：「今後の学校におけるキャリア教育・職業教育の在り方について(答申)」「中央教育審議会」〔https://www.mext.go.jp/component/b_menu/shingi/toushin/__icsFiles/afieldfile/2011/02/01/1301878_1_1.pdf〕［2023年1月10日アクセス］)

ついては、答申のなかでも「専門分野における教育課程のなかでのキャリア教育の展開は特に重要」とされている。

就活は本来この枠組みのなかに位置づけられるべきものだが、必ずしも十分な取り組みがなされているとはいえないというのは答申が指摘するとおりである。それが現在の就活メディアの隆盛につながっている面もあるのだろうが、だからといって大学が就活塾を開くべきということにはならない。「他に志望先があっても必ず「御社が第一志望です」と言え」などと授業で教えるわけにはいかない。

とはいえ、専門教育のなかで就活をより意識した内容を取り入れていく工夫は必要だろう。たとえば就活メディアで多く取り上げられる業界・企業分析などは、大学教育でこそより深い知識を身につけることができるものである。また、労働条件を理解するための労働法、今後さらに進む情報化に後れをとらないための情報リテラシーなど、多くの就活メディアがカバーしていない領域もある。そのほか、論理的思考力や課題対応能力、人間関係形成能力など、課題そのほかの取り組みでより強化できる部分も多いだろう。キャリア形成は学校教育でだけおこなわれるものではないとはいえ、学生の本分を考えれば、「ガクチカ」の質問に対する答えは授業や課題、ゼミや卒業研究などであるべきで、アルバイトと答える学生が少なからずいるということは由々しき事態といわざるをえない。

そしてもう一つ、大学には生涯教育という大きな役割が残されている。前掲の中教審二〇一一年答申には「生涯学習の観点に立ったキャリア形成支援」の必要性が謳われている。「学校教育を離れた後の職業に関する学習の場としては、自己学習のほか、企業内教育・訓練等様々な場や方法があるが、なかでも学校は、その中核的な機関として保有する教育資源をいかし、生涯学習の観点に

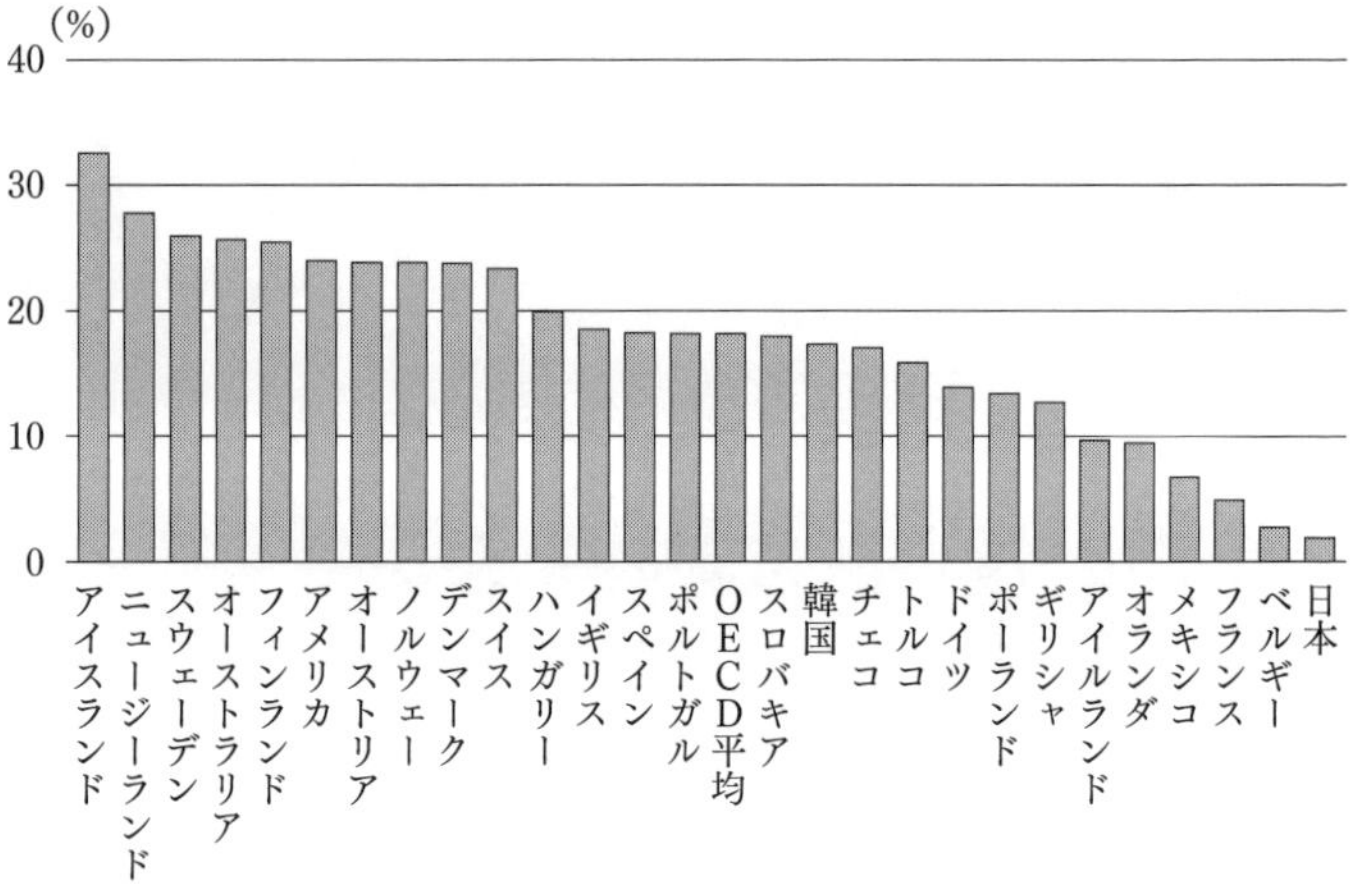

図4-6　大学入学者のうち25歳以上の割合：国際比較
（出典：「独立行政法人労働政策研究・研修機構 資料『大学等への社会人入学者数の推移、25歳以上の高等教育機関への入学者割合（国際比較）』」〔https://www.jil.go.jp/kokunai/blt/backnumber/2016/11/030-031.pdf〕［2023年1月10日アクセス］をもとに筆者作成）

立ってキャリア形成を支援する機能の充実を図ることが期待される」とあり、具体策として「履修証明制度による教育プログラムの提供や、社会人の学習ニーズに応じた大学院の設置などが考えられる」としている。

とはいえ、日本の企業人は総じて学び続ける意欲に乏しい。二〇一二年時点で大学入学者のうち二十五歳以上の者の割合は経済協力開発機構（OECD）諸国の平均では一八・一%に対し、日本では一・九%にとどまっていて圧倒的に低い（図4―6）。そうした状況の背景として中教審二〇一六年答申は「職業との両立や時間・費用、また、このような学修の成果に対する企業等の評価の問題[52]」があるとする。実際、一六年時点で日本の人口百万人あたりの修士号取得者数は五百六十九人にとどまり、アメ

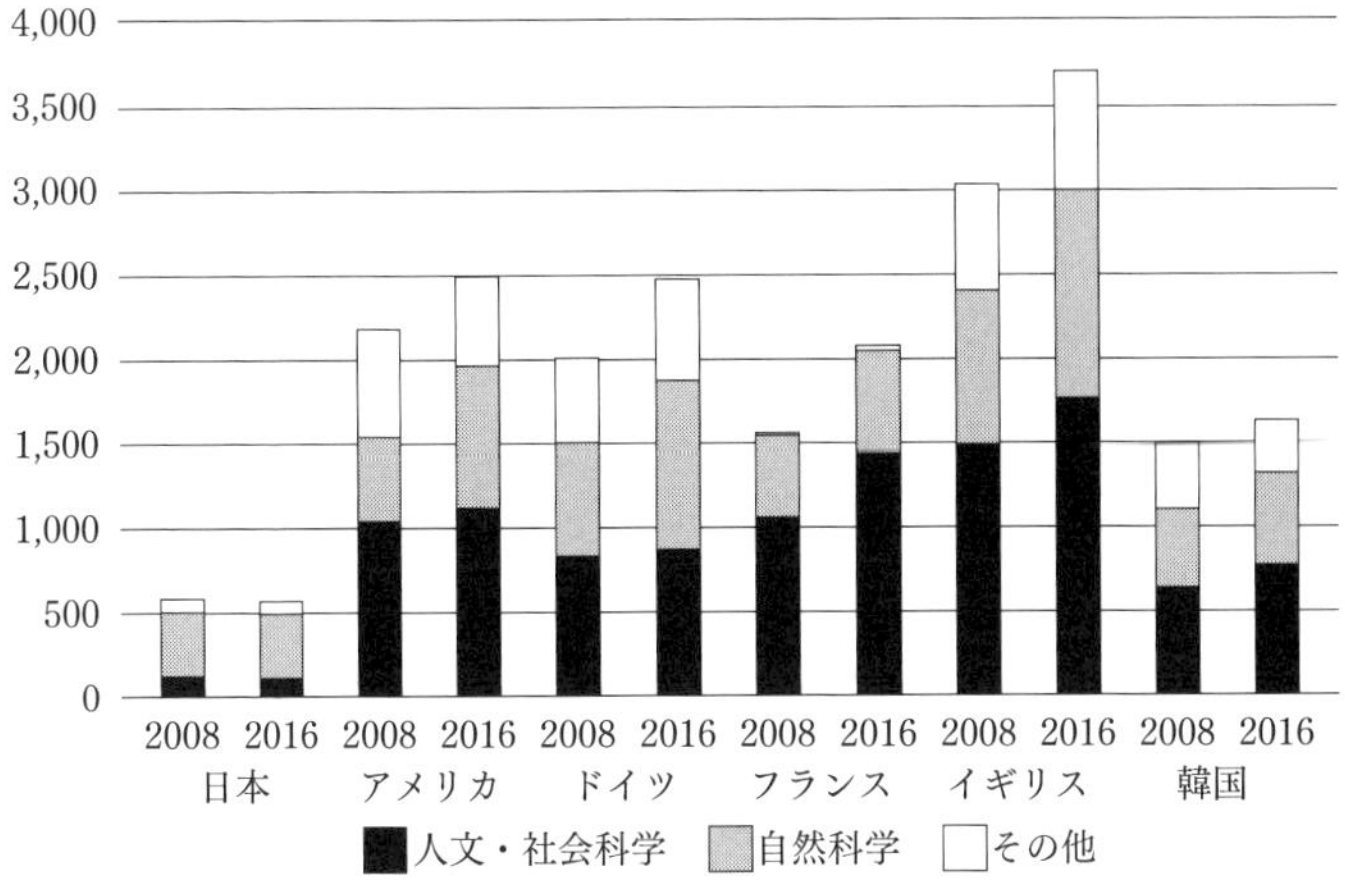

図4-7　人口100万人あたりの修士号取得者数の国際比較
（出典：「科学技術指標2019」「科学技術・学術政策研究所」〔https://www.nistep.go.jp/sti_indicator/2019/RM283_00.html〕［2023年1月10日アクセス］をもとに筆者作成）

リカの二千四百六十六人やイギリスの三千六百九十四人、さらには韓国の千六百二十三人と比べてもはるかに少ない（図4―7）。特に〇八年との比較でも他国に比べて伸びがみられないこと、さらに人文・社会科学分野での修士号取得者の比率が低いことは注目される。こうした現状と、近年多く指摘される、諸外国のなかで圧倒的に低い日本の経済成長との関係は必ずしも明確ではないが、知識社会化が進むなかで、今後より差し迫った問題として注目されるようになる可能性は小さくないだろう。

キャリア教育が必要なのはむしろ職業人であるにもかかわらず、日本の職業人たちがなぜ学び続けようとしないのかについては、日常の仕事が忙しくて時間がとれない、費用負担が困難などさまざまな理由が指摘されているが、日本固有の労働慣行も重要なポイントである。学部新卒で一括採用して終身雇用型の人事制度で企業に囲い込まれた社員は、そこから離れて大学院などで学ぶ動機をもちにくい。加えて、大学院などで学びなおすことに対して職場の理解が得られず、処遇の面でも評価されないという問題がある。(53) しかし、そうした雇用慣行は次第に変わりつつある。転職が今後さらに一般的になって、新卒一括採用の慣行が崩れれば、政府と産業界が口を合わせて提唱する、生涯学び続ける職業人像により近づいていくことになるだろう。

現在のような、新卒向けと転職者向けを分けて運営される就活メディアのあり方は、新卒一括採用をはじめとするこれまでの日本企業の採用方針、ひいては経営方針に内在する矛盾点を浮き彫りにしている。就活メディアが新卒者と転職者の区別をなくすとき、大学のキャリア教育も新卒時の就活教育から生涯にわたるキャリア教育へと変わっていくのではないだろうか。

注

(1)「マイナビ新卒紹介」(https://shinsotsu.mynavi-agent.jp/)［二〇二三年一月十日アクセス］
(2) 村田多嘉治『就職学入門――自分を高く売り込む法』徳間書店、一九六八年、五ページ
(3)「採用コンサルティング」「マイナビ研修サービス」(https://hrd.mynavi.jp/service/service-23731/)［二〇二三年一月十日アクセス］
(4) Human Resources Technology の略。人事業務を効率化するソフトウエアやソリューションサービスを指す。

（5）Digital Transformation の略。デジタル技術を活用した業務変革。

（6）「興隆するＨＲテック市場で、採用テックがなぜ今注目なのか？（前編）」「ITmedia ビジネスONLINE」（https://www.itmedia.co.jp/business/articles/2110/01/news021.html）［二〇二三年一月十日アクセス］

（7）「ＨＲテッククラウド市場、31.5％で成長を続け４年後には2270億円に」「マイナビニュース」（https://news.mynavi.jp/techplus/article/20220308-2287957/）［二〇二三年一月十日アクセス］

（8）「国内最大級の HR Tech メディア「ＨＲテックガイド」が、『ＨＲテックカオスマップ【2022年最新版】』を発表しました」「PR TIMES」（https://prtimes.jp/main/html/rd/p/000000002.000088832.html）［二〇二三年一月十日アクセス］

（9）Parsons, Frank. *Choosing a Vocation.* Gay & Hancock 1909.

（10）労働政策研究・研修機構編『職業相談場面におけるキャリア理論及びカウンセリング理論の活用・普及に関する文献調査』労働政策研究・研修機構、二〇一六年

（11）「令和２年転職者実態調査の概況」「厚生労働省」（https://www.mhlw.go.jp/toukei/list/6-18c-r02.html）［二〇二三年一月十日アクセス］

（12）吉川満「シェアリングエコノミーにおける競争政策上の論点」競争政策研究センター・公正取引委員会、二〇一七年（https://www.jftc.go.jp/cprc/discussionpapers/h28/index_files/CPDP-65-J.pdf）［二〇二三年一月十日アクセス］

（13）Howard A. Shelanski, "Information, innovation, and competition policy for the Internet." *University of Pennsylvania Law Review*, 161, 2013. （https://scholarship.law.upenn.edu/penn_law_review/vol161/iss6/6/）［二〇二三年一月十日アクセス］

(14) D. Gale and L. S. Shapley, "College Admissions and the Stability of Marriage," *The American Mathematical Monthly*, 69, 1962, pp. 9-15.

(15) 歯科医師養成の分野でも同様のアルゴリズムを用いた「歯科医師臨床研修マッチング」がおこなわれている。「歯科医師臨床研修マッチングプログラム」(https://drmp.jp/)［二〇二三年一月十日アクセス］

(16) Gale-Shapley のアルゴリズムは一般的には「安定結婚問題」と呼ばれる。ロイド・シャープレーはこの研究で二〇一二年のアルフレッド・ノーベル記念経済学スウェーデン国立銀行賞(いわゆるノーベル経済学賞)を受賞した。

(17)「医師臨床研修マッチング(研修医マッチング)について」「医師臨床研修マッチング協議会」(https://jrmp2.s3-ap-northeast-1.amazonaws.com/aboutmatching.htm)［二〇二三年一月十日アクセス］

(18) 中島弘至「就職ミスマッチの構造的要因――就活ルールにみる不公平」、関西大学教育開発支援センター編「関西大学高等教育研究」第七号、関西大学教育開発支援センター、二〇一六年、九一―一〇三ページ

(19) 前掲『くたばれ!就職氷河期』の「就活断層」は就活サイトが幅広く普及した現代社会の就活状況を指した表現だが、同様の現象がそれ以前からみられたことはいうまでもない。

(20)「学生時代に力を入れたこと」の略語。就活における定番の質問事項である。

(21)「4人に1人「盛りガクチカ」ウソで内定も コロナ就活の打開策は」「朝日新聞」二〇二二年九月十二日付

(22) 田宮寛之「初任給が高いからといって喜んではいけない 就活の際にチェックすべき給料の指標

は?」「東洋経済 ONLINE」（https://toyokeizai.net/articles/-/69397）［二〇二三年一月十日アクセス］

（23）近年のウェブベースの就活サービスでは、診断テスト結果に基づきＡＩなどのシステムによる適職や応募先候補企業の提案などもおこなわれる。また、企業側にも採用候補者の提案サービスが提供されている。

（24）金井雅之「相対的比較と幸福度――アジア7ヶ国・地域の比較」、専修大学社会知性開発研究センター／ソーシャル・ウェルビーイング研究センター編「ソーシャル・ウェルビーイング研究論集」第四巻、専修大学社会知性開発研究センター／ソーシャル・ウェルビーイング研究センター、二〇一八年

（25）「先輩たちに聞きました。エントリーシートの作成は大変?」「就職ジャーナル」（https://journal.rikunabi.com/p/break/souken/15494.html）［二〇二三年一月十日アクセス］

（26）不動産仲介業で、同じ業者が売主（貸主）と買主（借主）の双方の仲介業者になることは俗に「両手仲介」と呼ばれる。双方代理と似ているが、代理ではなく仲介であるという理由で双方代理にはあたらないとされる。しかし、利益相反の可能性を指摘する声は少なくない。

（27）「転職動向調査2022年版」「マイナビキャリアリサーチ Lab」（https://career-research.mynavi.jp/reserch/20220325_25056/）［二〇二三年一月十日アクセス］

（28）「How Human Resource Professionals View the Use and Effectiveness of Background Screening Methods」「HR.com」（https://pubs.thepbsa.org/pub.cfm?id=9E5ED85F-C257-C289-9E8E-A7C7A8C58D00）［二〇二三年一月十日アクセス］

（29）「SURVEY: HOW MANY PEOPLE LIE ON THEIR RESUMES?」「Zippia」（https://www.zippia.com/advice/how-many-people-lie-on-resumes-survey/）［二〇二三年一月十日アクセス］

(30)「リクナビ問題が浮き彫りにしたデータエコノミーの課題【第25回】」「デジタルクロス」(https://dcross.impress.co.jp/docs/column/column20170918-1/001132-2.html)［二〇二三年一月十日アクセス］
(31)木村昭悟「技術――技術的に可能なオープンプライバシー社会とその功罪」、藤代裕之編著『ソーシャルメディア論――つながりを再設計する』所収、青弓社、二〇一五年
(32)前掲『日本就職史』
(33)法政大学は二〇〇三年にキャリアデザイン学部を開設した。「自己のキャリアを自らデザインすることのできる自律的／自立的人材」を養成すると同時に、上記の三つの領域において「他者のキャリアのデザインや再デザインに関与しつつ、その支援を幅広く行うことのできる専門的人材」を養成することを目的としていて、自らの就活を学問の枠組みのなかに位置づけるならおそらく最もそれに近いものかもしれない。「キャリアデザイン学部について」「法政大学」(https://www.hosei.ac.jp/careerdesign/shokai/rinen/)［二〇二三年一月十日アクセス］
(34)中西宏明氏は二〇二一年六月二十七日に死去した。
(35)「なぜ経団連会長は「大学は、理系と文系の区別をやめてほしい」と大胆提言するのか」「文春オンライン」(https://bunshun.jp/articles/-/12038)［二〇二三年一月十日アクセス］
(36)同記事
(37)同記事
(38)「就活における学歴フィルター」「キャリアアカデミー」(https://www.c-academy.co.jp/advice/290-2/)［二〇二三年一月十日アクセス］
(39)前掲「時代に敏感、それでも志望は大企業 就職活動、早くも終盤」
(40)大学職業進路研究会編『就職を考える――大学生になったら読む本』オーエス出版、一九八一年

(41) いうまでもないが、就活に長時間を割く現代の就活生がかつての就活生に比べて学業をおろそかにしているという意味ではない。

(42) 劇場用映画のネット配信サービスは、二〇二〇年以降の新型コロナウイルス感染症の感染拡大に伴い、それまで以上に普及が進みつつある。

(43) 「ライブスタイル上映」「絶叫上映」などとも呼ばれる。

(44) 「映画館はライブを越える音楽体験を生み出せるか？〝ライブスタイル上映〟のリスクと革新性」「Real Sound」(https://realsound.jp/movie/2016/05/post-1747.html)［二〇二三年一月十日アクセス］

(45) 「Vinyl-Record Sales Top Compact Discs for First Time in 34 Years」「Bloomberg」(https://www.bloomberg.com/news/articles/2020-09-10/vinyl-record-sales-top-compact-discs-for-first-time-in-34-years)［二〇二三年一月十日アクセス］

(46) 「アナログ復活！世界のレコード支える信州の企業——オンリーワンへの道とは」「NHK」(https://www.nhk.or.jp/shutoken/wr/20201016.html)［二〇二三年一月十日アクセス］

(47) 「初等中等教育と高等教育との接続の改善について（答申）」「中央教育審議会」(https://www.mext.go.jp/b_menu/shingi/chuuou/toushin/991201.htm)［二〇二三年一月十日アクセス］

(48) 「キャリア教育の推進に関する総合的調査研究協力者会議報告書（児童生徒一人一人の勤労観、職業観を育てるために）の骨子」「文部科学省」(https://www.mext.go.jp/b_menu/shingi/chousa/shotou/023/toushin/04012801.htm)［二〇二三年一月十日アクセス］

(49) 「キャリア教育の推進に関する総合的調査研究協力者会議報告書——児童生徒一人一人の勤労観、職業観を育てるために」「文部科学省」(https://www.mext.go.jp/b_menu/shingi/chousa/shotou/023/toushin/04012801/002/003.htm)［二〇二三年一月十日アクセス］

（50）「高等学校キャリア教育の手引き」「文部科学省」（https://www.mext.go.jp/a_menu/shotou/career/1312816.htm）［二〇二三年一月十日アクセス］
（51）「就労条件総合調査――結果の概要」「厚生労働省」（https://www.mhlw.go.jp/toukei/list/11-23c.html）［二〇二三年一月十日アクセス］
（52）「中央教育審議会「個人の能力と可能性を開花させ、全員参加による課題解決社会を実現するための教育の多様化と質保証の在り方について」（答申）（中教審第193号）」一一ページ（https://www.mext.go.jp/b_menu/shingi/chukyo/chukyo0/toushin/1371833.htm）［二〇二三年一月十日アクセス］
（53）東京大学大学院教育学研究科大学経営・政策研究センター「大学教育に関する職業人調査 第1次報告書」東京大学大学院教育学研究科大学経営・政策研究センター、二〇一〇年

［著者略歴］
山口 浩（やまぐち ひろし）
1963年、東京都生まれ
駒澤大学グローバル・メディア・スタディーズ学部教授・学部長
専攻は経営学、メディア・コンテンツビジネス
著書に『リスクの正体！——賢いリスクとのつきあい方』（バジリコ）、共著に『ソーシャルメディア論・改訂版——つながりを再設計する』（青弓社）、『景品・表示の法実務』（三協法規出版）、『コンテンツ学』（世界思想社）など

就活《しゅうかつ》メディアは何《なに》を伝《つた》えてきたのか

発行——2023年2月28日　第1刷
定価——1800円＋税
著者——山口 浩
発行者——矢野未知生
発行所——株式会社青弓社
〒162-0801 東京都新宿区山吹町337
電話 03-3268-0381（代）
http://www.seikyusha.co.jp
印刷所——三松堂
製本所——三松堂

ISBN978-4-7872-3516-9　C0036